edition suhrkamp

Redaktion: Günther Busch

Bertolt Brecht, geboren am 10. Februar 1898 in Augsburg, starb am 14. August 1956 in Berlin.
Das Interesse an der Lyrik Brechts hat in den letzten Jahren kontinuierlich zugenommen; nicht nur ist die Zahl der wissenschaftlichen Untersuchungen gestiegen, die Brechts poetische Texte zum Gegenstand haben; auch an den Schulen und Universitäten wächst die Beachtung der Gedichte Brechts. Dies ist freilich nur die eine Seite der Medaille; die andere ist die vielfältige Wirkung der Brechtschen Lyrik, ihre Aneignung und Verwandlung in der neueren Geschichte der lyrischen Form, der poetischen Kunstmittel selber. Beobachtungen dieser Art haben den Verlag bewogen, die Gesammelten Gedichte in vier Bänden innerhalb der *edition suhrkamp* einem breiten Publikum zugänglich zu machen. Band 1 versammelt die Gedichte 1913 bis 1926, die *Hauspostille* und die Gedichte aus den Jahren 1926 bis 1933; Band 2 die Lieder, Gedichte, Chöre, die Gedichte 1933 bis 1938, die *Svendborger Gedichte* und die zwischen 1938 und 1941 entstandenen Gedichte; Band 3 enthält die Gedichte 1941 bis 1956, die Übersetzungen, Bearbeitungen und Nachdichtungen; Band 4 schließlich bringt die Gedichte aus den Stücken sowie den philologischen Apparat (Anmerkungen und Register).

Bertolt Brecht
Gesammelte Gedichte
Band 4

Suhrkamp Verlag

Herausgegeben vom Suhrkamp Verlag

edition suhrkamp 838
Erste Auflage 1976

Gedichte 4

Gedichte und Lieder
aus Stücken und Prosatexten

Anmerkungen und Register
für die Bände 1–4

Gedichte und Lieder
aus Stücken und Prosatexten

DER CHORAL VOM GROSSEN BAAL

Als im weißen Mutterschoße aufwuchs Baal
War der Himmel schon so groß und still und fahl
Jung und nackt und ungeheuer wundersam
Wie ihn Baal dann liebte, als Baal kam.

Und der Himmel blieb in Lust und Kummer da
Auch wenn Baal schlief, selig war und ihn nicht sah:
Nachts er violett und trunken Baal
Baal früh fromm, er aprikosenfahl.

Und durch Schnapsbudike, Dom, Spital
Trottet Baal mit Gleichmut und gewöhnt sich's ab.
Mag Baal müd sein, Kinder, nie sinkt Baal:
Baal nimmt seinen Himmel mit hinab.

In der Sünder schamvollem Gewimmel
Lag Baal nackt und wälzte sich voll Ruh:
Nur der Himmel, aber i m m e r Himmel
Deckte mächtig seine Blöße zu.

Und das große Weib Welt, das sich lachend gibt
Dem, der sich zermalmen läßt von ihren Knien
Gab ihm einige Ekstase, die er liebt
Aber Baal starb nicht: er sah nur hin.

Und wenn Baal nur Leichen um sich sah
War die Wollust immer doppelt groß.

Man hat Platz, sagt Baal, es sind nicht viele da.
Man hat Platz, sagt Baal, in dieses Weibes Schoß.

Gibt ein Weib, sagt Baal, euch alles her
Laßt es fahren, denn sie hat nicht mehr!
Fürchtet Männer nicht beim Weib, die sind egal:
Aber Kinder fürchtet sogar Baal.

Alle Laster sind zu etwas gut
Und der Mann auch, sagt Baal, der sie tut.
Laster sind was, weiß man was man will.
Sucht euch zwei aus: Eines ist zu viel!

Seid nur nicht so faul und so verweicht
Denn Genießen ist bei Gott nicht leicht!
Starke Glieder braucht man und Erfahrung auch:
Und mitunter stört ein dicker Bauch.

Zu den feisten Geiern blinzelt Baal hinauf
Die im Sternenhimmel warten auf den Leichnam Baal.
Manchmal stellt sich Baal tot. Stürzt ein Geier drauf
Speist Baal einen Geier, stumm, zum Abendmahl.

Unter düstern Sternen in dem Jammertal
Grast Baal weite Felder schmatzend ab.
Sind sie leer, dann trottet singend Baal
In den ewigen Wald zum Schlaf hinab.

Und wenn Baal der dunkle Schoß hinunter zieht:
Was ist Welt für Baal noch? Baal ist satt.
Soviel Himmel hat Baal unterm Lid
Daß er tot noch grad gnug Himmel hat.

Als im dunklen Erdenschoße faulte Baal
War der Himmel noch so groß und still und fahl

Jung und nackt und ungeheuer wunderbar
Wie ihn Baal einst liebte, als Baal war.

[ORGES GESANG]

Der liebste Ort, den er auf Erden hab
Sei nicht die Rasenbank am Elterngrab.

Sei nicht ein Beichtstuhl, sein kein Hurenbett
Und nicht ein Schoß, weich, weiß und warm und fett.

Orge sagte mir: der liebste Ort
Auf Erden war ihm immer der Abort.

Dies sei ein Ort, wo man zufrieden ist
Daß drüber Sterne sind und drunter Mist.

Ein Ort sei einfach wundervoll, wo man
Selbst in der Hochzeitsnacht allein sein kann.

Ein Ort der Demut, dort erkennst du scharf:
Daß du ein Mensch nur bist, der nichts behalten darf.

Ein Ort der Weisheit, wo du deinen Wanst
Für neue Lüste präparieren kannst.

Wo man, indem man leiblich lieblich ruht
Sanft, doch mit Nachdruck etwas für sich tut.

Und doch erkennst du dorten, was du bist:
Ein Bursche, der auf dem Aborte – frißt!

[DER TOD IM WALD]

Und ein Mann starb im ewigen Wald
Wo ihn Sturm und Strom umbrauste.
Starb wie ein Tier in Wurzeln eingekrallt
Schaute hoch in die Wipfel, wo über dem Wald
Sturm seit Tagen ohne Aufhörn sauste.

Und es standen einige um ihn
Und sie sagten, daß er stiller werde:
Komm, wir tragen dich jetzt heim, Gefährte!
Aber er stieß sie mit seinen Knien
Spuckte aus und sagte: Und wohin?
Denn er hatte weder Heim noch Erde.

Wieviel Zähne hast du noch im Maul?
Und wie ist das sonst mit dir, laß sehn!
Stirb ein wenig ruhiger und nicht so faul!
Gestern abend aßen wir schon deinen Gaul.
Warum willst du nicht zur Hölle gehn?

Und der Wald war laut um ihn und sie.
Und sie sahn ihn sich am Baume halten
Und sie hörten, wie er ihnen schrie.
Und es graute ihnen so wie nie
Daß sie zitternd ihre Fäuste ballten:
Denn er war ein Mann wie sie.

Unnütz bist du, räudig, toll, du Tier!
Eiter bist du, Dreck, du Lumpenhaufen!
Luft schnappst du uns weg mit deiner Gier
Sagten sie. Und er, er, das Geschwür:
Leben will ich! Eure Sonne schnaufen!
Und im Lichte reiten so wie ihr!

Das war etwas, was kein Freund verstand
Daß sie zitternd vor dem Ekel schwiegen.
Ihm hielt Erde seine nackte Hand
Und von Meer zu Meer im Wind liegt Land:
Und ich muß hier unten stille liegen.

Ja, des armen Lebens Übermaß
Hielt ihn so, daß er auch noch sein Aas
Seinen Leichnam in die Erde preßte;
In der frühen Dämmrung fiel er tot ins dunkle Gras.
Voll von Ekel gruben sie ihn, kalt von Haß
In des Baumes unterstes Geäste.

Und sie ritten stumm aus dem Dickicht.
Und sie sahn noch nach dem Baume hin
Unter den sie eingegraben ihn
Dem das Sterben allzu bitter schien:
Der Baum war oben voll Licht.
Und sie bekreuzten ihr junges Gesicht
Und sie ritten schnell in die Prärien.

SONG VON WITWE BEGBICKS TRINKSALON

In Witwe Begbicks Trinksalon
Kannst du rauchen, schlafen, trinken zwanzig Jahr.
Du kannst's in diesem Bierwaggon
Von Singapore bis Cooch Behar.
  Von Delhi bis Kamatkura
  Und wenn man einen lang nicht sah
  Der saß in Witwe Begbicks Tank.
  Mit Toddy, Gum und hai, hai, hai
  Am Himmel vorbei, an der Höll entlang.

Mach das Maul zu, Tommy, halt den Hut fest, Tommy
Auf der Fahrt vom Sodabergchen bis zum Whiskyhang.

In Witwe Begbicks Trinksalon
Bekommst du, was du verlangst.
Er fuhr durch dieses Indien schon
Als statt Bier du der Mutter Milch noch trankst.
Von Delhi bis Kamatkura
Und wenn man einen lang nicht sah
Der saß in Witwe Begbicks Tank.
Mit Toddy, Gum und hai, hai, hai
Am Himmel vorbei, an der Höll entlang.
Mach das Maul zu, Tommy, halt den Hut fest, Tommy
Auf der Fahrt vom Sodabergchen bis zum Whiskyhang.

Und brüllt die Schlacht im Pandschabvale
Fahr'n wir in Witwe Begbicks Tank
Mit Rauchen und mit schwarzem Ale
Erst mal die Niggerfront entlang.
Von Delhi bis Kamatkura
Und wenn man einen lang nicht sah
Der saß in Witwe Begbicks Tank.
Mit Toddy, Gum und hai, hai, hai
Am Himmel vorbei, an der Höll entlang.
Mach das Maul zu, Tommy, halt den Hut fest, Tommy
Auf der Fahrt vom Sodabergchen bis zum Whiskyhang.

[DAS LIED VOM FLUSS DER DINGE]

Wie oft du auch den Fluß ansiehst, der träge
Dahinzieht, nie siehst du dasselbe Wasser
Nie kehrt es, das hinunterfließt, kein Tropfen von ihm
Zu seinem Ursprung zurück.

Beharre nicht auf der Welle,
Die sich an deinem Fuß bricht, solange er
Im Wasser steht, werden sich
Neue Wellen an ihm brechen.
Ich war sieben Jahre an einem Ort, hatte ein Dach über
Dem Kopf
Und war nicht allein.
Aber der Mann, der mich nährte und dem keiner glich
Eines Tages
Lag er unkenntlich unter dem Laken der Gestorbenen.
Dennoch aß ich auch an diesem Abend mein Nachtessen.
Und ich vermietete bald das Zimmer, in dem wir uns
Umarmt hatten
Und das Zimmer ernährte mich
Und jetzt, wo es mich nicht mehr ernährt
Esse ich auch noch.
Ich sagte:
Beharre nicht auf der Welle
Die sich an deinem Fuß bricht, solange er
Im Wasser steht, werden sich
Neue Wellen an ihm brechen.
So hatte ich auch einen Namen
Und wer den Namen hörte in der Stadt, sagte: das ist ein guter
Name.
Aber eines Nachts trank ich vier Gläser Korn
Und am andern Morgen stand an meiner Tür mit Kreide ein
Schlechtes Wort.
Da nahm der Milchmann die Milch wieder mit fort.
Mein Name war hin
Wie Leinen, das weiß war und schmutzig wird
Und kann wieder weiß werden, wenn du es wäschst
Aber halte es gegen das Licht und sieh: es ist nicht
Das gleiche Leinen.
Nenne doch nicht so genau deinen Namen. Wozu denn?

Wo du doch immerzu einen andern damit nennst.
Und wozu so laut deine Meinung, vergiß sie doch.
Welche war es denn gleich? Erinnere dich doch nicht
Eines Dinges länger, als es selber dauert.
  Beharre nicht auf der Welle
  Die sich an deinem Fuß bricht, solange er
  Im Wasser steht, werden sich
  Neue Wellen an ihm brechen.
Ich sprach auch mit vielen Leuten und hörte
Genau zu und hörte viele Meinungen
Und hörte viele von vielem sagen: das sei ganz sicher!
Aber zurückkehrend sprachen sie anders, als sie ehedem gesprochen hatten
Und von dem andern sagten sie: das ist sicher.
Da sagte ich mir: von den sicheren Dingen
Das Sicherste ist der Zweifel.
  Beharre nicht auf der Welle
  Die sich an deinem Fuß bricht, solange er
  Im Wasser steht, werden sich
  Neue Wellen an ihm brechen.

DER MUTTERSCHMERZENMONOLOG

Wißt ihr auch, was eine Mutter ist?
Ach, ihr Herz so weich wie eine Butter ist.
Auch euch hat einst so'n weiches Mutterherz getragen
Und 'ne Mutterhand gefüllt den Magen
Und ein Mutteraug hat euch einst angeblickt
Und ein Mutterfuß den Stein vom Weg gerückt.
Deckt die Rasenbank einst ein Mutterherz
Zieht's 'ne noble Seele himmelwärts.
Hört 'ne Mutter, hört 'ne Mutter klagen:
Dies Kalb hab ich unterm Mutterherz getragen.

[ACH, WIE WAR ES LUSTIG IN UGANDA]

Ach, wie war es lustig in Uganda
Sieben Cent für 'nen Stuhl auf der Veranda
Ach, das Pokerspiel mit diesem alten Tiger
Ach, wir spielten noch einmal so gut
Setzten wir die Haut von Papa Krüger
Setzte er nur seinen alten Hut.
  Oh, wie schien der Mond so friedlich in Uganda!
  Wir saßen noch am Morgen dort
  Die Luft strich kühl
  Der Zug ging fort.
  Nicht jeder hatt' an Geld so viel
  Für ein kleines Pokerspiel
  Mit 'nem Tiger in Zivil
  (Sieben Cent für 'nen Stuhl auf der Veranda).

DIE MORITAT VON MACKIE MESSER

Und der Haifisch, der hat Zähne
Und die trägt er im Gesicht
Und Macheath, der hat ein Messer
Doch das Messer sieht man nicht.

Ach, es sind des Haifischs Flossen
Rot, wenn dieser Blut vergießt!
Mackie Messer trägt 'nen Handschuh
Drauf man keine Untat liest.

An der Themse grünem Wasser
Fallen plötzlich Leute um!
Es ist weder Pest noch Cholera
Doch es heißt: Macheath geht um.

An 'nem schönen blauen Sonntag
Liegt ein toter Mann am Strand
Und ein Mensch geht um die Ecke
Den man Mackie Messer nennt.

Und Schmul Meier bleibt verschwunden
Und so mancher reiche Mann
Und sein Geld hat Mackie Messer
Dem man nichts beweisen kann.

Jenny Towler ward gefunden
Mit 'nem Messer in der Brust
Und am Kai geht Mackie Messer
Der von allem nichts gewußt.

Wo ist Alfons Glite, der Fuhrherr?
Kommt das je ans Sonnenlicht?
Wer es immer wissen könnte –
Mackie Messer weiß es nicht.

Und das große Feuer in Soho
Sieben Kinder und ein Greis –
In der Menge Mackie Messer, den
Man nicht fragt und der nichts weiß.

Und die minderjährige Witwe
Deren Namen jeder weiß
Wachte auf und war geschändet –
Mackie, welches war dein Preis?

NEUE SCHLUSSSTROPHEN DER MORITAT VON MACKIE MESSER

Und die Fische, sie verschwinden!
Doch zum Kummer des Gerichts:
Man zitiert am End den Haifisch
Doch der Haifisch weiß von nichts.

Und er kann sich nicht erinnern
Und man kann nicht an ihn ran
Denn ein Haifisch ist kein Haifisch
Wenn man's nicht beweisen kann.
1948

DER MORGENCHORAL DES PEACHUM

Wach auf, du verrotteter Christ!
Mach dich an dein sündiges Leben!
Zeig, was für ein Schurke du bist
Der Herr wird es dir dann schon geben.

Verkauf deinen Bruder, du Schuft!
Verschacher dein Ehweib, du Wicht!
Der Herrgott, für dich ist er Luft?
Er zeigt dir's beim Jüngsten Gericht!

DER ANSTATT-DASS-SONG

1

Anstatt daß
Sie zu Hause bleiben und in ihrem Bett

Brauchen sie Spaß!
Grad als ob man ihnen eine Extrawurst gebraten hätt.
Das ist der Mond über Soho
Das ist der verdammte »Fühlst-du-mein-Herz-Schlagen«-Text
Das ist das »Wenn du wohin gehst, geh auch ich wohin, Johnny!«
Wenn die Liebe anhebt und der Mond noch wächst.

2

Anstatt daß
Sie was täten, was 'nen Sinn hat und 'nen Zweck
Machen sie Spaß!
Und verrecken dann natürlich glatt im Dreck.
Wo ist dann ihr Mond über Soho?
Wo bleibt dann ihr verdammter »Fühlst-du-mein-Herz-Schlagen«-Text
Wo ist dann das »Wenn du wohin gehst, geh auch ich wohin, Johnny!«
Wenn die Liebe aus ist und im Dreck du verreckst?

DAS HOCHZEITSLIED FÜR ÄRMERE LEUTE

Bill Lawgen und Mary Syer
Wurden letzten Mittwoch Mann und Frau.
(Hoch sollen sie leben, hoch, hoch, hoch!)
Als sie drin standen vor dem Standesamt
Wußte er nicht, woher ihr Brautkleid stammt
Aber sie wußte seinen Namen nicht genau.
Hoch!

Wissen Sie, was Ihre Frau treibt? Nein!
Lassen Sie Ihr Lüstlingsleben sein? Nein!
(Hoch sollen sie leben, hoch, hoch, hoch!)
Billy Lawgen sagte neulich mir:
Mir genügt ein kleiner Teil von ihr!
Das Schwein.
Hoch!

DIE SEERÄUBER-JENNY

1

Meine Herren, heute sehen Sie mich Gläser abwaschen
Und ich mache das Bett für jeden.
Und Sie geben mir einen Penny und ich bedanke mich schnell
Und Sie sehen meine Lumpen und dies lumpige Hotel
Und Sie wissen nicht, mit wem Sie reden.
Aber eines Abends wird ein Geschrei sein am Hafen
Und man fragt: Was ist das für ein Geschrei?
Und man wird mich lächeln sehn bei meinen Gläsern
Und man sagt: Was lächelt die dabei?
  Und ein Schiff mit acht Segeln
  Und mit fünfzig Kanonen
  Wird liegen am Kai.

2

Man sagt: Geh, wisch deine Gläser, mein Kind
Und man reicht mir den Penny hin.
Und der Penny wird genommen, und das Bett wird gemacht!
(Es wird keiner mehr drin schlafen in dieser Nacht.)

Und Sie wissen immer noch nicht, wer ich bin.
Aber eines Abends wird ein Getös sein am Hafen
Und man fragt: Was ist das für ein Getös?
Und man wird mich stehen sehen hinterm Fenster
Und man sagt: Was lächelt die so bös?
  Und das Schiff mit acht Segeln
  Und mit fünfzig Kanonen
  Wird beschießen die Stadt.

3

Meine Herren, da wird wohl Ihr Lachen aufhörn
Denn die Mauern werden fallen hin
Und die Stadt wird gemacht dem Erdboden gleich
Nur ein lumpiges Hotel wird verschont von jedem Streich
Und man fragt: Wer wohnt Besonderer darin?
Und in dieser Nacht wird ein Geschrei um das Hotel sein
Und man fragt: Warum wird das Hotel verschont?
Und man wird mich sehen treten aus der Tür gen Morgen
Und man sagt: Die hat darin gewohnt?
  Und das Schiff mit acht Segeln
  Und mit fünfzig Kanonen
  Wird beflaggen den Mast.

4

Und es werden kommen hundert gen Mittag an Land
Und werden in den Schatten treten
Und fangen einen jeglichen aus jeglicher Tür
Und legen ihn in Ketten und bringen vor mir
Und fragen: Welchen sollen wir töten?
Und an diesem Mittag wird es still sein am Hafen
Wenn man fragt, wer wohl sterben muß.

Und dann werden Sie mich sagen hören: Alle!
Und wenn dann der Kopf fällt, sag ich: Hoppla!
Und das Schiff mit acht Segeln
Und mit fünfzig Kanonen
Wird entschwinden mit mir.

DER KANONEN-SONG

1

John war darunter und Jim war dabei
Und Georgie ist Sergeant geworden
Doch die Armee, sie fragt keinen, wer er sei
Und sie marschierte hinauf nach dem Norden.
Soldaten wohnen
Auf den Kanonen
Vom Cap bis Couch Behar.
Wenn es mal regnete
Und es begegnete
Ihnen 'ne neue Rasse
'ne braune oder blasse
Da machen sie vielleicht daraus ihr Beefsteak Tartar.

2

Johnny war der Whisky zu warm
Und Jimmy hatte nie genug Decken
Aber Georgie nahm beide beim Arm
Und sagte: Die Armee kann nicht verrecken.
Soldaten wohnen
Auf den Kanonen

Vom Cap bis Couch Behar.
Wenn es mal regnete
Und es begegnete
Ihnen 'ne neue Rasse
'ne braune oder blasse
Da machen sie vielleicht daraus ihr Beefsteak Tartar.

3

John ist gestorben und Jim ist tot
Und Georgie ist vermißt und verdorben
Aber Blut ist immer noch rot
Und für die Armee wird jetzt wieder geworben!
Soldaten wohnen
Auf den Kanonen
Vom Cap bis Couch Behar.
Wenn es mal regnete
Und es begegnete
Ihnen 'ne neue Rasse
'ne braune oder blasse
Da machen sie vielleicht daraus ihr Beefsteak Tartar.

DER NEUE KANONEN-SONG

1

Fritz war SA und Karl war Partei
Und Albert bekam doch den Posten.
Aber auf einmal war all dies vorbei
Und man fuhr nach dem Westen und Osten.
  Der Schmitt vom Rheine

Braucht die Ukraine
Und Krause braucht Paris.
Wenn es nicht regnete
Und man begegnete
Nicht fremdem Militäre
Dem oder jenem Heere
Dann kriegte Meier aus Berlin
Bulgarien gewiß.

2

Schmitt, dem wurde die Wüste zu heiß
Und das Nordkap zu kalt dem Krause.
Aber das Böse ist: keiner mehr weiß
Wie kommt man jetzt wieder nach Hause?
Aus der Ukraine
Zurück zum Rheine
Nach Ulm heim aus Algier?
Weil es stark regnete
Und man begegnete
Ganz fremdem Militäre
So manchem großen Heere
Der Irreführer weiß es nicht –
Er ist nicht mehr hier.

3

Schmitt kam nicht mehr heim und Deutschland war hin
Hat nach Leichen und Ratten gerochen.
Aber in dem zerstörten Berlin
Wird vom d r i t t e n Weltkrieg gesprochen.
Köln liegt in Scherben
Hamburg im Sterben

Und Dresden liegt zerschellt.
Doch wenn Amerika
Sah diese Russen da –
Vielleicht wenn die sich krachten?
Dann gibt's ein neues Schlachten
Und Krause, wieder im grauen Fell
Kriegt doch noch die Welt!
1946

[DER SONG VOM NEIN UND JA]

1

Einst glaubte ich, als ich noch unschuldig war
Und das war ich einst grad so wie du
Vielleicht kommt auch zu mir einmal einer
Und dann muß ich wissen, was ich tu.
Und wenn er Geld hat
Und wenn er nett ist
Und sein Kragen ist auch werktags rein
Und wenn er weiß, was sich bei einer Dame schickt
Dann sage ich ihm »Nein«.
Da behält man seinen Kopf oben
Und man bleibt ganz allgemein.
Sicher scheint der Mond die ganze Nacht
Sicher wird das Boot am Ufer losgemacht
Aber weiter kann nichts sein.
Ja, da kann man sich doch nicht nur hinlegen
Ja, da muß man kalt und herzlos sein.
Ja, da könnte so viel geschehen
Ach, da gibt's überhaupt nur: Nein.

2

Der erste, der kam, war ein Mann aus Kent
Der war, wie ein Mann sein soll.
Der zweite hatte drei Schiffe im Hafen
Und der dritte war nach mir toll.
Und als sie Geld hatten
Und als sie nett waren
Und ihr Kragen war auch werktags rein
Und als sie wußten, was sich bei einer Dame schickt
Da sagte ich ihnen »Nein«.
Da behielt ich meinen Kopf oben
Und ich blieb ganz allgemein.
Sicher schien der Mond die ganze Nacht
Sicher ward das Boot am Ufer losgemacht
Aber weiter konnte nichts sein.
Ja, da kann man sich doch nicht nur hinlegen
Ja, da mußt' ich kalt und herzlos sein.
Ja, da könnte doch viel geschehen
Aber da gibt's überhaupt nur: Nein.

3

Jedoch eines Tags, und der Tag war blau
Kam einer, der mich nicht bat
Und er hängte seinen Hut an den Nagel in meiner Kammer
Und ich wußte nicht, was ich tat.
Und als er kein Geld hatte
Und als er nicht nett war
Und sein Kragen war auch am Sonntag nicht rein
Und als er nicht wußte, was sich bei einer Dame schickt
Zu ihm sagte ich nicht »Nein«.
Da behielt ich meinen Kopf nicht oben
Und ich blieb nicht allgemein.

Ach, es schien der Mond die ganze Nacht
Und es ward das Boot am Ufer festgemacht
Und es konnte gar nicht anders sein!
Ja, da muß man sich doch einfach hinlegen
Ja, da kann man doch nicht kalt und herzlos sein.
Ach, da mußte so viel geschehen
Ja, da gab's überhaupt kein Nein.

ÜBER DIE UNSICHERHEIT MENSCHLICHER VERHÄLTNISSE

Was ich möchte, ist es viel?
Einmal in dem tristen Leben
Einem Mann mich hinzugeben.
Ist das ein zu hohes Ziel?

Das Recht des Menschen ist's auf dieser Erden
Da er doch nur kurz lebt, glücklich zu sein
Teilhaftig aller Lust der Welt zu werden
Zum Essen Brot zu kriegen und nicht einen Stein.
Das ist des Menschen nacktes Recht auf Erden.
Doch leider hat man bisher nie vernommen
Daß einer auch sein Recht bekam – ach wo!
Wer hätte nicht gern einmal Recht bekommen
Doch die Verhältnisse, sie sind nicht so.

Wie gern wär ich zu dir gut
Alles möchte ich dir geben
Daß du etwas hast vom Leben
Weil man das doch gerne tut.

Ein guter Mensch sein! Ja, wer wär's nicht gern?
Sein Gut den Armen geben, warum nicht?

Wenn alle gut sind, ist S e i n Reich nicht fern
Wer säße nicht sehr gern in Seinem Licht?
Ein guter Mensch sein? Ja, wer wär's nicht gern?
Doch leider sind auf diesem Sterne eben
Die Mittel kärglich und die Menschen roh.
Wer möchte nicht in Fried und Eintracht leben?
Doch die Verhältnisse, sie sind nicht so!

Da hat er eben leider recht.
Die Welt ist arm, der Mensch ist schlecht.

Natürlich hab ich leider recht
Die Welt ist arm, der Mensch ist schlecht.
Wer wollt auf Erden nicht ein Paradies?
Doch die Verhältnisse, gestatten sie's?
Nein, sie gestatten's eben nicht.
Dein Bruder, der doch an dir hangt
Wenn halt für zwei das Fleisch nicht langt
Tritt er dir eben ins Gesicht.
Auch treu sein, ja, wer wollt es nicht?
Doch deine Frau, die an dir hangt
Wenn deine Liebe ihr nicht langt
Tritt sie dir eben ins Gesicht.
Ja, dankbar sein, wer wollt es nicht?
Und doch, dein Kind, das an dir hangt
Wenn dir das Altersbrot nicht langt
Tritt es dir eben ins Gesicht.
Ja, menschlich sein, wer wollt es nicht!

Ja, das ist eben schade
Das ist das riesig Fade.
Die Welt ist arm, der Mensch ist schlecht
Da hat er eben leider recht.

Natürlich hab ich leider recht
Die Welt ist arm, der Mensch ist schlecht.
Wir wären gut – anstatt so roh
Doch die Verhältnisse, sie sind nicht so.

Ja, dann ist's freilich nichts damit
Dann ist das eben alles Kitt!

Die Welt ist arm, der Mensch ist schlecht
Da hab ich eben leider recht!

Und das ist eben schade
Das ist das riesig Fade.
Und darum ist es nichts damit
Und darum ist das alles Kitt!

DIE BALLADE VON DER SEXUELLEN HÖRIGKEIT

I

Da ist nun einer schon der Satan selber
Der Metzger: er! Und alle andern: Kälber!
Der frechste Hund! Der schlimmste Hurentreiber!
Wer kocht ihn ab, der alle abkocht? Weiber.
Ob er will oder nicht – er ist bereit.
Das ist die sexuelle Hörigkeit.
  Er hält sich nicht an die Bibel. Er lacht übers BGB.
  Er meint, er ist der größte Egoist
  Weiß, daß wer 'n Weib sieht, schon verschoben ist.
  Drum duldet er kein Weib in seiner Näh:
  Er soll den Tag nicht vor dem Abend loben
  Denn vor es Nacht wird, liegt er wieder droben.

2

So mancher Mann sah manchen Mann verrecken:
Ein großer Geist blieb in 'ner Hure stecken!
Und die's mit ansahn, was sie sich auch schwuren –
Als sie verreckten, wer begrub sie? Huren.
Ob sie wollen oder nicht – sie sind bereit.
Das ist die sexuelle Hörigkeit.
  Der klammert sich an die Bibel. Der verbessert das BGB.
  Der wird ein Christ! Der wird ein Anarchist!
  Am Mittag zwingt man sich, daß man nicht Sellerie frißt.
  Nachmittags weiht man sich noch eilig 'ner Idee.
  Am Abend sagt man: mit mir geht's nach oben
  Und vor es Nacht wird, liegt man wieder droben.

DIE ZUHÄLTERBALLADE

1

In einer Zeit, die längst vergangen ist
Lebten wir schon zusammen, sie und ich
Und zwar von meinem Kopf und ihrem Bauch.
Ich schützte sie und sie ernährte mich.
Es geht auch anders, doch so geht es auch.
Und wenn ein Freier kam, kroch ich aus unserm Bett
Und drückte mich zu 'n Kirsch und war sehr nett
Und wenn er blechte, sprach ich zu ihm: Herr
Wenn sie mal wieder wollen – bitte sehr.
So hielten wir's ein volles halbes Jahr
In dem Bordell, wo unser Haushalt war.

2

In jener Zeit, die nun vergangen ist
Hat er mich manches liebe Mal gestemmt.
Und wenn kein Zaster war, hat er mich angehaucht
Da hieß es gleich: du, ich versetz dein Hemd.
Ein Hemd, ganz gut, doch ohne geht es auch.
Da wurd ich aber tückisch, ja, na weißte!
Ich fragt ihn manchmal direkt, was er sich erdreiste.
Da hat er mir aber eins ins Zahnfleisch gelangt
Da bin ich manchmal direkt drauf erkrankt!
Das war so schön in diesem halben Jahr
In dem Bordell, wo unser Haushalt war.

3

Zu jener Zeit, die nun vergangen ist
Die aber noch nicht ganz so trüb wie jetzt war
Wenn man auch nur bei Tag zusammenlag
Da sie ja, wie gesagt, nachts meist besetzt war!
(Nachts ist es üblich, doch 's geht auch bei Tag!)
War ich ja dann auch einmal hops von dir.
Da machten wir's dann so: ich lag dann unter ihr
Weil er das Kind nicht schon im Mutterleib erdrücken wollte
Das aber dann doch in die Binsen gehen sollte.
Und dann war auch bald aus das halbe Jahr
In dem Bordell, wo unser Haushalt war.

DIE BALLADE VOM ANGENEHMEN LEBEN

1

Da preist man uns das Leben großer Geister
Das lebt mit einem Buch und nichts im Magen
In einer Hütte, daran Ratten nagen –
Mir bleibe man vom Leib mit solchem Kleister!
Das simple Leben lebe, wer da mag!
Ich habe (unter uns) genug davon.
Kein Vögelchen von hier bis Babylon
Vertrüge diese Kost nur einen Tag.
Was hilft da Freiheit? Es ist nicht bequem.
Nur wer im Wohlstand lebt, lebt angenehm!

2

Die Abenteurer mit dem kühnen Wesen
Und ihrer Gier, die Haut zu Markt zu tragen
Die stets so frei sind und die Wahrheit sagen
Damit die Spießer etwas Kühnes lesen:
Wenn man sie sieht, wie das am Abend friert
Mit kalter Gattin stumm zu Bette geht
Und horcht, ob niemand klatscht und nichts versteht
Und trostlos in das Jahr 5000 stiert –
Jetzt frag ich Sie nur noch: Ist das bequem?
Nur wer im Wohlstand lebt, lebt angenehm!

3

Ich selber könnte mich durchaus begreifen
Wenn ich mich lieber groß und einsam sähe.

Doch sah ich solche Leute aus der Nähe
Da sagt' ich mir: Das mußt du dir verkneifen.
Armut bringt außer Weisheit auch Verdruß
Und Kühnheit außer Ruhm auch bittre Mühn.
Jetzt warst du arm und einsam, weis' und kühn
Jetzt machst du mit der Größe aber Schluß.
Dann löst sich ganz von selbst das Glücksproblem:
Nur wer im Wohlstand lebt, lebt angenehm!

NEUFASSUNG DER BALLADE VOM ANGENEHMEN LEBEN

1

Da preist man uns das Leben freier Geister
Das lebt mit einem Buch und nichts im Magen
In einer Hütte, daran Ratten nagen –
Mir bleibe man vom Leib mit solchem Kleister.
Das simple Leben lebe, wer da mag!
Ich habe – unter uns – genug davon.
Kein Vögelchen von hier bis Babylon
Vertrüge solche Kost nur einen Tag.
Was hilft da Freiheit? Sie ist nicht bequem.
Nur wer im Wohlstand lebt, lebt angenehm.

2

Die Wahrheitssucher mit dem kühnen Wesen
Und ihrer Gier, die Haut zum Markt zu tragen
Die stets so frei sind und die Wahrheit sagen
Damit die Spießer etwas Kühnes lesen:
Wenn man sie sieht, wie das am Abend friert

Mit kalter Gattin stumm zu Bette geht
Und horcht, ob niemand klatscht und nicht versteht
Und trostlos in das Jahr 5000 stiert:
Jetzt frag ich Sie nur noch: Ist das bequem?
Nur wer im Wohlstand lebt, lebt angenehm.

3

Ich selber könnte mich durchaus begreifen
Wenn ich mich lieber groß und einsam sähe
Doch sah ich solche Leute aus der Nähe
Da sagt' ich mir: Das mußt du dir verkneifen.
Armut bringt außer Weisheit auch Verdruß
Und Kühnheit außer Ruhm auch bittre Müh'n.
Jetzt sahst du dich im Geiste weis' und kühn
Jetzt machst du mit der Größe aber Schluß.
Dann löst sich ganz von selbst das Glücksproblem:
Nur wer im Wohlstand lebt, lebt angenehm.
1948

DIE BALLADE VOM ANGENEHMEN LEBEN DER HITLERSATRAPEN

1

Der süchtige Reichsmarschall, der Clown und Schlächter
Erst saht ihr halb Europa ihn stibitzen.
Dann saht ihr ihn in Nürnberg dafür schwitzen
Noch immer fetter da als seine Wächter.
Und auf die Frag, warum er es gemacht
Sagt uns der Mann, er tat's für Deutschlands Ehr
Als ob er davon fett geworden wär!

Ich möchte da das Huhn sehn, das nicht lacht!
Warum der Nazi war, ist kein Problem:
Nur wer im Wohlstand lebt, lebt angenehm.

2

Der lange Schacht, in dem eur Geld verschwunden
Mit dem selbst mir nicht lang genugen Kragen:
Hat dem Bankier man manchen Kranz gewunden
Hängt man den Bankrotteur nicht an den Schragen.
Er weiß, sein Auge wird nicht ausgehackt
Doch fragt ihr heut den eingestürzten Schacht
Warum er beim Bescheißen mitgemacht
Sagt er, der Ehrgeiz habe ihn gepackt.
Warum der mittat, ist doch kein Problem:
Nur wer im Wohlstand lebt, lebt angenehm.

3

Und der La-Keitel, der Ukrainebrenner
Der dem Gefreiten wild die Stiefel leckte
Weil der den Wehrmachtshunger in ihm weckte –
Wenn ihr den fragt, den Tank- und Kognakkenner
Was ihn getrieben, sagt er euch: die Pflicht!
Aus Pflichtgefühl vergoß er all das Blut
Beileibe nicht nur für ein Rittergut!
Das nimmt man, aber davon spricht man nicht.
Das ist's: man nimmt es. Und wer fragt schon: wem?
Nur wer im Wohlstand lebt, lebt angenehm.

4

Sie haben alle große Intentionen
Und sprechen nur von allerhöchster Warte
Und keiner je erwähnt die Speisekarte
Doch jeder ringt allnächtlich mit Dämonen.
Denn jeder war im Grund ein Lohengrin
Und hatte einiges vom Parzifal:
'sging nicht um Leningrad, 's ging um den Gral
Und nur Walhall ging unter, nicht Berlin.
Gelöst für sie war das Privatproblem:
Nur wer im Wohlstand lebt, lebt angenehm.

BALLADE VOM ANGENEHMEN LEBEN

Die Leute, die nur ihren Pflichten leben
Und ihren Sinn auf höh're Ziele richten
– Gefühle, die man kennt aus den Gedichten –
Die guten Leute treffen sehr daneben.
Da brechen sie mit Stolz ihr trocknes Brot
Ehrlich verdient: sie sind ganz schweißbedeckt!
Ach, über ihrem siebenten Gebot
Vergaßen sie, daß Fleisch viel besser schmeckt!
Ein Sichbescheiden nützt zwar, aber wem?
Nur wer im Wohlstand lebt, lebt angenehm!

Das ist gar nicht so schlecht: am Boden kleben
Und nur auf seinen niedern Vorteil schauen
Und dann ein frisches Bad und einen heben!
Und sich vor einem vollen Tisch aufbauen!
Ihr rümpft die Nase? Das sei kein Programm?
Euch ist der Mensch erst Mensch, wenn er sich plagt!
Ich muß gestehn, daß mir das nicht behagt

Ich bin gottlob nicht von so edlem Stamm.
Mir löst sich ganz von selbst das Glücksproblem:
Nur wer im Wohlstand lebt, lebt angenehm!

DAS EIFERSUCHTSDUETT

I

LUCY
Komm heraus, du Schönheit von Soho!
Zeig doch mir mal deine hübschen Beine!
Ich möchte auch mal was Schönes sehen
Denn so schön wie du gibt es doch keine!
Du sollst ja auf meinen Mac solch einen Eindruck machen!
POLLY
Soll ich das, soll ich das?
LUCY
Na, da muß ich aber wirklich lachen.
POLLY
Mußt du das, mußt du das?
LUCY
Ha, das wäre ja gelacht!
POLLY
So, das wär also gelacht?
LUCY
Wenn sich Mac aus dir was macht!
POLLY
Wenn sich Mac aus mir was macht?
LUCY
Ha, ha, ha! Mit so einer
Befaßt sich sowieso keiner.

POLLY
Na, das werden wir ja sehn.
LUCY
Ja, das werden wir ja sehn.
BEIDE
Mackie und ich, wir lebten wie die Tauben
Er liebt nur mich, das laß ich mir nicht rauben.
Da muß ich schon so frei sein
Das kann doch nicht vorbei sein
Wenn da so 'n Mistvieh auftaucht!
Lächerlich!

2

POLLY
Ach, man nennt mich Schönheit von Soho
Und man sagt, ich hab so schöne Beine.
LUCY
Meinst du die?
POLLY
Man will ja auch mal was Hübsches sehen
Und man sagt, so hübsch gibt es nur eine.
LUCY
Du Dreckhaufen!
POLLY
Selber Dreckhaufen!
Ich soll ja auf meinen Mann so einen Eindruck machen.
LUCY
Sollst du das? Sollst du das?
POLLY
Ja, da kann ich eben wirklich lachen.
LUCY
Kannst du das? Kannst du das?

POLLY
Und das wär ja auch gelacht!
LUCY
Ach, das wär ja auch gelacht?
POLLY
Wenn sich wer aus mir nichts macht.
LUCY
Wenn sich wer aus dir nichts macht!
POLLY *zum Publikum:*
Meinen Sie das auch: mit so einer
Befaßt sich sowieso keiner?
LUCY
Na, das werden wir ja sehn.
POLLY
Ja, das werden wir ja sehn.
BEIDE
Mackie und ich, wir lebten wie die Tauben
Er liebt nur mich, das laß ich mir nicht rauben.
Da muß ich schon so frei sein
Das kann doch nicht vorbei sein
Wenn da so 'n Miststück auftaucht!
Lächerlich!

DENN WOVON LEBT DER MENSCH?

1

Ihr Herrn, die ihr uns lehrt, wie man brav leben
Und Sünd und Missetat vermeiden kann
Zuerst müßt ihr uns was zu fressen geben
Dann könnt ihr reden: damit fängt es an.
Ihr, die ihr euren Wanst und unsre Bravheit liebt

Das eine wisset ein für allemal:
Wie ihr es immer dreht und wie ihr's immer schiebt
Erst kommt das Fressen, dann kommt die Moral.
Erst muß es möglich sein auch armen Leuten
Vom großen Brotlaib sich ihr Teil zu schneiden.
Denn wovon lebt der Mensch? Indem er stündlich
Den Menschen peinigt, auszieht, anfällt, abwürgt und frißt.
Nur dadurch lebt der Mensch, daß er so gründlich
Vergessen kann, daß er ein Mensch doch ist.
Ihr Herren, bildet euch nur da nichts ein:
Der Mensch lebt nur von Missetat allein!

2

Ihr lehrt uns, wann ein Weib die Röcke heben
Und ihre Augen einwärts drehen kann.
Zuerst müßt ihr uns was zu fressen geben
Dann könnt ihr reden: damit fängt es an.
Ihr, die auf unsrer Scham und eurer Lust besteht
Das eine wisset ein für allemal:
Wie ihr es immer schiebt und wie ihr's immer dreht
Erst kommt das Fressen, dann kommt die Moral.
Erst muß es möglich sein auch armen Leuten
Vom großen Brotlaib sich ihr Teil zu schneiden.
Denn wovon lebt der Mensch? Indem er stündlich
Den Menschen peinigt, auszieht, anfällt, abwürgt und frißt.
Nur dadurch lebt der Mensch, daß er so gründlich
Vergessen kann, daß er ein Mensch doch ist.
Ihr Herren, bildet euch nur da nichts ein:
Der Mensch lebt nur von Missetat allein!

DAS LIED VON DER UNZULÄNGLICHKEIT MENSCHLICHEN STREBENS

1

Der Mensch lebt durch den Kopf
Der Kopf reicht ihm nicht aus
Versuch es nur, von deinem Kopf
Lebt höchstens eine Laus.
  Denn für dieses Leben
  Ist der Mensch nicht schlau genug.
  Niemals merkt er eben
  Allen Lug und Trug.

2

Ja, mach nur einen Plan
Sei nur ein großes Licht!
Und mach dann noch 'nen zweiten Plan
Gehn tun sie beide nicht.
  Denn für dieses Leben
  Ist der Mensch nicht schlecht genug.
  Doch sein höh'res Streben
  Ist ein schöner Zug.

3

Ja, renn nur nach dem Glück
Doch renne nicht zu sehr!
Denn alle rennen nach dem Glück
Das Glück rennt hinterher.

Denn für dieses Leben
Ist der Mensch nicht anspruchslos genug
Drum ist all sein Streben
Nur ein Selbstbetrug.

4

Der Mensch ist gar nicht gut
Drum hau ihn auf den Hut.
Hast du ihn auf den Hut gehaut
Dann wird er vielleicht gut.
Denn für dieses Leben
Ist der Mensch nicht gut genug
Darum haut ihn eben
Ruhig auf den Hut.

SALOMON-SONG

1

Ihr saht den weisen Salomon
Ihr wißt, was aus ihm wurd!
Dem Mann war alles sonnenklar.
Er verfluchte die Stunde seiner Geburt
Und sah, daß alles eitel war.
Wie groß und weis war Salomon!
Und seht, da war es noch nicht Nacht
Da sah die Welt die Folgen schon:
Die Weisheit hatte ihn so weit gebracht –
Beneidenswert, wer frei davon!

2

Ihr saht die schöne Kleopatra
Ihr wißt, was aus ihr wurd!
Zwei Kaiser fielen ihr zum Raub.
Da hat sie sich zu Tod gehurt
Und welkte hin und wurde Staub.
Wie schön und groß war Babylon!
Und seht, da war es noch nicht Nacht
Da sah die Welt die Folgen schon:
Die Schönheit hatte sie so weit gebracht –
Beneidenswert, wer frei davon!

3

Ihr saht den kühnen Cäsar dann
Ihr wißt, was aus ihm wurd!
Der saß wie 'n Gott auf 'nem Altar
Und wurde ermordet, wie ihr erfuhrt
Und zwar, als er am größten war.
Wie schrie der laut: »Auch du, mein Sohn!«
Und seht, da war es noch nicht Nacht
Da sah die Welt die Folgen schon:
Die Kühnheit hatte ihn so weit gebracht –
Beneidenswert, wer frei davon!

4

Ihr kennt den wissensdurstigen Brecht
Ihr sangt ihn allesamt!
Dann hat er euch zu oft gefragt
Woher der Reichen Reichtum stammt
Da habt ihr ihn jäh aus dem Land gejagt.

Wie wissensdurstig war doch meiner Mutter Sohn!
Und seht, da war es noch nicht Nacht
Da sah die Welt die Folgen schon:
Sein Wissensdurst hat ihn so weit gebracht –
Beneidenswert, wer frei davon!

5

Und jetzt seht ihr den Herrn Macheath
Sein Kopf hängt an 'nem Haar!
Solang er folgte der Vernunft
Und raubte, was zu rauben war
War er ein Großer seiner Zunft.
Dann lief sein Herz mit ihm davon!
Und seht, jetzt ist es noch nicht Nacht
Da sieht die Welt die Folgen schon:
Die Sinnlichkeit hat ihn so weit gebracht –
Beneidenswert, wer frei davon!

RUF AUS DER GRUFT

Nun hört die Stimme, die um Mitleid ruft.
Macheath liegt hier nicht unterm Hagedorn
Nicht unter Buchen, nein, in einer Gruft!
Hierher verschlug ihn des Geschickes Zorn.
Gott geb, daß ihr sein letztes Wort noch hört!
Die dicksten Mauern schließen ihn jetzt ein!
Fragt ihr denn gar nicht, Freunde, wo er sei?
Ist er gestorben, kocht euch Eierwein.
Solang er aber lebt, steht ihm doch bei!
Wollt ihr, daß seine Marter ewig währt?

Jetzt kommt und seht, wie es ihm dreckig geht!
Jetzt ist er wirklich, was man pleite nennt.
Die ihr als oberste Autorität
Nur eure schmierigen Gelder anerkennt
Seht, daß er euch nicht in die Grube fährt!
Ihr müßtet gleich zur Königin und in Haufen
Und müßtet über ihn mit ihr jetzt sprechen
Wie Schweine eines hinterm andern laufen:
Ach, seine Zähne sind schon lang wie Rechen!
Wollt ihr, daß seine Marter ewig währt?

BALLADE, IN DER MACHEATH JEDERMANN ABBITTE LEISTET

Ihr Menschenbrüder, die ihr nach uns lebt
Laßt euer Herz nicht gegen uns verhärten
Und lacht nicht, wenn man uns zum Galgen hebt
Ein dummes Lachen hinter euren Bärten.
Und flucht auch nicht, und sind wir auch gefallen
Seid nicht auf uns erbost wie das Gericht:
Gesetzten Sinnes sind wir alle nicht –
Ihr Menschen, lasset allen Leichtsinn fallen
Ihr Menschen, laßt euch uns zur Lehre sein
Und bittet Gott, er möge mir verzeihn.

Der Regen wäscht uns ab und wäscht uns rein
Und wäscht das Fleisch, das wir zu gut genährt
Und die zuviel gesehn und mehr begehrt:
Die Augen hacken uns die Raben ein.
Wir haben wahrlich uns zu hoch verstiegen
Jetzt hängen wir hier wie aus Übermut
Zerpickt von einer gierigen Vögelbrut
Wie Pferdeäpfel, die am Wege liegen.

Ach Brüder, laßt euch uns zur Warnung sein
Und bittet Gott, er möge uns verzeihn.

Die Mädchen, die die Brüste zeigen
Um leichter Männer zu erwischen
Die Burschen, die nach ihnen äugen
Um ihren Sündenlohn zu fischen
Die Lumpen, Huren, Hurentreiber
Die Tagediebe, Vogelfrein
Die Mordgesellen, Abtrittsweiber
Ich bitte sie, mir zu verzeihn.

Nicht so die Polizistenhunde
Die jeden Abend, jeden Morgen
Nur Rinde gaben meinem Munde
Auch sonst verursacht Müh'n und Sorgen
Ich könnte sie ja jetzt verfluchen
Doch will ich heute nicht so sein:
Um weitere Händel nicht zu suchen
Bitt ich auch sie, mir zu verzeihn.

Man schlage ihnen ihre Fressen
Mit schweren Eisenhämmmern ein.
Im übrigen will ich vergessen
Und bitte sie, mir zu verzeihn.

NEUFASSUNG DER BALLADE, IN DER MACHEATH UM VERZEIHUNG BITTET

Ihr Menschenbrüder, die ihr auch gern lebt
Laßt euer Herz nicht gegen uns verhärten
Und lacht nicht, wenn man uns zum Galgen hebt
Ein dummes Lachen hinter euren Bärten.

Ach, ihr, die nicht fielt da, wo wir gefallen
Seid nicht erbost auf uns wie das Gericht:
Gesetzten Sinnes sind wir alle nicht –
Ihr Menschen, lasset allen Leichtsinn fallen!
Ihr Menschen, laßt euch uns zur Lehre sein
Und bittet Gott, er möge uns verzeihn.

Der Regen wäscht uns ab und wäscht uns rein
Und wäscht das Fleisch, das wir zu gern genährt.
Und die zuviel gesehn und mehr begehrt
Die Augen, hacken uns jetzt Raben ein.
Wir haben wahrlich uns zu hoch verstiegen
Jetzt hängen wir hier wie aus Übermut
Zerpickt von einer gierigen Vögelbrut
Wie Pferdeäpfel, die am Wege liegen.
Ach, Brüder, laßt euch uns zur Lehre sein
Ich bitte euch, uns freundlich zu verzeihn.

Die Kerle, die in Häuser brechen
Dieweil sie keine Bleibe kennen;
Die Lästermäuler, selbst die frechen
Die lieber schimpfen statt zu flennen;
Die Weiber, die den Brotlaib stehlen;
Sie könnten eure Mütter sein!
's mag ihnen nur an Härte fehlen –
Ich bitt euch, ihnen zu verzeihn.

Habt da mehr Nachsicht mit den kleinen
Und weniger mit den großen Dieben
Die euch in Krieg und Schande trieben
Und betten euch auf blut'gen Steinen.
Die euch gepreßt zu Mord und Raube
Und nunmehr winseln ihr »Vergib!« –
Stopft ihnen 's Maul und mit dem Staube
Der von eur'n schönen Städten blieb!

Und die da reden von Vergessen
Und die da reden von Verzeihn –
All denen schlage man die Fressen
Mit schweren Eisenhämmern ein.
1948

[SCHLUSSCHORAL]

Verfolgt das Unrecht nicht zu sehr, in Bälde
Erfriert es schon von selbst, denn es ist kalt.
Bedenkt das Dunkel und die große Kälte
In diesem Tale, das von Jammer schallt.

NEUER SCHLUSSCHORAL

Verfolgt das kleine Unrecht nicht; in Bälde
Erfriert es schon von selbst, denn es ist kalt:
Bedenkt das Dunkel und die große Kälte
In diesem Tale, das von Jammer schallt.

Zieht gen die großen Räuber jetzt zu Felde
Und fällt sie allesamt und fällt sie bald:
Von ihnen rührt das Dunkel und die große Kälte
Sie machen, daß dies Tal von Jammer schallt.
1948

DIE SCHLUSSSTROPHEN DES DREIGROSCHENFILMS

Und so kommt zum guten Ende
Alles unter einen Hut.
Ist das nötige Geld vorhanden
Ist das Ende meistens gut.

Daß nur er im trüben fische
Hat der Hinz den Kunz bedroht.
Doch zum Schluß vereint am Tische
Essen sie des Armen Brot.

Denn die einen sind im Dunkeln
Und die andern sind im Licht.
Und man siehet die im Lichte
Die im Dunkeln sieht man nicht.
1930

KRIEGSLIED

Und sie zogen hinein in den Krieg
Und sie mußten Patronen haben
Und es fanden sich allerhand nette Leute
Die ihnen Patronen gaben.
»Ohne Munition kein Krieg.«
»Die sollst du haben, mein Sohn!
Ihr zieht für uns ins Feld
Wir machen für euch Munition.«

Und sie machten einen Haufen Munition
Und dann fehlte ihnen noch ein Krieg
Und es fanden sich allerhand nette Leute
Die sorgten dafür, daß er stieg.

»Auf, auf, mein Sohn, ins Feld!
Das Vaterland ist in Gefahr!
Auf, auf für Mütter und Schwestern
Für Thron und für Altar!«

ALABAMA-SONG

Oh, show us the way to the next whisky-bar!
Oh, don't ask why, oh, don't ask why!
For we must find the next whisky-bar
For if we don't find the next whisky-bar
I tell you we must die!
Oh, moon of Alabama
We now must say good-bye
We've lost our good old mamma
And must have whisky
Oh, you know why.

Oh, show us the way to the next pretty boy!
Oh, don't ask why, oh, don't ask why!
For we must find the next pretty boy
For if we don't find the next pretty boy
I tell you we must die!
Oh, moon of Alabama
We now must say good-bye
We've lost our good old mamma
And must have boys
Oh, you know why.

Oh, show us the way to the next little dollar!
Oh, don't ask why, oh, don't ask why!
For we must find the next little dollar
For if we don't find the next little dollar

I tell you we must die!
Oh, moon of Alabama
We now must say good-bye
We've lost our good old mamma
And must have dollars
Oh, you know why.

[IHR HABT GELERNT DAS COCKTAIL-ABC]

Ich glaube, ich will meinen Hut aufessen
Ich glaube, da werde ich satt.
Warum soll einer nicht seinen Hut aufessen
Wenn er sonst nichts zu tun hat?
  Ihr habt gelernt das Cocktail-Abc
  Ihr habt den Mond die ganze Nacht gesehn
  Geschlossen ist die Bar von Mandelay
  Und es ist immer noch nichts geschehn.
  Oh, Jungens, es ist immer noch nichts geschehn!

Ich glaube, ich müßte nach Georgia fahren
Ich glaube, da ist eine Stadt.
Warum soll einer nicht nach Georgia fahren
Wenn er sonst nichts zu tun hat?
  Ihr habt gelernt das Cocktail-Abc
  Ihr habt den Mond die ganze Nacht gesehn
  Geschlossen ist die Bar von Mandelay
  Und es ist immer noch nichts geschehn.
  Oh, Jungens, es ist immer noch nichts geschehn!

[BLASPHEMIE]

Wenn es etwas gibt
Was du haben kannst für Geld
Dann nimm dir das Geld.
Wenn einer vorübergeht und hat Geld
Schlag ihn auf den Kopf und nimm dir sein Geld:
Du darfst es!

Willst du wohnen in einem Haus
Dann geh in ein Haus
Und leg dich in ein Bett.
Wenn die Frau hereinkommt, beherberge sie.
Wenn das Dach aber durchbricht, geh weg!
Du darfst es!

Wenn es einen Gedanken gibt
Den du nicht kennst
Denke den Gedanken.
Kostet er Geld, verlangt er dein Haus:
Denke ihn! Denke ihn!
Du darfst es!

Im Interesse der Ordnung
Zum Besten des Staates
Für die Zukunft der Menschheit
Zu deinem eigenen Wohlbefinden
Darfst du!

DIE LIEBENDEN

Sieh jene Kraniche in großem Bogen!
Die Wolken, welche ihnen beigegeben
Zogen mit ihnen schon, als sie entflogen

Aus einem Leben in ein andres Leben.
In gleicher Höhe und mit gleicher Eile
Scheinen sie alle beide nur daneben.
Daß so der Kranich mit der Wolke teile
Den schönen Himmel, den sie kurz befliegen
Daß also keines länger hier verweile
Und keines andres sehe als das Wiegen
Des andern in dem Wind, den beide spüren
Die jetzt im Fluge beieinander liegen
So mag der Wind sie in das Nichts entführen
Wenn sie nur nicht vergehen und sich bleiben
So lange kann sie beide nichts berühren
So lange kann man sie von jedem Ort vertreiben
Wo Regen drohen oder Schüsse schallen.
So unter Sonn und Monds wenig verschiedenen Scheiben
Fliegen sie hin, einander ganz verfallen.
Wohin, ihr? – Nirgend hin. – Von wem davon? – Von allen.
Ihr fragt, wie lange sind sie schon beisammen?
Seit kurzem. – Und wann werden sie sich trennen? – Bald.
So scheint die Liebe Liebenden ein Halt.

[MAHAGONNYGESANG NR. 2]

Wer in Mahagonny blieb
Brauchte jeden Tag fünf Dollar
Und wenn er's besonders trieb
Brauchte er vielleicht noch extra.
Aber damals saßen alle
In Mahagonnys Pokerdrinksalon.
Sie verloren in jedem Falle
Doch sie hatten was davon.

Auf der See
Und am Land
Werden allen Leuten ihre Häute abgezogen
Darum sitzen alle Leute
Und verkaufen ihre Häute
Denn die Häute werden jederzeit mit Dollars aufgewogen.

Auf der See
Und am Land
Ist drum der Verbrauch an frischen Häuten ungeheuer.
Immer beißt es euch im Fleische
Doch wer zahlt euch eure Räusche?
Denn die Häute, die sind billig, und der Whisky, der ist teuer.

Wer in Mahagonny blieb
Brauchte jeden Tag fünf Dollar
Und wenn er's besonders trieb
Brauchte er vielleicht noch extra.
Aber damals saßen alle
In Mahagonnys Pokerdrinksalon.
Sie verloren in jedem Falle
Doch sie hatten was davon.

Wer in seinem Kober bleibt
Braucht nicht jeden Tag fünf Dollar
Und falls er nicht unbeweibt
Braucht er auch vielleicht nichts extra.
Aber heute sitzen alle
In des lieben Gottes billigem Salon.
Sie gewinnen in jedem Falle
Doch sie haben nichts davon.

[DENN WIE MAN SICH BETTET]

Meine Herren, meine Mutter prägte
Auf mich einst ein schlimmes Wort:
Ich würde enden im Schauhaus
Oder an einem noch schlimmern Ort.
Ja, so ein Wort, das ist leicht gesagt.
Aber ich sage euch: Daraus wird nichts!
Das könnt ihr nicht machen mit mir!
Was aus mir noch wird, das werden wir sehn!
Ein Mensch ist kein Tier!
　Denn wie man sich bettet, so liegt man
　Es deckt einen keiner da zu
　Und wenn einer tritt, dann bin ich es
　Und wird einer getreten, dann bist's du.

Meine Herren, mein Freund, der sagte
Mir damals ins Gesicht:
»Das Größte auf Erden ist Liebe«
Und »An morgen denkt man nicht«.
Ja, Liebe, das ist leicht gesagt:
Doch, solang man täglich älter wird
Da wird nicht nach Liebe gefragt
Da muß man seine kurze Zeit benützen.
Ein Mensch ist kein Tier!
　Denn wie man sich bettet, so liegt man
　Es deckt einen keiner da zu
　Und wenn einer tritt, dann bin ich es
　Und wird einer getreten, dann bist's du.

[GEDICHT ÜBER EINEN TOTEN]

Können ihm Essig holen
Können sein Gesicht abreiben
Können die Beißzange holen
Können ihm die Zunge herausziehen
Können einem toten Mann nicht helfen.

Können ihm zureden
Können ihn anbrüllen
Können ihn liegenlassen
Können ihn mitnehmen
Können einem toten Mann keine Vorschriften machen
Können ihm Geld in die Hand drücken
Können ihm ein Loch graben
Können ihn hineinstopfen
Können ihm die Schaufel hinaufhaun
Können einem toten Mann nicht helfen.

Können wohl von seinen großen Zeiten reden
Können seine große Zeit vergessen
Können einem toten Mann nicht helfen.
Können uns und euch und niemand helfen.

PROLOG, VOR EINER SENDUNG DES »OZEANFLUGS« ZU SPRECHEN

Hier hört ihr
Den Bericht über den ersten Ozeanflug
Im Mai 1927. Ein junger Mensch
Vollführte ihn. Er triumphierte
Über Sturm, Eis und gefräßige Wasser. Dennoch
Sei sein Name ausgemerzt, denn
Der sich zurechtfand über weglosen Wassern

Verlor sich im Sumpf unserer Städte. Sturm und Eis
Besiegte ihn nicht, aber der Mitmensch
Besiegte ihn. Ein Jahrzehnt
Ruhm und Reichtum und der Unselige
Zeigte den Hitlerschlächtern das Fliegen
Mit tödlichen Bombern. Darum
Sei sein Name ausgemerzt. Ihr aber
Seid gewarnt: Nicht Mut noch Kenntnis
Von Motoren und Seekarten tragen den Asozialen
Ins Heldenlied.

[BEKÄMPFUNG DES PRIMITIVEN]

I

Viele sagen, die Zeit sei alt
Aber ich habe immer gewußt, es ist eine neue Zeit.
Ich sage euch, nicht von selber
Wachsen seit 20 Jahren Häuser wie Gebirge aus Erz
Viele ziehen mit jedem Jahr in die Städte, als erwarteten sie
etwas
Und auf den lachenden Kontinenten
Spricht es sich herum: das große gefürchtete Meer
Sei ein kleines Wasser.
Ich fliege jetzt schon als erster über den Atlantik
Aber ich habe die Überzeugung: schon morgen
Werdet ihr lachen über meinen Flug.

2

Aber es ist eine Schlacht gegen das Primitive
Und eine Anstrengung zur Verbesserung des Planeten
Gleich der dialektischen Ökonomie
Welche die Welt verändern wird von Grund auf.
Jetzt nämlich
Laßt uns bekämpfen die Natur
Bis wir selber natürlich geworden sind.
Wir und unsere Technik sind noch nicht natürlich
Wir und unsere Technik
Sind primitiv.

Die Dampfschiffe sind gegen die Segler gefahren
Welche die Ruderboote hinter sich zurückließen.
Ich
Fliege gegen die Dampfschiffe
Im Kampf gegen das Primitive.
Mein Flugzeug, schwach und zittrig
Meine Apparate voller Mangel
Sind besser als die bisherigen, aber
Indem ich fliege
Kämpfe ich gegen mein Flugzeug und
Gegen das Primitive.

3

Also kämpfe ich gegen die Natur und
Gegen mich selber.
Was immer ich bin und welche Dummheiten ich glaube
Wenn ich fliege, bin ich
Ein wirklicher Atheist.

Zehntausend Jahre lang entstand
Wo die Wasser dunkel wurden am Himmel
Zwischen Licht und Dämmerung unhinderbar
Gott. Und ebenso
Über den Gebirgen, woher das Eis kam
Sichteten die Unwissenden
Unbelehrbar Gott, und ebenso
In den Wüsten kam er im Sandsturm, und
In den Städten wurde er erzeugt von der Unordnung
Der Menschenklassen, weil es zweierlei Menschen gibt
Ausbeutung und Unkenntnis, aber
Die Revolution liquidiert ihn. Aber
Baut Straßen durch das Gebirge, dann verschwindet er
Flüsse vertreiben ihn aus der Wüste. Das Licht
Zeigt Leere und
Verscheucht ihn sofort.

Darum beteiligt euch
An der Bekämpfung des Primitiven
An der Liquidierung des Jenseits und
Der Verscheuchung jedweden Gottes, wo
Immer er auftaucht.

Unter den schärferen Mikroskopen
Fällt er.
Es vertreiben ihn
Die verbesserten Apparate aus der Luft.
Die Reinigung der Städte
Die Vernichtung des Elends
Machen ihn verschwinden und
Jagen ihn zurück in das erste Jahrtausend.

4

So auch herrscht immer noch
In den verbesserten Städten die Unordnung
Welche kommt von der Unwissenheit und Gott gleicht.
Aber die Maschinen und die Arbeiter
Werden sie bekämpfen, und auch ihr
Beteiligt euch an
Der Bekämpfung des Primitiven!

BERICHT VOM FLIEGEN

Zu der Zeit, wo die Menschheit
Anfing sich zu erkennen
Haben wir Flugzeuge gemacht
Aus Holz, Eisen und Glas
Und sind durch die Luft geflogen.
Und zwar mit einer Schnelligkeit, die den Hurrikan
Um das Doppelte übertraf.
Und zwar war unser Motor
Stärker als hundert Pferde, aber
Kleiner als ein einziges.
Tausend Jahre fiel alles von oben nach unten
Ausgenommen der Vogel.
Selbst auf den ältesten Steinen
Fanden wir keine Zeichnung
Von irgendeinem Menschen, der
Durch die Luft geflogen ist.
Aber wir haben uns erhoben.
Gegen Ende des zweiten Jahrtausends unsrer Zeitrechnung
Erhob sich unsere
Stählerne Einfalt
Aufzeigend das Mögliche

Ohne uns vergessen zu machen: das
Noch nicht Erreichte.

UNTERSUCHUNG, OB DER MENSCH DEM MENSCHEN HILFT

Einer von uns ist über das Meer gefahren und
Hat einen neuen Kontinent entdeckt.
Viele aber nach ihm
Haben aufgebaut dort große Städte mit
Vieler Mühe und Klugheit.
Das Brot wurde dadurch nicht billiger.

Einer von uns hat eine Maschine gemacht
Durch die Dampf ein Rad trieb, und das war
Die Mutter vieler Maschinen.
Viele aber arbeiten daran
Alle Tage.
Das Brot wurde dadurch nicht billiger.

Viele von uns haben nachgedacht
Über den Gang der Erde um die Sonne, über
Das Innere des Menschen, die Gesetze
Der Allgemeinheit, die Beschaffenheit der Luft
Und den Fisch der Tiefsee.
Und sie haben
Große Dinge gefunden.

Das Brot wurde dadurch nicht billiger.
Sondern
Die Armut hat zugenommen in unseren Städten
Und es weiß seit langer Zeit
Niemand mehr, was ein Mensch ist.
Zum Beispiel: während ihr flogt, kroch

Ein euch Ähnliches am Boden
Nicht wie ein Mensch!
Hilft der Mensch also dem Menschen?
Nein.

DAS EINVERSTÄNDNIS

Ihr aber, die ihr einverstanden seid mit dem Fluß der Dinge
Sinkt nicht zurück in das Nichts.
Löst euch nicht auf wie Salz im Wasser, sondern
Erhebt euch
Sterbend euren Tod wie
Ihr gearbeitet habt eure Arbeit
Umwälzend eine Umwälzung.
Richtet euch also sterbend
Nicht nach dem Tod
Sondern übernehmt von uns den Auftrag
Wieder aufzubauen unser Flugzeug.
Beginnt!
Um für uns zu fliegen
An den Ort, wo wir euch brauchen
Und zu der Zeit, wo es nötig ist. Denn
Euch
Fordern wir auf, mit uns zu marschieren und mit uns
Zu verändern nicht nur
Ein Gesetz der Erde, sondern
Das Grundgesetz:
Einverstanden, daß alles verändert wird
Die Welt und die Menschheit
Vor allem die Unordnung
Der Menschenklassen, weil es zweierlei Menschen gibt
Ausbeutung und Unkenntnis.

LOB DER UDSSR

Schon beredete die Welt
Unser Unglück.
Aber noch saß an unserm
Kargen Tisch
Aller Unterdrückten Hoffnung, die
Sich mit Wasser begnügt.
Und das Wissen belehrte
Hinter zerfallender Tür
Mit deutlicher Stimme die Gäste.
Wenn die Tür zerfallen ist
Sitzen wir doch nur weiterhin sichtbar:
Die der Frost nicht umbringt noch der Hunger
Unermüdlich betreuend
Die Geschicke der Welt.

LOB DER ILLEGALEN ARBEIT

Schön ist es
Das Wort zu ergreifen im Klassenkampf.
Laut und schallend aufzurufen zum Kampf die Massen
Zu zerstampfen die Unterdrücker, zu befreien die Unterdrückten.
Schwer ist und nützlich die tägliche Kleinarbeit
Zähes und heimliches Knüpfen
Des Netzes der Partei vor den
Gewehrläufen der Unternehmer:
Reden, aber
Zu verbergen den Redner.
Siegen, aber
Zu verbergen den Sieger.
Sterben, aber

Zu verstecken den Tod.
Wer täte nicht viel für den Ruhm, aber wer
Tut's für das Schweigen?
Aber es lädt der ärmliche Esser die Ehre zu Tisch
Aus der engen und zerfallenden Hütte tritt
Unhemmbar die Größe.
Und der Ruhm fragt umsonst
Nach den Tätern der großen Tat.
Tretet vor
Für einen Augenblick
Unbekannte, verdeckten Gesichtes, und empfangt
Unsern Dank!

GESANG DER REISKAHNSCHLEPPER

In der Stadt oben am Fluß
Gibt es für uns einen Mund voll Reis
Aber der Kahn ist schwer, der hinauf soll
Und das Wasser fließt nach unten.
Wir werden nie hinaufkommen.
  Zieht rascher, die Mäuler
  Warten auf das Essen.
  Zieht gleichmäßig. Stoßt nicht
  Den Nebenmann.

Die Nacht kommt schon bald. Das Lager
Zu klein für eines Hundes Schatten
Kostet einen Mundvoll Reis.
Weil das Ufer zu glatt ist
Kommen wir nicht vom Fleck.
  Zieht rascher, die Mäuler
  Warten auf das Essen.

Zieht gleichmäßig. Stoßt nicht
Den Nebenmann.

Länger als wir
Hält das Tau, das in die Schulter schneidet.
Die Peitsche des Aufsehers
Hat vier Geschlechter gesehen.
Wir sind nicht das letzte.
Zieht rascher, die Mäuler
Warten auf das Essen.
Zieht gleichmäßig. Stoßt nicht
Den Nebenmann.

Unsere Väter zogen den Kahn von der Flußmündung
Ein Stück weit höher. Unsere Kinder
Werden die Quelle erreichen, wir
Sind dazwischen.
Zieht rascher, die Mäuler
Warten auf das Essen.
Zieht gleichmäßig. Stoßt nicht
Den Nebenmann.

Im Kahn ist Reis. Der Bauer, der
Ihn geerntet hat, bekam
Eine Handvoll Münzen, wir
Kriegen noch weniger. Ein Ochse
Wäre teurer. Wir sind zu viele.
Zieht rascher, die Mäuler
Warten auf das Essen.
Zieht gleichmäßig. Stoßt nicht
Den Nebenmann.

Wenn der Reis in der Stadt ankommt
Und die Kinder fragen, wer
Den schweren Kahn geschleppt hat, heißt es:
Er ist geschleppt worden.

Zieht rascher, die Mäuler
Warten auf das Essen.
Zieht gleichmäßig. Stoßt nicht
Den Nebenmann.

Das Essen von unten kommt
Zu den Essern oben. Die
Es schleppen, haben
Nicht gegessen.

[STREIKLIED]

Komm heraus, Genosse! Riskiere
Den Pfennig, der kein Pfennig mehr ist
Die Schlafstelle, auf die es regnet
Und den Arbeitsplatz, den du morgen verlierst!
Heraus auf die Straße! Kämpfe!
Um zu warten, ist es zu spät!
Hilf dir selbst, indem du uns hilfst: übe
Solidarität!

Komm heraus, Genosse, vor die Gewehre
Und bestehe auf deinem Lohn!
Wenn du weißt, daß du nichts zu verlieren hast
Haben ihre Polizisten nicht genug Gewehre!
Heraus auf die Straße! Kämpfe!
Um zu warten, ist es zu spät!
Hilf dir selbst, indem du uns hilfst: übe
Solidarität!

SONG VON DER WARE

Reis gibt es unten am Flusse.
In den obern Provinzen brauchen die Leute Reis.
Wenn wir den Reis in den Lagern lassen
Wird der Reis für sie teurer.
Die den Reiskahn schleppen, kriegen dann noch weniger Reis
Dann wird der Reis für mich noch billiger.
Was ist eigentlich Reis?
  Weiß ich, was ein Reis ist?
  Weiß ich, wer das weiß!
  Ich weiß nicht, was ein Reis ist
  Ich kenne nur seinen Preis.

Der Winter kommt, die Leute brauchen Kleider.
Da muß man Baumwolle kaufen
Und die Baumwolle nicht hergeben.
Wenn die Kälte kommt, werden die Kleider teurer.
Die Baumwollspinnereien zahlen zuviel Lohn.
Es gibt überhaupt zuviel Baumwolle.
Was ist eigentlich Baumwolle?
  Weiß ich, was eine Baumwolle ist?
  Weiß ich, wer das weiß!
  Ich weiß nicht, was eine Baumwolle ist
  Ich kenne nur ihren Preis.

ÄNDERE DIE WELT: SIE BRAUCHT ES

Mit wem säße der Rechtliche nicht zusammen
Dem Recht zu helfen?
Welche Medizin schmeckte zu schlecht
Dem Sterbenden?
Welche Niedrigkeit begingest du nicht, um

Die Niedrigkeit auszutilgen?
Könntest du die Welt endlich verändern, wofür
Wärest du dir zu gut?
Wer bist du?
Versinke in Schmutz
Umarme den Schlächter, aber
Ändere die Welt: sie braucht es!
Erzählt weiter!
Lange nicht mehr hören wir euch zu als
Urteilende. Schon
Als Lernende.

[KAMPFLIED DER SCHWARZEN STROHHÜTE]

Obacht, gib Obacht!
Wir sehen dich, Mann, der versinkt
Wir hören dein Geschrei um Hilfe
Wir sehen dich, Frau, die winkt.
Haltet die Autos an, stoppt den Verkehr!
Mut, ihr versinkenden Leute, wir kommen, schaut her!
Du, der du untergehst
Sieh uns, oh, sieh uns, Bruder, bevor du untergehst!
Wir bringen dir zu essen
Wir haben nicht vergessen
Daß du noch draußen stehst.
Sag nicht, es hift nichts, denn jetzt wird es anders
Das Unrecht dieser Welt kann nicht bestehn
Wenn alle mit uns kommen und marschieren
Und kümmern sich um nichts und helfen gehn.
Wir werden auffahren Tanks und Kanonen
Und Flugzeuge müssen her
Und Kriegsschiffe über das Meer
Um dir, Bruder, einen Teller Suppe zu erobern.

Denn ihr armen Leute
Ihr seid eine große Armee!
Drum muß es sein noch heute
Daß jeder euch beisteh!
Vorwärts marsch! Richt euch! Zum Sturm an das Gewehr!
Mut, ihr versinkenden Leute, wir kommen, schaut her!

Obacht, gebt Obacht!
Dort ist ein Mann, der versinkt!
Dort ist ein Geschrei um Hilfe
Dort ist eine Frau, die winkt.
Haltet die Autos an, stoppt den Verkehr!
Ringsum versinken Menschen und keiner schaut her!
Könnt ihr denn gar nicht sehn?
Hallo für euren Bruder und nicht für irgendwen!
Steht auf von eurem Essen
Habt ihr denn ganz vergessen
Daß viele draußen stehn?
Ich hör euch sagen: Das wird niemals anders
Das Unrecht dieser Welt wird stets bestehn.
Wir aber sagen euch: Man muß marschieren
Und kümmern sich um nichts und helfen gehn
Und auffahren Tanks und Kanonen
Und Flugzeuge müssen her
Und Kriegsschiffe über das Meer
Um den Armen einen Teller Suppe zu erobern.
Und das muß sein noch heute
Daß jeder uns beisteh
Denn die guten Leute
Das ist keine große Armee.
Vorwärts marsch! Richt euch! Zum Sturm an das Gewehr!
Ringsum versinken Menschen und keiner schaut her!

[DER TRAUM DER JOHANNA]

Hört, was ich träumte in einer Nacht
Vor sieben Tagen:
Ich sah vor mir auf einem kleinen Feld
Zu klein für eines mittleren Baumes Schatten
Weil eingeengt durch riesige Häuser, einen Klumpen
Menschen von unbestimmter Anzahl, jedoch
Weit größerer Anzahl, als an so kleiner Stelle
Spatzen Platz hätten, also sehr dichten Klumpen, so daß
Das Feld sich krümmte, in der Mitte aufhob, und jetzt hing
Der Klumpen übern Rand, einen Augenblick
Festhaltend, in sich pulsend, dann
Durch Hinzutritt eines Wortes, irgendwo gerufen
Gleichgültigen Inhalts, fing es an zu fließen.
Nun sah ich Züge, Straßen, auch bekannte, Chicago!
Euch!
Sah euch marschieren, und nun sah ich mich.
An eurer Spitze sah ich stumm mich schreiten
Mit kriegerischem Schritt, die Stirne blutig
Und Wörter rufend kriegerischen Klangs in
Mir selber unbekannter Sprache, und da gleichzeitig
Von vielen Seiten viele Züge zogen
Schritt ich in vielfacher Gestalt vor vielen Zügen:
Jung und alt, schluchzend und fluchend
Außer mir endlich! Tugend und Schrecken!
Alles verändernd, was mein Fuß berührte
Unmäßige Zerstörung bewirkend, den Lauf der Gestirne
Sichtbar beeinflussend, doch auch die nächsten Straßen
Uns allen bekannt, von Grund auf ändernd.
So zog der Zug und mit ihm ich
Verhüllt durch Schnee vor jedem feindlichen Angriff
Durch Hunger durchscheinend, keine Zielscheibe
Nirgends treffbar, da nirgends wohnhaft

Durch keine Qual belangbar, da jede
Gewohnt. Und so marschiert er, verlassend den
Unhaltbaren Platz: ihn wechselnd mit jedem andern.
So träumte ich.
Heute seh ich die Deutung.
Vor's morgen wird, werden wir
Von diesen Höfen hier aufbrechen
Und ihre Stadt Chicago erreichen bei Morgengrauen
Zeigend unseres Elends ganzen Umfang auf offenen Plätzen
Alles anrufend, was wie ein Mensch aussieht.
Was weiter wird, weiß ich nicht.

[DIE SCHAUKEL]

Ich sehe dies System, und äußerlich
Ist's lang bekannt, nur nicht im
Zusammenhang! Da sitzen welche, Wenige, oben
Und Viele unten, und die oben schreien
Hinunter: kommt herauf, damit wir alle
Oben sind, aber genau hinsehend siehst du was
Verdecktes zwischen denen oben und denen unten
Was wie ein Weg aussieht, doch ist's kein Weg
Sondern ein Brett, und jetzt siehst du's ganz deutlich
's ist ein Schaukelbrett, dieses ganze System
Ist eine Schaukel mit zwei Enden, die voneinander
Abhängen, und die oben
Sitzen oben nur, weil jene unten sitzen
Und nur solang jene unten sitzen, und
Säßen nicht mehr oben, wenn jene heraufkämen
Ihren Platz verlassend, so daß
Sie wollen müssen, diese säßen unten
In Ewigkeit und kämen nicht herauf.

Auch müssen's unten mehr als oben sein
Sonst hält die Schaukel nicht. 's ist nämlich eine Schaukel.

[DER SCHNEE BEGINNT ZU TREIBEN]

Der Schnee beginnt zu treiben
Wer wird denn da bleiben?
Da bleiben, wie immer so auch heut
Der steinige Boden und die armen Leut.

[DER AUFTRAG]

Keine Entschuldigung weiß
Der nicht ankommt. Den Gestürzten
Entschuldigt der Stein nicht.
Nicht einmal der Angekommene
Behellige uns mit dem Bericht seiner Schwierigkeit
Sondern liefere schweigend
Sich ab oder das Anvertraute.

Wir haben dir einen Auftrag gegeben.
Unsere Lage war dringend.
Wer du bist, wußten wir nicht
Du konntest unsern Auftrag ausführen und du konntest
Uns auch verraten.
Hast du ihn ausgeführt?
Wo gewartet wird, muß angekommen werden!

Das Netz, dessen eine Masche
Zerrissen ist, nützt nichts mehr.
Durch es schwimmen die Fische an diesem Punkt

Als ob da kein Netz sei.
Plötzlich sind nutzlos
Alle Maschen.

[SPANNT DIE NETZE AUS]

Spannt die Netze aus: sie müssen kommen!
Eben grad verlassen sie ihr letztes Haus!
Gott jagt die Kälte auf sie!
Gott jagt den Regen auf sie!
Drum sie müssen kommen! Spannt die Netze aus!
Willkommen! Willkommen! Willkommen!
Willkommen unten bei uns!

Riegelt alles ab, daß keiner rauskommt!
Sie sind auf dem Weg zu uns herab!
Wenn sie ohne Arbeit sind
Wenn sie taub sind und blind
Kommt uns keiner aus: drum riegelt alles ab.
Willkommen! Willkommen! Willkommen!
Willkommen unten bei uns!

Sammelt alles ein, was da hereinkommt!
Hut und Kopf und Grind und Strick und Schuh und Bein!
Hut hat das keinen mehr
Das kommt zum Weinen her!
So, was jetzt hereinschwimmt, sammelt alles ein!
Willkommen! Willkommen! Willkommen!
Willkommen unten bei uns!

Hier sind wir! Da kommen sie herunter!
Seht, das Elend treibt sie auf uns zu wie das Getier!
Sehet, sie müssen herunter!

Sehet, sie kommen herunter!
Unten da ist kein Entrinnen: da stehn wir!
Willkommen! Willkommen! Willkommen!
Willkommen unten bei uns!

[JOHANNAS LETZTE REDE]

Wieder beginnt das Lärmen der Betiebe, man hört es.
Und versäumt ist wieder
Ein Einhalt.
Wieder läuft
Die Welt die alte Bahn unverändert.
Als es möglich war, sie zu verändern
Bin ich nicht gekommen; als es nötig war
Daß ich kleiner Mensch half, bin ich
Ausgeblieben.

Geredet habe ich auf allen Märkten
Und der Träume waren unzählige, aber
Den Geschädigten war ich ein Schaden
Nützlich war ich den Schädigern.

Eines habe ich gelernt und weiß es für euch
Selber sterbend:
Was soll das heißen, es ist etwas in euch und
Kommt nicht nach außen! W a s wißt ihr wissend
Was keine Folgen hat?
Ich zum Beispiel habe nichts getan.
Denn nichts werde gezählt als gut, und sehe es aus wie immer, als was
Wirklich hilft, und nichts gelte als ehrenhaft mehr, als was
Diese Welt endgültig ändert: sie braucht es.
Wie gerufen kam ich den Unterdrückern!

O folgenlose Güte! Unmerkliche Gesinnung!
Ich habe nichts geändert.
Schnell verschwindend aus dieser Welt ohne Frucht
Sage ich euch:
Sorgt doch, daß ihr die Welt verlassend
Nicht nur gut wart, sondern verlaßt
Eine gute Welt!

Denn es ist eine Kluft zwischen oben und unten, größer als
Zwischen dem Berg Himalaja und dem Meer
Und was oben vorgeht
Erfährt man unten nicht
Und nicht oben, was unten vorgeht.
Und es sind zwei Sprachen oben und unten
Und zwei Maße zu messen
Und was Menschengesicht trägt
Kennt sich nicht mehr.

Die aber unten sind, werden unten gehalten
Damit die oben sind, oben bleiben.
Und der Oberen Niedrigkeit ist ohne Maß
Und auch wenn sie besser werden, so hülfe es
Doch nichts, denn ohnegleichen ist
Das System, das sie gemacht haben:
Ausbeutung und Unordnung, tierisch und also
Unverständlich.

Darum, wer unten sagt, daß es einen Gott gibt
Und ist keiner sichtbar
Und kann sein unsichtbar und hülfe ihnen doch
Den soll man mit dem Kopf auf das Pflaster schlagen
Bis er verreckt ist.

Und auch die, welche ihnen sagen, sie könnten sich erheben
im Geiste

Und steckenbleiben im Schlamm, die soll man auch mit den
Köpfen auf das
Pflaster schlagen. Sondern
Es hilft nur Gewalt, wo Gewalt herrscht, und
Es helfen nur Menschen, wo Menschen sind.

[LIED VOM ICH UND WIR]

Hier ist der Fluß.
Ihn zu durchschwimmen, ist gefährlich.
An seinem Ufer stehen zwei Männer.
Der eine durchschwimmt ihn, der andere
Zögert. Ist der eine mutig?
Ist der andere feige? Jenseits des Flusses
Hat der eine ein Geschäft.

Aus der Gefahr steigt der eine
Aufatmend an das eroberte Ufer.
Er betritt sein Besitztum
Er ißt neues Essen.
Aber der andere steigt aus der Gefahr
Keuchend ins Nichts.
Ihn empfängt, den Geschwächten
Neue Gefahr. Sind sie beide tapfer?
Sind sie beide weise?
Ach! Aus dem gemeinsam besiegten Fluß
Steigen nicht *zwei* Sieger.

Wir und: ich und du
Das ist nicht dasselbe.
Wir erringen den Sieg
Und du besiegst mich.

[LIED DES KAUFMANNS]

Der kranke Mann stirbt und der starke Mann ficht
Und das ist gut so.
Dem Starken wird geholfen, dem Schwachen hilft man nicht
Und das ist gut so.
Laß fallen, was fällt, gib ihm noch einen Tritt
Denn das ist gut so.
Es setzt sich zum Essen, wer den Sieg sich erstritt
Das ist gut so.
Und der Koch nach der Schlacht zählt die Toten nicht mit
Und er tut gut so.
Und der Gott der Dinge, wie sie sind, schuf Herr und Knecht!
Und das war gut so.
Und wem's gut geht, der ist gut; und wem's schlecht geht, der ist schlecht
Und das ist gut so.

LIED VON DEN GERICHTEN

Im Troß der Räuberhorden
Ziehen die Gerichte.
Wenn der Unschuldige erschlagen ist
Sammeln sich die Richter über ihm und verdammen ihn.
Am Grab des Erschlagenen
Wird sein Recht erschlagen.

Die Sprüche des Gerichts
Fallen wie die Schatten der Schlachtmesser.
Ach, das Schlachtmesser ist doch stark genug! Was braucht es
Als Begleitbrief das Urteil?

Sieh den Flug! Wohin fliegen die Aasgeier?
Die nahrungslose Wüste vertrieb sie:
Die Gerichtshöfe werden ihnen Nahrung geben.
Dorthin fliehen die Mörder. Die Verfolger
Sind dort in Sicherheit. Und dort
Verstecken die Diebe ihr Diebesgut, eingewickelt
In ein Papier, auf dem ein Gesetz steht.

[DIE AUSNAHME]

In dem System, das sie gemacht haben
Ist Menschlichkeit eine Ausnahme.
Wer sich also menschlich erzeigt
Der trägt den Schaden davon.
Fürchtet für jeden, ihr
Der freundlich aussieht!
Haltet ihn zurück
Der da jemand helfen will!

Neben dir durstet einer: schließe schnell deine Augen!
Verstopf dein Ohr: neben dir stöhnt jemand!
Halte deinen Fuß zurück: man ruft dich um Hilfe!
Wehe dem, der sich da vergißt! Er
Gibt einem Menschen zu trinken, und
Ein Wolf trinkt.

[EPILOG]

So endet
Die Geschichte einer Reise.
Ihr habt gehört und ihr habt gesehen.

Ihr saht das Übliche, das immerfort Vorkommende.
Wir bitten euch aber:
Was nicht fremd ist, findet befremdlich!
Was gewöhnlich ist, findet unerklärlich!
Was da üblich ist, das soll euch erstaunen.
Was die Regel ist, das erkennt als Mißbrauch
Und wo ihr den Mißbrauch erkannt habt
Da schafft Abhilfe!

LIED VOM FLICKEN UND VOM ROCK

Immer, wenn unser Rock zerfetzt ist
Kommt ihr gelaufen und sagt: so geht das nicht weiter
Dem muß abgeholfen werden und mit allen Mitteln!
Und voll Eifer rennt ihr zu den Herren
Während wir, stark frierend, warten.
Und ihr kommt zurück, und im Triumphe
Zeigt ihr uns, was ihr für uns erobert:
Einen kleinen Flicken.
  Gut, das ist der Flicken
  Aber wo ist
  Der ganze Rock?

Immer wenn wir vor Hunger schreien
Kommt ihr gelaufen und sagt: so geht das nicht weiter
Dem muß abgeholfen werden und mit allen Mitteln!
Und voll Eifer rennt ihr zu den Herren
Während wir, voll Hunger, warten.
Und ihr kommt zurück, und im Triumphe
Zeigt ihr uns, was ihr für uns erobert:
Ein Stücklein Brot.
  Gut, das ist das Stück Brot
  Aber wo ist
  Der Brotlaib?

Wir brauchen nicht nur den Flicken
Wir brauchen den ganzen Rock.
Wir brauchen nicht nur das Stück Brot
Wir brauchen den Brotlaib selbst.
Wir brauchen nicht nur den Arbeitsplatz
Wir brauchen die ganze Fabrik.
Und die Kohle und das Erz und
Die Macht im Staat.
  So, das ist, was wir brauchen.
  Aber was
  Bietet ihr uns an?

[SIE HABEN GESETZBÜCHER UND VERORDNUNGEN]

Sie haben Gesetzbücher und Verordnungen
Sie haben Gefängnisse und Festungen
(Ihre Fürsorgeanstalten zählen wir nicht!)
Sie haben Gefängniswärter und Richter
Die viel Geld bekommen und zu allem bereit sind.
Ja, wozu denn?
Glauben sie denn, daß sie uns damit kleinkriegen?
  Eh sie verschwinden, und das wird bald sein
  Werden sie gemerkt haben, daß ihnen das alles nichts mehr nützt.

Sie haben Zeitungen und Druckereien
Um uns zu bekämpfen und mundtot zu machen
(Ihre Staatsmänner zählen wir nicht!)
Sie haben Pfaffen und Professoren
Die viel Geld bekommen und zu allem bereit sind.
Ja, wozu denn?
Müssen sie denn die Wahrheit so fürchten?
  Eh sie verschwinden, und das wird bald sein

Werden sie gemerkt haben, daß ihnen das alles nichts
mehr nützt.

Sie haben Tanks und Kanonen
Maschinengewehre und Handgranaten
(Die Gummiknüppel zählen wir nicht!)
Sie haben Polizisten und Soldaten
Die wenig Geld bekommen und zu allem bereit sind.
Ja, wozu denn?
Haben sie denn so mächtige Feinde?
Sie glauben, da muß doch ein Halt sein
Der sie, die Stürzenden, stützt.
Eines Tages, und das wird bald sein
Werden sie sehen, daß ihnen alles nichts nützt.
Und da können sie noch so laut »Halt!« schrein
Weil sie weder Geld noch Kanone mehr schützt!

LOB DER WLASSOWAS

Das ist unsere Genossin Wlassowa, gute Kämpferin.
Fleißig, listig und zuverlässig.
Zuverlässig im Kampf, listig gegen unsern Feind und fleißig
Bei der Agitation. Ihre Arbeit ist klein
Zäh verrichtet und unentbehrlich.
Sie ist nicht allein, wo immer sie kämpft.
Wie sie kämpfen zäh, zuverlässig und listig
In Twer, Glasgow, Lyon und Chicago
Shanghai und Kalkutta
Alle Wlassowas aller Länder, gute Maulwürfe
Unbekannte Soldaten der Revolution
Unentbehrlich.

LOB DER DRITTEN SACHE

Immerfort hört man, wie schnell
Die Mütter die Söhne verlieren, aber ich
Behielt meinen Sohn. Wie behielt ich ihn? Durch
Die dritte Sache.
Er und ich waren zwei, aber die dritte
Gemeinsame Sache, gemeinsam betrieben, war es, die
Uns einte.
Oftmals selber hörte ich Söhne
Mit ihren Eltern sprechen.
Wieviel besser war doch unser Gespräch
Über die dritte Sache, die uns gemeinsam war
Vieler Menschen große, gemeinsame Sache!
Wie nahe waren wir uns, dieser Sache
Nahe! Wie gut waren wir uns, dieser
Guten Sache nahe!

[STEH AUF, DIE PARTEI IST IN GEFAHR!]

Steh auf, die Partei ist in Gefahr!
Du bist krank, aber die Partei stirbt.
Du bist schwach, du mußt uns helfen!
Steh auf, die Partei ist in Gefahr!

Du hast gezweifelt an uns
Zweifle nicht länger:
Wir sind am Ende.
Du hast auf die Partei gescholten
Schilt nicht mehr auf die Partei
Sie wird vernichtet.

Steh auf, die Partei ist in Gefahr!
Steh schnell auf!
Du bist krank, aber wir brauchen dich.
Stirb nicht, du mußt uns helfen.
Bleibe nicht weg, wir gehen in den Kampf.
Steh auf, die Partei ist in Gefahr, steh auf!

[WER NOCH LEBT, SAGE NICHT NIEMALS!]

Wer noch lebt, sage nicht niemals!
Das Sichere ist nicht sicher
So, wie es ist, bleibt es nicht.
Wenn die Herrschenden gesprochen haben
Werden die Beherrschten sprechen.
Wer wagt zu sagen niemals?
An wem liegt es, wenn die Unterdrückung bleibt? An uns.
An wem liegt es, wenn sie zerbrochen wird? Ebenfalls an uns.
Wer niedergeschlagen wird, der erhebe sich!
Wer verloren ist, kämpfe!
Wer seine Lage erkannt hat, wie soll der aufzuhalten sein?
Denn die Besiegten von heute sind die Sieger von morgen
Und aus niemals wird: heute noch.

BRIEF AN DAS ARBEITERTHEATER THEATRE UNION IN NEW YORK, DAS STÜCK »DIE MUTTER« BETREFFEND

1

Als ich das Stück »Die Mutter« schrieb
Nach dem Buch des Genossen Gorki und vielen

Erzählungen proletarischer Genossen aus ihrem
Täglichen Kampf, schrieb ich es
Ohne allen Umschweif, in kärglicher Sprache
Reinlich die Worte setzend, alle Gesten
Meiner Gestalt sorgsam wählend, wie man
Die Worte und Taten der Großen berichtet.
Nach bestem Vermögen
Stellte ich jene alltäglich erscheinenden
Tausendfachen Vorgänge in verachteten Wohnungen
Unter den Vielzuvielen als historische Vorgänge dar
Keineswegs weniger bedeutend als die berühmten
Taten der Feldherren und Staatsmänner der Lesebücher.
Für meine Aufgabe hielt ich es, von einer großen historischen Gestalt zu berichten:
Dem unbekannten Vorkämpfer der Menschheit.
Zur Nacheiferung.

2

So seht ihr also die proletarische Mutter den Weg gehn
Langen gewundenen Weg ihrer Klasse, seht, wie zuerst
Ihr der Pfennig fehlt am Lohn ihres Sohnes: sie kann ihm
Seine Suppe nicht schmackhaft kochen. So verwickelt sie sich
In einen Kampf mit ihm, fürchtet, ihn zu verlieren. Dann
Hilft sie ihm widerwillig bei seinem Kampf um den Pfennig
Ständig befürchtend, ihn nun im Kampf zu verlieren. Langsam
Folgt sie dem Sohn in das Dickicht der Lohnkämpfe. Dabei
Lernt sie lesen. Verläßt ihre Hütte, betreut noch andere
Als den Sohn, doch in gleicher Lage Befindliche, gegen die sie
Einstmals kämpfte um ihren Sohn; nun kämpft sie mit ihnen.
So beginnen die Wände zu fallen um ihren Herd. Ihr Tisch beherbergt

Mancher anderen Mutter Sohn. Zum Versammlungsraum
Wird die Hütte, die einmal für zwei zu klein war. Aber den Sohn
Sieht sie nur selten. Der Kampf entführt ihn ihr.
Und sie selber steht im Gedränge der Kämpfenden. Das Gespräch
Zwischen dem Sohn und der Mutter wird zum Zuruf
Während der Schlacht. Am Ende fällt der Sohn. Nicht mehr
Möglich war ihr's, ihm die Suppe zu schaffen auf dem einzigen
Weg, den es gab. Aber nun steht sie schon
Im dichtesten Getümmel der unaufhörlichen
Riesigen Klassenschlacht. Immer noch Mutter
Mehr noch Mutter jetzt, vieler Gefallenen Mutter
Kämpfender Mutter, Ungeborener Mutter, räumt sie
Jetzt im Staatswesen auf. Gibt den Herrschenden Steine
In das erpreßte Mahl. Reinigt Waffen. Lehrt
Ihre vielen Söhne und Töchter die Sprache des Kampfes
Gegen den Krieg und die Ausbeutung, Mitglied einer Heeresmacht
Über den ganzen Planeten, Verfolgte und Verfolgerin
Nichtgeduldete und Unduldsame. Geschlagene und Unerbittliche.

3

So auch führten wir das Stück auf wie einen Bericht aus großer Zeit
Nicht weniger golden im Licht vieler Lampen, als die
Königlichen Stücke früherer Zeiten aufgeführt wurden
Nicht weniger heiter und lustig, maßvoll
In den traurigen Dingen. Vor reinliche Leinwand
Traten die Spieler einfach mit den charakteristischen
Gesten ihrer Szenen, ihre Sätze

Genau bringend, verbürgte Worte. Jeglichen Satzes Wirkung
Wurde abgewartet und aufgedeckt. Und abgewartet wurde
Bis die Menge die Sätze auf die Waagschale gelegt hatte – haben wir doch bemerkt
Wie der Wenigbesitzende, Oftgetäuschte
Die Münze mit den Zähnen anbeißt, ob sie auch echt ist. So wie die Münzen
Sollten die Wenigbesitzenden, Oftgetäuschten, unsere Zuschauer
Die Sätze der Spielenden prüfen können. Wenige Andeutungen
Zeigten die Schauplätze an. Einige Tische und Stühle
Das Unentbehrlichste genügte schon. Aber die Photographien
Der großen Gegner waren projiziert auf die Tafeln des Hintergrunds.
Und die Aussprüche der sozialistischen Klassiker
Umgaben, aufgemalt auf Tücher oder projiziert auf die Tafeln
Die sorgsamen Spieler. Ihr Auftreten war natürlich.
Jedoch blieb weg das Nichtsbesagende in der
Wohlüberlegten Kürzung. Die Musikstücke
Wurden leicht dargereicht, mit Anmut. Viel Lachen
War im Zuschauerraum. Die unversiegliche
Gute Laune der listigen Wlassowa, geschöpft aus der Zuversicht
Ihrer jungen Klasse, erregte
Glückliches Lachen auf den Bänken der Arbeiter.
Sie benützten eifrig die seltene Gelegenheit
Ohne dringlichste Gefahr den üblichen Vorfällen beizuwohnen, und somit
Die Muße, sie zu studieren und sich das eigene Verhalten
Zurechtzulegen.

4

Genossen, ich sehe euch
Das kleine Stück lesend, in Verlegenheit.
Die kärgliche Sprache
Scheint euch ärmlich. So wie in diesem Bericht
Drücken sich, sagt ihr, die Leute nicht aus. Ich las
Eure Bearbeitung. Hier fügt ihr ein »Guten Morgen« ein
Dort ein »Hallo, mein Junge«. Den großen Schauplatz
Füllt ihr mit Hausrat. Kohlgeruch
Kommt vom Herd. Die Kühne wird brav, das Historische alltäglich.
Statt um Bewunderung
Werbt ihr um Mitgefühl mit der Mutter, die ihren Sohn verliert.
Den Tod des Sohnes
Legt ihr schlau an den Schluß. So nur, denkt ihr, wird der Zuschauer
Sein Interesse bewahren, bis der Vorhang fällt. Wie der Geschäftsmann
Geld investiert in einen Betrieb, so, meint ihr, investiert der Zuschauer
Gefühl in den Helden: er will es wieder herausbekommen
Und zwar verdoppelt. Aber die proletarischen Zuschauer
Der ersten Aufführung vermißten den Sohn am Schluß nicht.
Ihr Interesse hielt an. Und nicht aus Roheit.
Und auch damals fragten uns etliche:
Wird der Arbeiter euch auch verstehen? Wird er verzichten
Auf das gewohnte Rauschgift, die Teilnahme im Geiste
An fremder Empörung, an dem Aufstieg der anderen; auf all die Illusion
Die ihn aufpeitscht für zwei Stunden und erschöpfter zurückläßt
Erfüllt mit vager Erinnerung und vagerer Hoffnung?

Werdet ihr wirklich, anbietend
Wissen und Erfahrung, ein Parkett von Staatsmännern haben?

Genossen, die Form der neuen Stücke
Ist neu. Aber warum
Fürchten, was neu ist? Ist es schwer zu machen?
Aber warum fürchten, was neu ist und schwer zu machen?
Für den Ausgebeuteten, immer Getäuschten
Ist auch das Leben ein ständiges Experiment
Der Erwerb einiger Pfennige
Ein unsicheres Unternehmen, das nirgends gelehrt wird.
Warum sollte er das Neue fürchten anstatt das Alte? Aber selbst wenn
Euer Zuschauer, der Arbeiter, zögerte, dann müßtet ihr
Nicht hinter ihm herlaufen, sondern ihm vorangehen
Rasch vorangehen, mit weiten Schritten, seiner endlichen Kraft
Unbedingt vertrauend.

HYMNE DES ERWACHENDEN JAHOO

1

Bittet den Iberin, daß er die Mieten uns senke!
Und sie zugleich
Auch noch erhöh in sein'm Reich
So auch des Hauswirts gedenke!

2

Mög er dem Landvolk den höheren Brotpreis bewilligen!
Aber zugleich
Mög er uns Städtern im Reich
Doch auch das Brot recht verbilligen!

3

Mög er dem Kleinhandel helfen aus drückenden Schulden!
Aber zugleich
Mög er für die, so nicht reich
Doch auch das Warenhaus dulden!

4

Lobet den Führer, den jeder durch Mark und durch Bein spürt!
Dort ist der Sumpf
Und hier erwarten wir dumpf
Daß uns ein Führer hineinführt!

NANNAS LIED

1

Meine Herren, mit siebzehn Jahren
Kam ich auf den Liebesmarkt
Und ich habe viel erfahren.
Böses gab es viel

Doch das war das Spiel.
Aber manches hab ich doch verargt.
(Schließlich bin ich ja auch ein Mensch.)
  Gott sei Dank geht alles schnell vorüber
  Auch die Liebe und der Kummer sogar.
  Wo sind die Tränen von gestern abend?
  Wo ist der Schnee vom vergangenen Jahr?

2

Freilich geht man mit den Jahren
Leichter auf den Liebesmarkt
Und umarmt sie dort in Scharen.
Aber das Gefühl
Wird erstaunlich kühl
Wenn man damit allzuwenig kargt.
(Schließlich geht ja jeder Vorrat zu Ende.)
  Gott sei Dank geht alles schnell vorüber
  Auch die Liebe und der Kummer sogar.
  Wo sind die Tränen von gestern abend?
  Wo ist der Schnee vom vergangenen Jahr?

3

Und auch wenn man gut das Handeln
Lernte auf der Liebesmess':
Lust in Kleingeld zu verwandeln
Wird doch niemals leicht.
Nun, es wird erreicht.
Doch man wird auch älter unterdes.
(Schließlich bleibt man ja nicht immer siebzehn.)
  Gott sei Dank geht alles schnell vorüber
  Auch die Liebe und der Kummer sogar.

Wo sind die Tränen von gestern abend?
Wo ist der Schnee vom vergangenen Jahr?

DAS LIED VON DER TÜNCHE

Ist wo etwas faul und rieselt's im Gemäuer
Dann ist's nötig, daß man etwas tut
Und die Fäulnis wächst ganz ungeheuer.
Wenn das einer sieht, das ist nicht gut.
Da ist Tünche nötig, frische Tünche nötig!
Wenn der Saustall einfällt, ist's zu spät!
Gebt uns Tünche, dann sind wir erbötig
Alles so zu machen, daß es noch mal geht.
Da ist schon wieder ein neuer
Häßlicher Fleck am Gemäuer!
Das ist nicht gut. (Gar nicht gut.)
Da sind neue Risse!
Lauter Hindernisse!
Da ist's nötig, daß man noch mehr tut!
Wenn's doch endlich aufwärtsginge!
Diese fürchterlichen Sprünge
Sind nicht gut! (Gar nicht gut.)
Drum ist Tünche nötig! Viele Tünche nötig!
Wenn der Saustall einfällt, ist's zu spät!
Gebt uns Tünche, und wir sind erbötig
Alles so zu machen, daß es noch mal geht.
Hier ist Tünche! Macht doch kein Geschrei!
Hier steht Tünche Tag und Nacht bereit.
Hier ist Tünche, da wird alles neu
Und dann habt ihr eure neue Zeit!

SICHELLIED

Bauer, steh auf!
Nimm deinen Lauf!
Laß es dich nicht verdrießen
Du wirst doch sterben müssen.
Niemand kann Hilf dir geben
Mußt selber dich erheben.
Nimm deinen Lauf!
Bauer, steh auf!

DIE BALLADE VOM KNOPFWURF

1

Kommt zu mir ein krummer Mann
Und fragt schüchtern bei mir an
Ob ihn wohl mein schönstes Mädchen liebt
Sag ich ihm, daß es das manchmal gibt.
Aber dann reiß ich ihm einen Knopf vom Kragen
Und sag: laß uns, Freund, das Schicksal fragen!
Wollen sehn:
Wenn die Löcher aufwärts schauen
Kannst du ihr vielleicht nicht trauen
Und mußt ein Haus weitergehn.
Laß mich sehen, ob du ohne Glück bist!
Und ich werf den Knopf und sag: du bist es.
Sagen sie dann: aber diese Löcher
Gehn doch durch! Dann sage ich: so ist es.
   Und ich sag: das Glück hat gegen dich entschieden!
   Siehst du's ein, ersparst du dir nur Qualen.

Dir wird Liebe nicht geschenkt hienieden
Wenn du Liebe brauchst, mußt du bezahlen.

2

Kommt zu mir ein dummer Mann
Und fragt zweifelnd bei mir an
Ob sein Bruder ehrlich teilen mag
Sage ich: das gibt es. Ohne Frag.
Aber dann reiß ich ihm einen Knopf vom Kragen
Und sag: laß uns, Freund, das Schicksal fragen!
Wollen sehn:
Wenn die Löcher oben liegen
Wird er dich vielleicht betrügen
Und nach seinem Vorteil gehn.
Laß mich sehen, ob du ohne Glück bist!
Und ich werf den Knopf und sag: Du bist es.
Sagen sie dann: aber diese Löcher
Gehn doch durch! Dann sage ich: so ist es.
Und ich sag: das Glück hat gegen dich entschieden!
Wenn du zweifelst, gibt's für dich nur Qualen.
Wenn du Ruhe willst und halbwegs Frieden
Mußt du deinem Bruder das bezahlen.

3

Kommt zu mir ein armer Mann.
Meldet zornig bei mir an:
Reicher Mann zerstört mir Heim und Herd
Ob ich wohl dafür was kriegen werd?
Reiß ich ihm zuerst mal einen Knopf vom Kragen
Und sag: laß uns, Freund, das Schicksal fragen!
Wollen sehn:

Wenn die Löcher oben liegen
Wirst du vielleicht gar nichts kriegen
Und brauchst nicht herumzustehn.
Laß mich sehen, ob du ohne Glück bist!
Und ich werf den Knopf und sag: du bist es!
Sagen sie dann: Aber diese Löcher
Gehn doch durch! Dann sage ich: so ist es!
  Und ich sag: das Glück hat gegen dich entschieden
  Und das wirst du sehn zu vielen Malen.
  Was du immer anfängst, Freund, hienieden
  Unrecht oder Recht: du wirst bezahlen!

DAS WAS-MAN-HAT-HAT-MAN-LIED

1

Es war einmal ein Mann
Der war sehr übel dran.
Das sagte man ihm: Warte!
Da wartete der Mann.
Das Warten war sehr harte.
  Heil Iberin! Aber
  Nur
  Was man hat, hat man!

2

Der Mann war schon sehr schwach
Da macht' er einen Krach.
Er war ein böser Knochen.

Man gab ihm schleunigst nach:
Man hat ihm was versprochen.
  Heil Iberin! Aber
  Nur
  Was man hat, hat man!

3

Es war einmal ein Mann
Dem schaffte man nichts ran.
Da tat er's an sich reißen.
Jetzt frißt er, was er kann
Und kann auf alles scheißen.
  Heil Iberin! Aber
  Nur
  Was man hat, hat man!

DAS NEUE IBERINLIED

1

Der Pachtherr grübelt Tag und Nacht
Was er alles noch kriegen kann
Und wenn er sich etwas ausgedacht
Das Pächtervolk schafft es ihm ran.
Auf den Tisch
Stellt es ihm Suppe und Fisch
Einen Bottich mit Wein
Gießt es ihm hinein.
In sein Bett
Bringt es noch ein Kot'lett

Mit Kartoffelsalat
Und dann legt es ihn ins Bad.
Wenn er zum Beispiel raucht
Gibt's nur Virginia
Alles was er braucht
Steht einfach da.
Der reiche Mann sagte: Ja, so ist's fein.
So ist's Gott sei Dank, und so soll's immer sein.

2

Auf den Tisch
Stellt er ihm Suppe und Fisch
Einen Bottich mit Wein
Gießt er ihm hinein.
In das Bett
Bringt er ihm ein Kot'lett
Mit Kartoffelsalat
Und danach gibt's ein Bad.
Wenn es zum Beispiel raucht
Gibt's nur Virginia
Alles was es braucht
Steht einfach da.
Das Pächtervolk sagte: Ja, so ist's fein.
So ist's Gott sei Dank, und so hätt's immer solln sein.
Das Pächtervolk sinnt Tag und Nacht
Was es alles noch kriegen kann
Und wenn es sich etwas ausgedacht
Sein Pachtherr, er schafft es ihm ran.

LIED VON DER BELEBENDEN WIRKUNG DES GELDES

1

Niedrig gilt das Geld auf dieser Erden
Und doch ist sie, wenn es mangelt, kalt
Und sie kann sehr gastlich werden
Plötzlich durch des Gelds Gewalt.
Eben war noch alles voll Beschwerden
Jetzt ist alles golden überhaucht
Was gefroren hat, das sonnt sich
Jeder hat das, was er braucht!
Rosig färbt der Horizont sich
Blicket hinan: der Schornstein raucht!
  Ja, da schaut sich alles gleich ganz anders an.
  Voller schlägt das Herz. Der Blick wird weiter.
  Reichlich ist das Mahl. Flott sind die Kleider.
  Und der Mann ist jetzt ein andrer Mann.

2

Ach, sie gehen alle in die Irre
Die da glauben, daß am Geld nichts liegt.
Aus der Fruchtbarkeit wird Dürre
Wenn der gute Strom versiegt.
Jeder schreit nach was und nimmt es, wo er's kriegt.
Eben war noch alles nicht so schwer
Wer nicht grade Hunger hat, verträgt sich
Jetzt ist alles herz- und liebeleer.
Vater, Mutter, Brüder: alles schlägt sich!
Sehet: der Schornstein, er raucht nicht mehr!
  Überall dicke Luft, die uns gar nicht gefällt.
  Alles voller Haß und voller Neider.

Keiner will mehr Pferd sein, jeder Reiter.
Und die Welt ist eine kalte Welt.

3

So ist's auch mit allem Guten und Großen.
Es verkümmert rasch in dieser Welt
Denn mit leerem Magen und mit bloßen
Füßen ist man nicht auf Größe eingestellt.
Man will nicht das Gute, sondern Geld
Und man ist von Kleinmut angehaucht.
Aber wenn der Gute etwas Geld hat
Hat er, was er doch zum Gutsein braucht.
Wer sich schon auf Untat eingestellt hat
Blicke hinan: der Schornstein raucht!
Ja, da glaubt man wieder an das menschliche Geschlecht.
Edel sei der Mensch, gut und so weiter.
Die Gesinnung wächst. Sie war geschwächt.
Fester wird das Herz. Der Blick wird breiter.
Man erkennt, was Pferd ist und was Reiter.
Und so wird das Recht erst wieder Recht.

DIE BALLADE VOM WASSERRAD

1

Von den Großen dieser Erde
Melden uns die Heldenlieder:
Steigend auf so wie Gestirne
Gehn sie wie Gestirne nieder.
Das klingt tröstlich und man muß es wissen.

Nur: für uns, die wir sie nähren müssen
Ist das leider immer ziemlich gleich gewesen.
Aufstieg oder Fall: wer trägt die Spesen?
  Freilich dreht das Rad sich immer weiter
  Daß, was oben ist, nicht oben bleibt.
  Aber für das Wasser unten heißt das leider
  Nur: daß es das Rad halt ewig treibt.

2

Ach, wir hatten viele Herren
Hatten Tiger und Hyänen
Hatten Adler, hatten Schweine
Doch wir nährten den und jenen.
Ob sie besser waren oder schlimmer:
Ach, der Stiefel glich dem Stiefel immer
Und uns trat er. Ihr versteht: ich meine
Daß wir keine andern Herren brauchen, sondern keine!
  Freilich dreht das Rad sich immer weiter
  Daß, was oben ist, nicht oben bleibt.
  Aber für das Wasser unten heißt das leider
  Nur: daß es das Rad halt ewig treibt.

3

Und sie schlagen sich die Köpfe
Blutig, raufend um die Beute
Nennen andre gierige Tröpfe
Und sich selber gute Leute.
Unaufhörlich sehn wir sie einander grollen
Und bekämpfen. Einzig und alleinig
Wenn wir sie nicht mehr ernähren wollen
Sind sie sich auf einmal völlig einig.

Freilich dreht das Rad sich immer weiter
Daß, was oben ist, nicht oben bleibt.
Aber für das Wasser unten heißt das leider
Nur: daß es das Rad halt ewig treibt.

KUPPELLIED

1

Ach, man sagt, des roten Mondes Anblick
Auf dem Wasser macht die Mädchen schwach
Und man spricht von eines Mannes Schönheit
Der ein Weib verfiel. Daß ich nicht lach!
Wo ich Liebe sah und schwache Knie
War's beim Anblick von – Marie.
Und das ist bemerkenswert:
Gute Mädchen lieben nie
Einen Herrn, der nichts verzehrt.
Doch sie können innig lieben
Wenn man ihnen was verehrt.
Und der Grund ist: Geld macht sinnlich
Wie uns die Erfahrung lehrt.

2

Ach, was soll des roten Mondes Anblick
Auf dem Wasser, wenn der Zaster fehlt?
Und was soll da eines Mannes oder Weibes Schönheit
Wenn man knapp ist und es sich verhehlt?
Wo ich Liebe sah und schwache Knie
War's beim Anblick von – Marie.

Und das ist bemerkenswert:
Wie soll er und wie soll sie
Sehnsuchtsvoll und unbeschwert
Auf den leeren Magen lieben?
Nein, mein Freund, das ist verkehrt.
Fraß macht warm und Geld macht sinnlich
Wie uns die Erfahrung lehrt.

LIED EINES GROSSEN

I

HERR DE GUZMAN
Ach, sie sangen mir schon an der Wiege
Ich bräucht mir den Fuß an keinem Stein zu stoßen
Immer würd es Hände geben, die mich tragen
Denn, das hörte ich sie oftmals sagen
Auf der Welt gehör ich zu den Großen!
(Dabei wog ich nur vier Pfund und heute bin ich so dick wie irgendeiner!)
DIE ANWÄLTE
Ja, wer hat Sie denn da großgezogen?
War das Ihre zarte Frau Mama?
HERR DE GUZMAN
Nein, dafür war eine Amme da
Irgendeine gute Frau von unten
Der sie dafür ein paar Groschen gaben.
DIE ANWÄLTE
Sehen Sie, da hat sich also wer gefunden
Der da machte, was Sie nötig haben!

2

HERR DE GUZMAN
Und ich erbte mühlos Vieh und Acker
Damals ging ich noch in kurzen Hosen
Doch ich brauchte mich da nicht zu plagen
Denn, das hörte ich sie oftmals sagen
Auf der Welt gehör ich zu den Großen!
(Dabei hatte ich eigentlich gar nichts übrig für die Landwirtschaft!)
DIE ANWÄLTE
Ja, wer pflügte denn da Ihren Acker?
Warn das etwa Sie, der ihn versah?
HERR DE GUZMAN
Nein, dafür warn doch die Knechte da.
Irgendwelche Leute, wissen Sie, von unten
Haben meinen Acker umgegraben.
DIE ANWÄLTE
Sehen Sie, da hat sich also wer gefunden
Der da machte, was Sie nötig haben!

3

DIE ANWÄLTE
Unser Herr Klient soll jetzt plötzlich aufgehängt werden!
Wegen der Form seines Kopfes ist ihm das zugestoßen!
Das ist eine Sache, die sehr bös ist.
Kann man sich da wundern, wenn er sehr nervös ist?
Er gehört doch schließlich zu den Großen!
HERR DE GUZMAN
Ich gehör doch schließlich zu den Großen!
DIE ANWÄLTE
(Ja, was sollen denn da die Pächter machen, wenn der Pachtherr aufgehängt ist?)

HERR DE GUZMAN
Ja, wie wird das jetzt mit diesem Hängen?
DIE ANWÄLTE
Nein, das ging ihm menschlich auch zu nah!
Ist denn da, verdammt! kein andrer da?
Irgendwer von unten, der da hinten-
Rum sich meldet zum Begraben?
Ja, da muß sich doch, zum Teufel! jemand finden
Der da macht, was Sie jetzt nötig haben!

RUNDGESANG DER PACHTHERREN

Vielleicht vergeht uns so der Rest der Jahre?
Vielleicht vergehn die Schatten, die uns störten?
Und die Gerüchte, die wir kürzlich hörten
Die finster waren, waren nicht das Wahre.
Vielleicht, daß sie uns noch einmal vergessen
So wie wir gern auch sie vergessen hätten.
Wir setzen uns vielleicht noch oft zum Essen.
Vielleicht sterben wir noch in unsern Betten?
Vielleicht, daß sie uns nicht verdammen, sondern loben?
Vielleicht gibt uns die Nacht sogar das Licht her?
Vielleicht bleibt dieser Mond einst voll und wechselt nicht mehr?
Vielleicht fällt Regen doch von unten nach oben!

DIE SIEBEN LANZENVERWERTUNGEN

Ich erklettere das Gebirge. Die Lanze
Ist mein Stock. Sie ist mein dritter Fuß.
Derjenige, welcher nicht schmerzt

Derjenige, welcher nicht müde wird.
Viele Dinge sind in einem Ding.

Aber wie komme ich weiter? Da ist eine Felsspalte.
Als ich ein Knabe war, hängte ich mich an einen Eichenast
Und kam über den Bach in einen Garten
Wo Äpfel waren. Meine Lanze, die einmal
Ast einer Eiche war, soll wieder ein Ast sein.
So komme ich über die Felsspalte.
Viele Dinge sind in einem Ding.

Aber wie komme ich weiter? Die Felsspalte
Ist überquert, aber da ist eine Schneewehe.
Wie soll ich wissen, wie tief sie ist?
Meine Lanze soll mein Lot sein.
Viele Dinge sind in einem Ding.

Aber wie komme ich weiter? Die Schneewehe
Ist zu tief für mich. Und der andere Felsrand
Ist höher als mein Absprung. Wieder
Sehe ich auf meine Lanze.
Ich sage, sie soll mein Sprungstab sein.
Viele Dinge sind in einem Ding.

Aber wie komme ich weiter? Da ist ein Grat.
Er ist schmäler als mein Fuß. Alle Mühe
War umsonst, wenn der Grat mich jetzt aufhält.
Ich muß ihn entlanggehen. Mit meiner Lanze
Halte ich das Gleichgewicht. Ihre Schwere, die mir oftmals
Beim Steigen zuviel war, jetzt
Nützt sie mir, und ich sage:
Viele Dinge sind in einem Ding.

Ich bin angelangt. Ich beuge mich
Vor über die Felskuppe. Unter mir

Läuft die Straße, die mein Feind einherziehen wird.
Ich will ihn zermalmen unter Felsbrocken.
Mit meiner Lanze kann ich sie lockern.
Viele Dinge sind in einem Ding.

Meine Lanze ist mein Stützbalken.
Er hält den Felsen auf, bis mein Feind darunter ist.
Mit einem Druck meines Fingers
Werde ich meinen Feind zermalmen.
Meine Lanze hat mir ausgereicht.
Viele Dinge sind in einem Ding.

[JENER PLANTE GUT UND FIEL]

Jener plante gut und fiel. Und dieser
Zeigte Mut und fiel. Und wir, wir freuen
Uns des Plans und auch des Muts und weinen.
Daß sie kämpften, waren wir zufrieden.
Wenn wir weinen, ist es, weil sie fielen
Und nicht, weil sie kämpften. Ach, nicht jeder
Der zurückkehrt, ist ein Sieger, aber
Keiner hat gesiegt, der nicht zurückkehrt.

DIE DEUTSCHE HEERSCHAU

Als wir im fünften Jahre hörten, jener
Der von sich sagt, Gott habe ihn gesandt
Sei jetzt fertig zu seinem Krieg, geschmiedet
Sei Tank, Geschütz und Schlachtschiff, und es stünden
In seinen Hangars Flugzeuge von solcher Anzahl
Daß sie, erhebend sich auf seinen Wink

Den Himmel verdunkeln würden, da beschlossen wir
Uns umzusehn, was für ein Volk, bestehend aus was für
Menschen
In welchem Zustand, mit was für Gedanken
Er unter seine Fahne rufen wird. Wir hielten Heerschau.

Dort kommen sie herunter:
Ein bleicher, kunterbunter
Haufe. Und hoch voran
Ein Kreuz auf blutroten Flaggen
Das hat einen großen Haken
Für den armen Mann.

Und die, die nicht marschieren
Kriechen auf allen vieren
In seinen großen Krieg.
Man hört nicht Stöhnen noch Klagen
Man hört nicht Murren noch Fragen
Vor lauter Militärmusik.

Sie kommen mit Weibern und Kindern
Entronnen aus fünf Wintern
Sie sehen nicht fünfe mehr.
Sie schleppen die Kranken und Alten
Und lassen uns Heerschau halten
Über sein ganzes Heer.

[DIES LEICHT VERSCHOBENE BUSENTUCH, THAÏS]

Dies leicht verschobene Busentuch, Thaïs
Ordne mir nicht. Manche Unordnung, tiefere
Zeigt es mir köstlich und
Andern auch. In des wimmelnden Saals

Kerzenlicht dürfen sie denken an
Dunklere Stellen des wartenden Parkes.

[ALS DER ALLMÄCHTIGE SPRACH SEIN GROSSES WERDE]

Als der Allmächtige sprach sein großes Werde
Rief er die Sonn, daß die auf sein Geheiß
Ihm eine Lampe trage um die Erde
Als kleine Magd in ordentlichem Kreis.
Denn sein Wunsch war, daß sich ein jeder kehr
Fortan um den, der besser ist als er.

Und es begannen sich zu kehren
Um die Gewichtigen die Minderen
Um die Vorderen die Hinteren
Wie im Himmel, so auch auf Erden.
Und um den Papst zirkulieren die Kardinäle.
Und um die Kardinäle zirkulieren die Bischöfe.
Und um die Bischöfe zirkulieren die Sekretäre.
Und um die Sekretäre zirkulieren die Stadtschöffen.
Und um die Stadtschöffen zirkulieren die Handwerker.
Und um die Handwerker zirkulieren die Dienstleute.
Und um die Dienstleute zirkulieren die Hunde, die Hühner und die Bettler.

Auf stund der Doktor Galilei
(Schmiß die Bibel weg, zückte sein Fernrohr, warf einen Blick auf das Universum)
Und sprach zur Sonn: Bleib stehn!
Es soll jetzt die creatio dei
Mal andersrum sich drehn.
Jetzt soll sich mal die Herrin, he!
Um ihre Dienstmagd drehn.

Das ist doch allerhand? Ihr Leut, das ist kein Scherz!
Die Dienstleut werden sowieso tagtäglich dreister!
Denn eins ist wahr: Spaß ist doch rar. Und Hand aufs Herz:
Wer wär nicht auch mal gern sein eigner Herr und Meister?

Der Knecht würd faul, die Magd würd keß
Der Schlachterhund würd fett
Der Meßbub käm nicht mehr zur Meß
Der Lehrling blieb im Bett.
Nein, nein, nein! Mit der Bibel, Leut, treibt keinen Scherz!
Macht man den Strick uns ums Genick nicht dick,
dann reißt er!
Denn eins ist wahr: Spaß ist doch rar. Und Hand aufs Herz:
Wer wär nicht auch mal gern sein eigner Herr und Meister?

Zwei Hausfraun stehn am Fischmarkt draus
Und wissen nicht aus noch ein:
Das Fischweib zieht ein' Brotkipf raus
Und frißt ihren Fisch allein!
Der Maurer hebt den Baugrund aus
Und holt des Bauherrn Stein
Und wenn er's dann gebaut, das Haus
Dann zieht er selber ein!
Ja, darf denn das sein? Nein, nein, nein, das ist kein Scherz!
Macht man den Strick uns ums Genick nicht dick,
dann reißt er!
Denn eins ist wahr: Spaß ist doch rar. Und Hand aufs Herz:
Wer wär nicht auch mal gern sein eigner Herr und Meister?

Der Pächter tritt jetzt in den Hintern
Den Pachtherrn ohne Scham
Die Pächtersfrau gibt ihren Kindern
Milch, die der Pfaff bekam.
Nein, nein, ihr Leut! Mit der Bibel, Leut, treibt keinen
Scherz!

Macht man den Strick uns ums Genick nicht dick,
dann reißt er!
Denn eins ist wahr: Spaß ist doch rar. Und Hand aufs Herz:
Wer wär nicht auch mal gern sein eigner Herr und Meister?

Jüngst bin ich aus der Reih getanzt.
Da sagte ich zu meinem Mann:
Will sehen, ob nicht, was du kannst
Ein andrer Fixstern besser kann.
Nein, nein, nein, nein, nein, nein! Schluß, Galilei, Schluß!
Nehmt einem tollen Hund den Maulkorb ab, dann beißt er.
Freilich, 's ist wahr: Spaß ist halt rar und muß ist muß:
Wer wär nicht auch mal gern sein eigner Herr und Meister?

Ihr, die auf Erden lebt in Ach und Weh
Auf, sammelt eure schwachen Lebensgeister
Und lernt vom guten Doktor Galuleh
Des Erdenglückes großes Abc.
Gehorsam war des Menschen Kreuz von je!
Wer wär nicht auch mal gern sein eigner Herr und Meister?

[MARIA SASS AUF EINEM STEIN]

Maria saß auf einem Stein
Sie hatt' ein rosa Hemdelein
Das Hemdelein war verschissen.
Doch als der kalte Winter kam
Das Hemdelein sie übernahm
Verschissen ist nicht zerrissen.

[MUTTER COURAGES LIED]

Ihr Hauptleut, laßt die Trommel ruhen
Und laßt eur Fußvolk halten an:
Mutter Courage, die kommt mit Schuhen
In denens besser laufen kann.
Mit seinen Läusen und Getieren
Bagage, Kanone und Gespann –
Soll es euch in die Schlacht marschieren
So will es gute Schuhe han.
  Das Frühjahr kommt. Wach auf, du Christ!
  Der Schnee schmilzt weg. Die Toten ruhn.
  Und was noch nicht gestorben ist
  Das macht sich auf die Socken nun.

Ihr Hauptleut, eure Leut marschieren
Euch ohne Wurst nicht in den Tod.
Laßt die Courage sie erst kurieren
Mit Wein von Leibs- und Geistesnot.
Kanonen auf die leeren Mägen
Ihr Hauptleut, das ist nicht gesund.
Doch sind sie satt, habt meinen Segen
Und führt sie in den Höllenschlund.
  Das Frühjahr kommt. Wach auf, du Christ!
  Der Schnee schmilzt weg. Die Toten ruhn.
  Und was noch nicht gestorben ist
  Das macht sich auf die Socken nun.

So mancher wollt so manches haben
Was es für manchen gar nicht gab:
Er wollt sich schlau ein Schlupfloch graben
Und grub sich nur ein frühes Grab.
Schon manchen sah ich sich abjagen
In Eil nach einer Ruhestatt –

Liegt er dann drin, mag er sich fragen
Warums ihm so geeilet hat.
   Das Frühjahr kommt. Wach auf, du Christ!
   Der Schnee schmilzt weg. Die Toten ruhn.
   Und was noch nicht gestorben ist
   Das macht sich auf die Socken nun.

Von Ulm nach Metz, von Metz nach Mähren!
Mutter Courage ist dabei!
Der Krieg wird seinen Mann ernähren
Er braucht nur Pulver zu und Blei.
Von Blei allein kann er nicht leben
Von Pulver nicht, er braucht auch Leut!
Müßts euch zum Regiment begeben
Sonst steht er um! So kommt noch heut!
   Das Frühjahr kommt. Wach auf, du Christ!
   Der Schnee schmilzt weg. Die Toten ruhn.
   Und was noch nicht gestorben ist
   Das macht sich auf die Socken nun.

Mit seinem Glück, seiner Gefahre
Der Krieg, er zieht sich etwas hin.
Der Krieg, er dauert hundert Jahre
Der g'meine Mann hat kein Gewinn.
Ein Dreck sein Fraß, sein Rock ein Plunder!
Sein halben Sold stiehlts Regiment.
Jedoch vielleicht geschehn noch Wunder:
DerFeldzug ist noch nicht zu End!
   Das Frühjahr kommt! Wach auf, du Christ!
   Der Schnee schmilzt weg! Die Toten ruhn!
   Und was noch nicht gestorben ist
   Das macht sich auf die Socken nun.

Es kommt der Tag, da wird sich wenden
Das Blatt für uns, er ist nicht fern.

Da werden wir, das Volk, beenden
Den großen Krieg der großen Herrn.
Die Händler all mit ihren Bütteln
Und ihrem Kriegs- und Totentanz
Sie wird auf ewig von sich schütteln
Die neue Welt des g'meinen Manns.
  Es wird der Tag, doch wann er wird
  Hängt ab von dein- und meinem Tun
  Drum wer mit uns noch nicht marschiert
  Der mach sich auf die Socken nun.

LIED VOM FRATERNISIEREN

Ich war erst siebzehn Jahre
Da kam der Feind ins Land.
Er legte beiseit den Säbel
Und gab mir freundlich seine Hand.
  Und nach der Maiandacht
  Da kam die Maiennacht
  Das Regiment stand im Geviert
  Dann wurd getrommelt, wies der Brauch
  Dann nahm der Feind uns hintern Strauch
  Und hat fraternisiert.

Da waren viele Feinde
Und mein Feind war ein Koch
Ich haßte ihn bei Tage
Und nachts, da liebte ich ihn doch.
  Denn nach der Maiandacht
  Da kommt die Maiennacht
  Das Regiment steht im Geviert
  Dann wird getrommelt, wies der Brauch

Dann nimmt der Feind uns hintern Strauch
Und 's wird fraternisiert.

Die Liebe, die ich spürte
War eine Himmelsmacht.
Meine Leut habens nicht begriffen
Daß ich ihn lieb und nicht veracht.
In einer trüben Früh
Begann mein Qual und Müh
Das Regiment stand im Geviert
Dann wurd getrommelt, wies der Brauch
Dann ist der Feind, mein Liebster auch
Aus unsrer Stadt marschiert.

HORENLIED

In der ersten Tagesstund
Ward der Herr bescheiden
Als ein Mörder dargestellt
Pilatus dem Heiden.

Der ihn unschüldig fand
Ohn Ursach des Todes
Ihn derhalben von sich sandt
Zum König Herodes.

Umb drei ward der Gottessohn
Mit Geißeln geschmissen
Ihm sein Haupt mit einer Kron
Von Dornen zurrissen!

Gekleidet zu Hohn und Spott
Ward er es geschlagen

Und das Kreuz zu seinem Tod
Mußt er selber tragen.

Umb sechs ward er nackt und bloß
An das Kreuz geschlagen
An dem er sein Blut vergoß
Betet mit Wehklagen.

Die Zuseher spotten sein
Auch die bei ihm hingen
Bis die Sonn auch ihren Schein
Entzog solchen Dingen.

Jesus schrie zur neunden Stund
Klaget sich verlassen
Bald ward Gall in seinen Mund
Mit Essig gelassen.

Da gab er auf seinen Geist
Und die Erd erbebet
Des Tempels Vorhang zerreißt
Mancher Fels zerklübet.

Da hat man zur Vesperzeit
Der Schechr Bein zerbrochen
Ward Jesus in seine Seit
Mit eim Speer gestochen.

Doraus Blut und Wasser ran
Sie machtens zum Hohne
Solches stellen sie uns an
Mit dem Menschensohne.

LIED VON DER GROSSEN KAPITULATION

Einst, im Lenze meiner jungen Jahre
Dacht auch ich, daß ich was ganz Besondres bin.
(Nicht wie jede beliebige Häuslertochter, mit meinem Aussehn und Talent und meinem Drang nach Höherem!)
Und bestellte meine Suppe ohne Haare
Und von mir, sie hatten kein Gewinn.
(Alles oder nix, jedenfalls nicht den Nächstbesten, jeder ist seines Glückes Schmied, ich laß mir keine Vorschriften machen!)
Doch vom Dach ein Star
Pfiff: wart paar Jahr!
  Und du marschierst in der Kapell
  Im Gleichschritt, langsam oder schnell
  Und bläsest deinen kleinen Ton:
  Jetzt kommt er schon.
  Und jetzt: das Ganze schwenkt!
  Der Mensch denkt: Gott lenkt –
  Keine Red davon!

Und bevor ein Jahr war abgefahren
Lernte ich zu schlucken meine Medizin.
(Zwei Kinder aufm Hals und bei dem Brotpreis und was alles verlangt wird!)
Als sie einmal mit mir fix und fertig waren
Hatten sie mich auf dem Arsch und auf den Knien.
(Man muß sich stelln mit den Leuten, eine Hand wäscht die andre, mit dem Kopf kann man nicht durch die Wand.)
Und vom Dach der Star
Pfiff: noch kein Jahr!
  Und sie marschiert in der Kapell
  Im Gleichschritt, langsam oder schnell
  Und bläset ihren kleinen Ton:
  Jetzt kommt er schon.

Und jetzt: das Ganze schwenkt!
Der Mensch denkt: Gott lenkt –
Keine Red davon!

Viele sah ich schon den Himmel stürmen
Und kein Stern war ihnen groß und weit genug.
(Der Tüchtige schafft es, wo ein Wille ist, ist ein Weg, wir werden den Laden schon schmeißen.)
Doch sie fühlten bald beim Berg-auf-Berge-Türmen
Wie doch schwer man schon an einem Strohhut trug.
(Man muß sich nach der Decke strecken!)
Und vom Dach der Star
Pfeift: wart paar Jahr!
Und sie marschiern in der Kapell
Im Gleichschritt, langsam oder schnell
Und blasen ihren kleinen Ton:
Jetzt kommt er schon.
Und jetzt: das Ganze schwenkt!
Der Mensch denkt: Gott lenkt –
Keine Red davon!

[SOLDATENLIED]

Ein Schnaps, Wirt, schnell, sei g'scheit!
Ein Reiter hat kein Zeit.
Muß für sein Kaiser streiten.

Dein Brust, Weib, schnell, sei g'scheit!
Ein Reiter hat kein Zeit.
Er muß gen Mähren reiten.

Trumpf aus, Kamerad, sei g'scheit!
Ein Reiter hat kein Zeit.
Muß kommen, solang sie werben.

Dein Spruch, Pfaff, schnell, sei g'scheit!
Ein Reiter hat kein Zeit.
Er muß fürn Kaiser sterben.

[SALOMON-SONG]

Ihr saht den weisen Salomon
Ihr wißt, was aus ihm wurd.
Dem Mann war alles sonnenklar
Er verfluchte die Stunde seiner Geburt
Und sah, daß alles eitel war.
Wie groß und weis war Salomon!
Und seht, da war es noch nicht Nacht
Da sah die Welt die Folgen schon:
Die Weisheit hatte ihn so weit gebracht!
Beneidenswert, wer frei davon!

Ihr saht den kühnen Cäsar dann
Ihr wißt, was aus ihm wurd.
Der saß wien Gott auf dem Altar
Und wurde ermordet, wie ihr erfuhrt
Und zwar, als er am größten war.
Wie schrie der laut: Auch du, mein Sohn!
Denn seht, da war es noch nicht Nacht
Da sah die Welt die Folgen schon:
Die Kühnheit hatte ihn so weit gebracht!
Beneidenswert, wer frei davon!

Ihr kennt den redlichen Sokrates
Der stets die Wahrheit sprach:
Ach nein, sie wußten ihm keinen Dank
Vielmehr stellten die Obern böse ihm nach
Und reichten ihm den Schierlingstrank.
Wie redlich war des Volkes großer Sohn!
Und seht, da war es noch nicht Nacht
Da sah die Welt die Folgen schon:
Die Redlichkeit hatt' ihn so weit gebracht!
Beneidenswert, wer frei davon!

Der heilige Martin, wie ihr wißt
Ertrug nicht fremde Not.
Er sah im Schnee ein armen Mann
Und er bot seinen halben Mantel ihm an
Da frorn sie alle beid zu Tod.
Der Mann sah nicht auf irdischen Lohn!
Und seht, da war es noch nicht Nacht
Da sah die Welt die Folgen schon:
Selbstlosigkeit hatt' ihn so weit gebracht!
Beneidenswert, wer frei davon!

Hier seht ihr ordentliche Leut
Haltend die zehn Gebot.
Es hat uns bisher nichts genützt:
Ihr, die am warmen Ofen sitzt
Helft lindern unsre große Not!
Wie kreuzbrav waren wir doch schon!
Und seht, da war es noch nicht Nacht
Da sah die Welt die Folgen schon:
Die Gottesfurcht hat uns so weit gebracht!
Beneidenswert, wer frei davon!

[LIED VON DER BLEIBE]

Uns hat eine Ros ergetzet
Im Garten mittenan
Die hat sehr schön geblühet
Haben sie im März gesetzet
Und nicht umsonst gemühet.
Wohl denen, die ein Garten han
Sie hat so schön geblühet.

Und wenn die Schneewind wehen
Und blasen durch den Tann
Es kann uns wenig g'schehen
Wir habens Dach gerichtet
Mit Moos und Stroh verdichtet.
Wohl denen, die ein Dach jetzt han
Wenn solche Schneewind wehen.

[WIEGENLIED]

Eia popeia
Was raschelt im Stroh?
Nachbars Bälg greinen
Und meine sind froh.
Nachbars gehn in Lumpen
Und du gehst in Seid
Ausn Rock von einem Engel
Umgearbeit'.

Nachbars han kein Brocken
Und du kriegst eine Tort
Ist sie dir zu trocken
Dann sag nur ein Wort.

Eia popeia
Was raschelt im Stroh?
Der eine liegt in Polen
Der andre ist werweißwo.

[MEIN SOHN IST IM KRIEGE GEFALLEN]

Mein Sohn
Ist im Kriege gefallen.
Ich war Fischweib auf dem Markt am Forum.
Eines Tages hieß es, daß die Schiffe
Der Zurückgekommnen aus dem Asienkriege
Eingelaufen sei'n. Ich lief vom Markte
Und ich stand am Tiber viele Stunden
Wo sie ausgebootet wurden, und am Abend
Waren alle Schiffe leer. Mein Sohn war
Über ihre Planken nicht gekommen.
Da es zugig war am Hafen, fiel ich
Nachts in Fieber, und im Fieber suchte
Ich nun meinen Sohn, und tiefer suchend
Fror ich mehr, und dann, gestorben, kam ich
Hier ins Schattenreich und suchte weiter.
Faber, rief ich, denn das war sein Name.
Faber, mein Sohn Faber
Den ich trug und den ich aufzog
Mein Sohn Faber!
Und ich lief und lief durch Schatten
Und vorbei an Schatten hin zu Schatten
Faber rufend, bis ein Pförtner drüben
In den Lagern der im Krieg Gefallnen
Mich am Ärmel einhielt und mir sagte:
Alte, hier sind viele Faber. Vieler
Mütter Söhne, viele, sehr vermißte

Doch die Namen haben sie vergessen
Dienten nur, sie in das Heer zu reihen
Und sind nicht mehr nötig hier. Und ihren
Müttern wollen sie nicht mehr begegnen
Seit die sie dem blutigen Kriege ließen.
Und ich stand, am Ärmel eingehalten
Und mein Rufen blieb mir weg im Gaumen.
Schweigend kehrt ich um, denn ich begehrte nicht mehr
Meinem Sohne ins Gesicht zu sehn.

[SHEN TE'S GEDANKEN, ALS SICH ARME LEUTE BEI IHR EINQUARTIEREN]

Sie sind arm.
Sie sind ohne Obdach.
Sie sind ohne Freunde.
Sie brauchen jemand.
Wie könnte man da nein sagen?

Sie sind schlecht.
Sie sind niemandes Freund.
Sie gönnen keinem einen Topf Reis.
Sie brauchen alles selber.
Wer könnte sie schelten?

Der Rettung kleiner Nachen
Wird sofort in die Tiefe gezogen:
Zu viele Versinkende
Greifen gierig nach ihm.

[LIED VON DER NACHSICHT]

Ein wenig Nachsicht und die Kräfte verdoppeln sich.
Sieh, der Karrengaul hält vor einem Grasbüschel:
Ein Durch-die-Finger-Sehen und der Gaul zieht besser.
Noch im Juni ein wenig Geduld und der Baum
Beugt sich im August unter den Pfirsichen. Wie
Sollen wir zusammen leben ohne Geduld?
Mit einem kleinen Aufschub
Werden die weitesten Ziele erreicht.

DAS LIED VOM RAUCH

Einstmals, vor das Alter meine Haare bleichte
Hofft mit Klugheit ich mich durchzuschlagen.
Heute weiß ich, keine Klugheit reichte
Je, zu füllen eines armen Mannes Magen.
  Darum sagt ich: laß es!
  Sieh den grauen Rauch
  Der in immer kältre Kälten geht: so
  Gehst du auch.

Sah den Redlichen, den Fleißigen geschunden
So versucht ich's mit dem krummen Pfad.
Doch auch der führt unsereinen nur nach unten
Und so weiß ich mir halt fürder keinen Rat.
  Und so sag ich: laß es!
  Sieh den grauen Rauch
  Der in immer kältre Kälten geht: so
  Gehst du auch.

Die da alt sind, hör ich, haben nichts zu hoffen
Denn nur Zeit schafft's, und an Zeit gebricht's.

Doch uns Jungen, hör ich, steht das Tor weit offen
Freilich, hör ich, steht es offen nur ins Nichts.
  Und auch ich sag: laß es!
  Sieh den grauen Rauch
  Der in immer kältre Kälten geht: so
  Gehst du auch.

[ANGESICHTS DES ELENDS]

In unserem Lande
Dürfte es trübe Abende nicht geben
Auch hohe Brücken über die Flüsse
Selbst die Stunde zwischen Nacht und Morgen
Und die ganze Winterzeit dazu, das ist gefährlich.
Denn angesichts des Elends
Genügt ein Weniges
Und die Menschen werfen
Das unerträgliche Leben fort.

LIED DES WASSERVERKÄUFERS IM REGEN

Ich hab Wasser zu verkaufen
Und nun steh ich hier im Regen
Und ich bin weithin gelaufen
Meines bißchen Wassers wegen.
Und jetzt schrei ich mein: Kauft Wasser!
Und keiner kauft es
Verschmachtend und gierig
Und zahlt es und sauft es.
(Kauft Wasser, ihr Hunde!)

Könnt ich doch dies Loch verstopfen!
Träumte jüngst, es wäre sieben
Jahr der Regen ausgeblieben!
Wasser maß ich ab nach Tropfen!
Ach, wie schrieen sie: Gib Wasser!
Jeden, der nach meinem Eimer faßte
Sah ich mir erst an daraufhin
Ob mir seine Nase paßte.
(Da lechzten die Hunde!)

Ja, jetzt sauft ihr kleinen Kräuter
Auf dem Rücken mit Behagen
Aus dem großen Wolkeneuter
Ohne nach dem Preis zu fragen.
Und ich schreie mein: Kauft Wasser!
Und keiner kauft es
Verschmachtend und gierig
Und zahlt es und sauft es.
(Kauft Wasser, ihr Hunde!)

[OH, IHR UNGLÜCKLICHEN]

Oh, ihr Unglücklichen!
Euerm Bruder wird Gewalt angetan, und ihr kneift die Augen zu!
Der Getroffene schreit laut auf, und ihr schweigt?
Der Gewalttätige geht herum und wählt sein Opfer
Und ihr sagt: uns verschont er, denn wir zeigen kein Mißfallen.
Was ist das für eine Stadt, was seid ihr für Menschen!
Wenn in einer Stadt ein Unrecht geschieht, muß ein Aufruhr sein

Und wo kein Aufruhr ist, da ist es besser, daß die Stadt untergeht
Durch ein Feuer, bevor es Nacht wird!

DAS LIED VON DER WEHRLOSIGKEIT DER GÖTTER UND GUTEN

In unserem Lande
Braucht der Nützliche Glück. Nur
Wenn er starke Helfer findet
Kann er sich nützlich erweisen.
Die Guten
Können sich nicht helfen, und die Götter sind machtlos.
  Warum haben die Götter nicht Tanks und Kanonen
  Schlachtschiffe und Bombenflugzeuge und Minen
  Die Bösen zu fällen, die Guten zu schonen?
  Es stünde wohl besser mit uns und mit ihnen.

Die Guten
Können in unserem Lande nicht lang gut bleiben.
Wo die Teller leer sind, raufen sich die Esser.
Ach, die Gebote der Götter
Helfen nicht gegen den Mangel.
  Warum erscheinen die Götter nicht auf unsern Märkten
  Und verteilen lächelnd die Fülle der Waren
  Und gestatten den vom Brot und vom Weine Gestärkten
  Miteinander nun freundlich und gut zu verfahren?

Um zu einem Mittagessen zu kommen
Braucht es der Härte, mit der sonst Reiche gegründet werden.
Ohne zwölf zu zertreten
Hilft keiner einem Elenden.
  Warum sagen die Götter nicht laut in den obern Regionen
  Daß sie den Guten nun einmal die gute Welt schulden?

Warum stehn sie den Guten nicht bei mit Tanks und
Kanonen
Und befehlen: Gebt Feuer! und dulden kein Dulden?

[WAS IST DAS FÜR EINE WELT?]

Was ist das für eine Welt?
Die Liebkosungen gehen in Würgungen über.
Der Liebesseufzer verwandelt sich in den Angstschrei.
Warum kreisen die Geier dort?
Dort geht eine zum Stelldichein!

[ICH WILL MIT DEM GEHEN, DEN ICH LIEBE]

Ich will mit dem gehen, den ich liebe.
Ich will nicht ausrechnen, was es kostet.
Ich will nicht nachdenken, ob es gut ist.
Ich will nicht wissen, ob er mich liebt.
Ich will mit ihm gehen, den ich liebe.

[DAS IST GUT]

Keinen verderben zu lassen, auch nicht sich selber
Jeden mit Glück zu erfüllen, auch sich, das
Ist gut.

DAS LIED VOM SANKT NIMMERLEINSTAG

Eines Tags, und das hat wohl ein jeder gehört
Der in ärmlicher Wiege lag
Kommt des armen Weibs Sohn auf 'nen goldenen Thron
Und der Tag heißt Sankt Nimmerleinstag.
  Am Sankt Nimmerleinstag
  Sitzt er auf 'nem goldenen Thron.

Und an diesem Tag zahlt die Güte sich aus
Und die Schlechtigkeit kostet den Hals
Und Verdienst und Verdienen, die machen gute Mienen
Und tauschen Brot und Salz.
  Am Sankt Nimmerleinstag
  Da tauschen sie Brot und Salz.

Und das Gras sieht auf den Himmel hinab
Und den Fluß hinauf rollt der Kies
Und der Mensch ist nur gut. Ohne daß er mehr tut
Wird die Erde zum Paradies.
  Am Sankt Nimmerleinstag
  Wird die Erde zum Paradies.

Und an diesem Tag werd ich Flieger sein
Und ein General bist du.
Und du Mann mit zuviel Zeit kriegst endlich Arbeit
Und du armes Weib kriegst Ruh.
  Am Sankt Nimmerleinstag
  Kriegst armes Weib du Ruh.

Und weil wir gar nicht mehr warten können
Heißt es, alles dies sei
Nicht erst auf die Nacht um halb acht oder acht
Sondern schon beim Hahnenschrei.

Am Sankt Nimmerleinstag
Beim ersten Hahnenschrei.

[LIED VOM FREUNDLICHSEIN]

Den Mitmenschen zu treten
Ist es nicht anstrengend? Die Stirnader
Schwillt ihnen an, vor Mühe, gierig zu sein.
Natürlich ausgestreckt
Gibt eine Hand und empfängt mit gleicher Leichtigkeit. Nur
Gierig zupackend muß sie sich anstrengen. Ach
Welche Verführung, zu schenken! Wie angenehm
Ist es doch, freundlich zu sein! Ein gutes Wort
Entschlüpft wie ein wohliger Seufzer.

LIED VOM ACHTEN ELEFANTEN

Sieben Elefanten hatte Herr Dschin
Und da war dann noch der achte.
Sieben waren wild und der achte war zahm
Und der achte war's, der sie bewachte.
Trabt schneller!
Herr Dschin hat einen Wald
Der muß vor Nacht gerodet sein
Und Nacht ist jetzt schon bald!

Sieben Elefanten roden den Wald
Und Herr Dschin ritt hoch auf dem achten.
All den Tag Nummer acht stand faul auf der Wacht
Und sah zu, was sie hinter sich brachten.

Grabt schneller!
Herr Dschin hat einen Wald
Der muß vor Nacht gerodet sein
Und Nacht ist jetzt schon bald!

Sieben Elefanten wollten nicht mehr
Hatten satt das Bäumeabschlachten.
Herr Dschin war nervös, auf die sieben war er bös
Und gab ein Schaff Reis dem achten.
Was soll das?
Herr Dschin hat einen Wald
Der muß vor Nacht gerodet sein
Und Nacht ist jetzt schon bald!

Sieben Elefanten hatten keinen Zahn
Seinen Zahn hatte nur noch der achte.
Und Nummer acht war vorhanden, schlug die sieben zuschanden
Und Herr Dschin stand dahinten und lachte.
Grabt weiter!
Herr Dschin hat einen Wald
Der muß vor Nacht gerodet sein
Und Nacht ist jetzt schon bald!

[SHEN TE'S SCHLUSSREDE AN DIE GÖTTER]

Ach, eure Welt ist schwierig! Zu viel Not, zu viel Verzweiflung!
Die Hand, die dem Elenden gereicht wird
Reißt er einem gleich aus! Wer den Verlorenen hilft
Ist selbst verloren! Denn wer könnte
Lang sich weigern, böse zu sein, wenn da stirbt, wer kein Fleisch ißt?

Aus was sollte ich nehmen, was alles gebraucht wurde? Nur
Aus mir! Aber dann kam ich um! Die Last der guten
Vorsätze
Drückte mich in die Erde. Doch wenn ich Unrecht tat
Ging ich mächtig herum und aß vom guten Fleisch!
Etwas muß falsch sein an eurer Welt. Warum
Ist auf die Bosheit ein Preis gesetzt und warum erwarten
den Guten
So harte Strafen? Ach, in mir war
Solch eine Gier, mich zu verwöhnen! Und da war auch
In mir ein heimliches Wissen, denn meine Ziehmutter
Wusch mich mit Gossenwasser! Davon kriegte ich
Ein scharfes Aug. Jedoch Mitleid
Schmerzte mich so, daß ich gleich in wölfischen Zorn verfiel
Angesichts des Elends. Dann
Fühlte ich, wie ich mich verwandelte und
Mir die Lippe zur Lefze wurd. Wie Asche im Mund
Schmeckte das gütige Wort. Und doch
Wollte ich gern ein Engel sein den Vorstädten. Zu schenken
War mir eine Wollust. Ein glückliches Gesicht
Und ich ging wie auf Wolken.
Verdammt mich: alles, was ich verbrach
Tat ich, meinen Nachbarn zu helfen
Meinen Geliebten zu lieben und
Meinen kleinen Sohn vor dem Mangel zu retten.
Für eure großen Pläne, ihr Götter
War ich armer Mensch zu klein.

[EPILOG 2]

Zuschauer, wisse, die Hauptstadt von Sezuan
In der man nicht zugleich gut sein und leben kann
Besteht nicht mehr. Sie mußte untergehn.

Doch gibts noch viele, die ihr ähnlich sehn.
Tut einer Gutes dort, frißt ihn die nächste Maus
Die Untat aber zahlt sich dorten aus.
Zuschauer, wohnst du selber in einer solchen Stadt
Bau sie schnell um, eh sie dich gefressen hat!
Kein größeres Glück gibt es auf Erden nun
Als gut sein dürfen und Gutes tun.

[DAS PFLAUMENLIED]

Als die Pflaumen reif geworden
Zeigt im Dorf sich ein Gespann
Früh am Tage, aus dem Norden
Kam ein schöner junger Mann.

Als wir warn beim Pflaumenpflücken
Legte er sich in das Gras
Blond sein Bart, und auf dem Rücken
Sah er zu, sah dies und das.

Als wir eingekocht die Pflaumen
Macht er gnädig manchen Spaß
Und er steckte seinen Daumen
Lächelnd in so manches Faß.

Als das Pflaumenmus wir aßen
War er lang auf und davon
Aber, glaubt uns, nie vergaßen
Wir den schönen jungen Mann.

[BALLADE VOM FÖRSTER UND DER GRÄFIN]

Es lebt eine Gräfin in schwedischem Land
Die war ja so schön und so bleich.
»Herr Förster, Herr Förster, mein Strumpfband ist los
Es ist los, es ist los.
Förster, knie nieder und bind es mir gleich!«

»Frau Gräfin, Frau Gräfin, seht so mich nicht an
Ich diene Euch ja für mein Brot.
Eure Brüste sind weiß, doch das Handbeil ist kalt
Es ist kalt, es ist kalt.
Süß ist die Liebe, doch bitter der Tod.«

Der Förster, er floh in der selbigen Nacht.
Er ritt bis hinab zu der See.
»Herr Schiffer, Herr Schiffer, nimm mich auf in dein Boot
In dein Boot, in dein Boot
Schiffer, ich muß bis ans Ende der See.«

Es war eine Lieb zwischen Füchsin und Hahn
»Oh, Goldener, liebst du mich auch?«
Und fein war der Abend, doch dann kam die Früh
Kam die Früh, kam die Früh:
All seine Federn, sie hängen im Strauch.

DAS PUNTILALIED

I

Herr Puntila soff drei Tage lang
Im Hotel zu Tavasthus

Und als er ging, da entbot ihm doch
Der Kellner keinen Gruß.
Ach, Kellner, ist das ein Betragn?
Ist die Welt nicht lustig, he?
Der Kellner sprach: Ich kann es nicht sagn
Meine Füß tun vom Stehen weh.

2

Des Gutsherrn Tochter mit Gewinn
Hat 'nen Roman gelesen.
Den hebt sie auf, denn da stand drin
Sie ist ein höheres Wesen.
Doch einmal sprach sie zum Chauffeur
Und sah ihn seltsam an:
Komm, scherz mit mir, Chauffeur, ich hör
Man sagt, du bist auch ein Mann.

3

Und als Herr Puntila spazieren ging
Da sah er eine Frühaufsteherin:
Ach, Kuhmagd mit der weißen Brust
Sag mir, wo gehst du hin.
Mir scheint, du gehst meine Kühe melken
Früh wenn die Hähne krähn.
Doch du sollst nicht nur für mich vom Bett aufstehn
Sondern auch mit mir zu Bette gehn.

4

Auf Puntila in der Badehütt
Ist's, wo man einen Spaß versteht.
Mitunter geht ein Knecht auch mit
Wenn das Gutsfräulein baden geht.
Herr Puntila sprach: Ich geb meinem Kind
Einen Attaché zum Gemahl.
Der sagt nix, wenn er einen Knecht bei ihr find't
Weil ich seine Schulden zahl.

5

Des Gutsherrn Tochter stieg hinab
In die Gutsküch nachts halb zehn:
Chauffeur, mich reizt deine Manneskraft
Laß uns zum Krebsfang gehn.
Ach, Fräulein, der Chauffeur da spricht
Mit dir muß was geschehn, ich seh's
Aber, liebes Fräulein, siehst du nicht
Daß ich jetzt meine Zeitung les?

6

Der Bund der Bräute des Herrn Puntila
Zur Verlobung ist er erschienen.
Und wie sie der Herr Puntila sah
Da hat er geschrien mit ihnen.
Hat je ein Schaf einen Wollrock gekriegt
Seit je man Schafe geschorn?
Ich schlaf mit euch, doch an meinem Tisch
Da habt ihr nichts verlorn.

7

Die Frauen von Kurgela, wie es heißt
Sie stimmten ein Spottlied an.
Doch da warn die Schuh durchlaufen schon
Und ihr Sonntag war vertan.
Und wer auch sein Vertrauen setzt
Auf der reichen Herren Huld
Soll froh sein, wenn's den Schuh nur kost
Denn da ist er selber schuld.

8

Herr Puntila hat auf den Tisch geschlagn
Da war's ein Hochzeitstisch:
Ich verlob mein Kind nicht sozusagn
Mit einem kalten Fisch.
Da wollt er sie geben seinem Knecht
Doch als er den Knecht dann frug
Da sprach der Knecht: Ich nehm sie nicht
Denn sie ist mir nicht gut genug.

EPILOG

Ihr aber lernet, wie man sieht statt stiert
Und handelt, statt zu reden noch und noch.
So was hätt einmal fast die Welt regiert!
Die Völker wurden seiner Herr, jedoch
Daß keiner uns zu früh da triumphiert –
Der Schoß ist fruchtbar noch, aus dem das kroch!

[JOHANNA, TOCHTER FRANKREICHS]

Johanna, Tochter Frankreichs, es muß etwas geschehn
Sonst muß das große Frankreich in zweien Wochen untergehn.
Drum hat Gott, der Herr, nach einer Hilfe herumgefragt
Und ist auf dich gekommen, seine kleine Magd.
Und hier ist eine Trommel, die schickt dir Gott
Damit weck du die Leut auf aus ihren Geschäften und Tagestrott.
Doch wisse, sie schallt nur, wenn du sie auf den Boden legst
Als ob du die französische Erde selber schlägst.
Trommel mir jetzt zusammen alt und jung, reich und arm
Daß Frankreichs Sohn sich Frankreichs erbarm.
Ruf die Seineschiffer, daß sie ihm ihre Kähne leihn.
Von den Bauern der Gironde braucht es Brot und Wein.
Die Kesselschmiede von Saint-Denis bauen ihm Schlachtkärren aus Eisen
Und die Zimmerleute von Lyon sollen dem Feind alle Brücken einreißen.
Sag ihnen, Frankreich, ihre Mutter, die sie im Leib getragen
Und die sie verhöhnt haben und haben ihr ins Gesicht geschlagen
Frankreich, die große Arbeiterin und Weintrinkerin
Braucht sie in der Gefahr. Geh sofort zu ihnen hin.

[LIEDCHEN]

Als ich ging nach Saint-Nazaire
Kam ich ohne Hosen.
Gab es gleich ein groß Geschrei:
Wo sind deine Hosen?
Sagt ich: dicht vor Saint-Nazaire

Ist zu blau der Himmel
Und der Hafer ist zu hoch
Und zu blau der Himmel.

[WENN DER EROBERER KOMMT IN EURE STADT]

Wenn der Eroberer kommt in eure Stadt
Soll es sein, als ob er nichts erobert hat.
Keiner soll sein, der ihm einen Schlüssel ausliefer'.
Denn der kommt, ist kein Gast, er ist ein Geziefer.
Kein Mahl noch Tisch soll für ihn gerichtet sein
Bettstatt und Stuhl sollen für ihn vernichtet sein.
Was ihr nicht brennen könnt, sollt ihr verstecken
Ausschütten jeden Krug Milch und vergraben jeden Wecken.
Er soll schreien: Hilfe. Er soll heißen: Ungeheuer.
Er soll essen: Erde. Er soll wohnen: im Feuer.
Er soll erflehen kein Erbarmen keines Gerichts.
Eure Stadt soll sein gewesen, unerinnerbar, nichts.
Wo er hinschaut, sei nichts, wo er hintritt, sei Leere
So als ob da nie eine Gaststätte gewesen wäre.

[TOCHTER FRANKREICHS, FÜRCHTE DICH NICHT]

Tochter Frankreichs, fürchte dich nicht.
Keiner wird dauern, der gegen dich ficht.
Die Hand, die dir antut Gewalt
Wird verdorren alsbald.
Wo sie dich hinschaffen, das gilt gleich
Wo du sein wirst, ist Frankreich.
Und nach einer kleinen Zeit
Steht es auf in Herrlichkeit.

DAS LIED VOM WEIB DES NAZISOLDATEN

Und was bekam des Soldaten Weib
Aus der alten Hauptstadt Prag?
Aus Prag bekam sie die Stöckelschuh.
Einen Gruß und dazu die Stöckelschuh
Das bekam sie aus der Stadt Prag.

Und was bekam des Soldaten Weib
Aus Warschau am Weichselstrand?
Aus Warschau bekam sie das leinene Hemd
So bunt und so fremd, ein polnisches Hemd!
Das bekam sie vom Weichselstrand.

Und was bekam des Soldaten Weib
Aus Oslo über dem Sund?
Aus Oslo bekam sie das Kräglein aus Pelz.
Hoffentlich gefällts, das Kräglein aus Pelz!
Das bekam sie aus Oslo am Sund.

Und was bekam des Soldaten Weib
Aus dem reichen Rotterdam?
Aus Rotterdam bekam sie den Hut.
Und er steht ihr gut, der holländische Hut.
Den bekam sie aus Rotterdam.

Und was bekam des Soldaten Weib
Aus Brüssel im belgischen Land?
Aus Brüssel bekam sie die seltenen Spitzen.
Ach, das zu besitzen, so seltene Spitzen!
Die bekam sie aus belgischem Land.

Und was bekam des Soldaten Weib
Aus der Lichterstadt Paris?
Aus Paris bekam sie das seidene Kleid.

Zu der Nachbarin Neid das seidene Kleid
Das bekam sie aus Paris.

Und was bekam des Soldaten Weib
Aus dem libyschen Tripolis?
Aus Tripolis bekam sie das Kettchen.
Das Amulettchen am kupfernen Kettchen
Das bekam sie aus Tripolis.

Und was bekam des Soldaten Weib
Aus dem weiten Russenland?
Aus Rußland bekam sie den Witwenschleier.
Zu der Totenfeier den Witwenschleier
Das bekam sie aus Rußland.

DAS LIED VOM KLEINEN WIND

Eil, Liebster, zu mir, teurer Gast
Wie ich kein teurern find
Doch wenn du mich im Arme hast
Dann sei nicht zu geschwind.
  Nimms von den Pflaumen im Herbste
  Wo reif zum Pflücken sind
  Und haben Furcht vorm mächtigen Sturm
  Und Lust aufn kleinen Wind.
  So'n kleiner Wind, du spürst ihn kaum
  's ist wie ein sanftes Wiegen.
  Die Pflaumen wolln ja so vom Baum
  Wolln aufm Boden liegen.

Ach, Schnitter, laß es sein genug
Laß, Schnitter, e i n Halm stehn!

Trink nicht dein Wein auf einen Zug
Und küß mich nicht im Gehn.
  Nimms von den Pflaumen im Herbste
  Wo reif zum Pflücken sind
  Und haben Furcht vorm mächtigen Sturm
  Und Lust aufn kleinen Wind.
  So'n kleiner Wind, du spürst ihn kaum
  's ist wie ein sanftes Wiegen.
  Die Pflaumen wolln ja so vom Baum
  Wolln aufm Boden liegen.

LIED VON DER ZUBEREITUNG DES SCHWARZEN RETTICHS

Am besten einen von den schwarzen, großen.
Sag zu ihm freudig: »Bruder, du mußt raus.«
Doch zieh den Bruder lieber nicht mit bloßen
Pratzen aus.
  Nimm einen Handschuh, denn der Rettich lebt in Dreck.
  Vor dem Haus. Er muß weg.
  Raus.

Du kannst ihn dir kaufen (für ein Nickel)
Doch wie gesagt, er muß gewaschen sein.
Wenn er geschnitten is in kleine Stickel
Salz ihn ein.
  Reibs in die Wunde, daß er merkt, daß ihm nicht nitzt.
  Salz hinein! Bis er schwitzt.
  Salz ihn ein!

[MIT DEM MITTERNACHTSGLOCKENSCHLAG]

Mit dem Mitternachtsglockenschlag
Springt der Hafer aus dem Sack.
Jupphejdija, jupphejda
Jedes Weib gibt da.

Laßt sich in die Backen zwacken.
Und fast jede hat vier Backen.
Jupphejdija, jupphejda
Jedes Weib gibt da.

DAS LIED VON DER MOLDAU

Am Grunde der Moldau wandern die Steine
Es liegen drei Kaiser begraben in Prag.
Das Große bleibt groß nicht und klein nicht das Kleine.
Die Nacht hat zwölf Stunden, dann kommt schon der Tag.

Es wechseln die Zeiten. Die riesigen Pläne
Der Mächtigen kommen am Ende zum Halt.
Und gehn sie einher auch wie blutige Hähne
Es wechseln die Zeiten, da hilft kein Gewalt.

Am Grunde der Moldau wandern die Steine
Es liegen drei Kaiser begraben in Prag.
Das Große bleibt groß nicht und klein nicht das Kleine.
Die Nacht hat zwölf Stunden, dann kommt schon der Tag.

[BEI DER KANONE DORT]

Bei der Kanone dort
Lud er in einem fort.
Bei der Kanone dort
Lud er in einem fort.
Eine Kugel kam behende
Riß vom Leib ihm beide Hände
Und er stand weiter dort
Und lud in einem fort.
Bei der Kanone dort
Lud er in einem fort.

[KÄLBERMARSCH]

Hinter der Trommel her
Trotten die Kälber
Das Fell für die Trommel
Liefern sie selber.
Der Metzger ruft. Die Augen fest geschlossen
Das Kalb marschiert mit ruhig festem Tritt.
Die Kälber, deren Blut im Schlachthof schon geflossen
Sie ziehn im Geist in seinen Reihen mit.

Sie heben die Hände hoch
Sie zeigen sie her
Sie sind schon blutgefleckt
Und sind noch leer.
Der Metzger ruft. Die Augen fest geschlossen
Das Kalb marschiert mit ruhig festem Tritt.
Die Kälber, deren Blut im Schlachthof schon geflossen
Sie ziehn im Geist in seinen Reihen mit.

Sie tragen ein Kreuz voran
Auf blutroten Flaggen
Das hat für den armen Mann
Einen großen Haken.
  Der Metzger ruft. Die Augen fest geschlossen
  Das Kalb marschiert mit ruhig festem Tritt.
  Die Kälber, deren Blut im Schlachthof schon geflossen
  Sie ziehn im Geist in seinen Reihen mit.

[ALS WIR NACH JARÓMERSCH ZOGEN]

Als wir nach Jarómersch zogen
Glaubt' man auch, es sei erlogen
Kamen wir so ungefähr
Grad zum Nachtmahl hin.

Meinte, daß das Dienen
Eine Hetz nur sei
Daß es eine Woche oder 14 Tage
Dauert – und vorbei!

Als wir nach Kowno gekommen
Hats uns nicht gefallen.
Hams uns für ein Glaserl Schnaps
Ein paar Stiefeln abgenommen.

DAS LIED VOM »KELCH«

Komm und setz dich, lieber Gast
Setz dich uns zu Tische

Daß du Supp und Krautfleisch hast
Oder Moldaufische.
  Brauchst ein bissel was im Topf
  Mußt ein Dach habn überm Kopf
  Das bist du als Mensch uns wert
  Sei geduldet und geehrt
  Für nur 80 Heller.

Referenzen brauchst du nicht
Ehre bringt nur Schaden
Hast ein' Nase im Gesicht
Und wirst schon geladen.
  Sollst ein bissel freundlich sein
  Witz und Auftrumpf brauchst du kein'
  Iß dein' Käs und trink dein Bier
  Und du bist willkommen hier
  Und die 80 Heller.

Einmal schaun wir früh hinaus
Obs gut Wetter werde
Und da wurd ein gastlich Haus
Aus der Menschenerde.
  Jeder wird als Mensch gesehn
  Keinen wird man übergehn
  Ham ein Dach gegn Schnee und Wind
  Weil wir arg verfroren sind.
  Auch mit 80 Heller!

DEUTSCHES MISERERE

Eines schönen Tages befahlen uns unsere Obern
Die kleine Stadt Danzig für sie zu erobern.
Wir sind mit Tanks und Bombern in Polen eingebrochen
Wir eroberten es in drei Wochen.
Gott bewahr uns.

Eines schönen Tages befahlen uns unsere Obern
Norwegen und Frankreich für sie zu erobern.
Wir sind in Norwegen und Frankreich eingebrochen
Wir haben alles erobert im zweiten Jahr in fünf Wochen.
Gott bewahr uns.

Eines schönen Tages befahlen uns unsere Obern
Serbien, Griechenland und Rußland für sie zu erobern.
Wir sind in Serbien, Griechenland, Rußland eingefahren
Und kämpfen jetzt um unser nacktes Leben seit zwei langen Jahren.
Gott bewahr uns.

Eines schönen Tages befehlen uns noch unsere Obern
Den Boden der Tiefsee und die Gebirge des Mondes zu erobern.
Und es ist schwer schon hier in diesem Russenland
Und der Feind stark und der Winter kalt und der Heimweg unbekannt.
Gott bewahr uns und führ uns wieder nach Haus.

[WENN DAS HAUS EINES GROSSEN ZUSAMMENBRICHT]

Wenn das Haus eines Großen zusammenbricht
Werden viele Kleine erschlagen.

Die das Glück der Mächtigen nicht teilten
Teilen oft ihr Unglück. Der stürzende Wagen
Reißt die schwitzenden Zugtiere
Mit in den Abgrund.

[O BLINDHEIT DER GROSSEN]

O Blindheit der Großen! Sie wandeln wie Ewige
Groß auf gebeugten Nacken, sicher
Der gemieteten Fäuste, vertrauend
Der Gewalt, die so lang schon gedauert hat.
Aber lang ist nicht ewig.
O Wechsel der Zeiten! Du Hoffnung des Volks!

[ICH WERDE WARTEN AUF DICH]

Geh du ruhig in die Schlacht, Soldat
Die blutige Schlacht, die bittere Schlacht
Aus der nicht jeder wiederkehrt:
Wenn du wiederkehrst, bin ich da.
Ich werde warten auf dich unter der grünen Ulme
Ich werde warten auf dich unter der kahlen Ulme
Ich werde warten, bis der letzte zurückgekehrt ist
Und danach.
Kommst du aus der Schlacht zurück
Keine Stiefel stehen vor der Tür
Ist das Kissen neben meinem leer
Und mein Mund ist ungeküßt
Wenn du wiederkehrst
Wirst du sagen können: alles ist wie einst.

[GRUSCHES LIEDER AUF DER WANDERUNG]

1

Vier Generäle
Zogen nach Iran.
Der erste führte keinen Krieg
Der zweite hatte keinen Sieg
Dem dritten war das Wetter zu schlecht
Dem vierten kämpften die Soldaten nicht recht.
Vier Generäle
Und keiner kam an.

Sosso Robakidse
Marschierte nach Iran.
Er führte einen harten Krieg
Er hatte einen schnellen Sieg
Das Wetter war ihm gut genug
Und sein Soldat sich gut genug schlug.
Sosso Robakidse
Ist unser Mann.

2

Da dich keiner nehmen will
Muß nun ich dich nehmen
Mußt dich, da kein andrer war
Schwarzer Tag im magern Jahr
Halt mit mir bequemen.

Weil ich dich zu lang geschleppt
Und mit wunden Füßen
Weil die Milch so teuer war

Wurdest du mir lieb.
(Wollt dich nicht mehr missen.)

Werf dein feines Hemdlein weg
Wickle dich in Lumpen
Wasche dich und taufe dich
Mit dem Gletscherwasser.
(Mußt es überstehen.)

3

Tief ist der Abgrund, Sohn
Brüchig der Steg
Aber wir wählen, Sohn
Nicht unsern Weg.

Mußt den Weg gehen
Den ich weiß für dich
Mußt das Brot essen
Das ich hab für dich.

Müssen die paar Bissen teilen
Kriegst von vieren drei
Aber ob sie groß sind
Weiß ich nicht dabei.

4

Dein Vater ist ein Räuber
Deine Mutter ist eine Hur
Und vor dir wird sich verbeugen
Der ehrlichste Mann.

Der Sohn des Tigers
Wird die kleinen Pferde füttern
Das Kind der Schlange
Bringt Milch zu den Müttern.

[ZIEH INS FELD ICH TRAURIG MEINER STRASSEN]

Zieh ins Feld ich traurig meiner Straßen
Mußt zu Hause meine Liebste lassen.
Solln die Freunde hüten ihre Ehre
Bis ich aus dem Felde wiederkehre.

Wenn ich auf dem Kirchhof liegen werde
Bringt die Liebste mir ein' Handvoll Erde.
Sagt: Hier ruhn die Füße, die zu mir gegangen
Hier die Arme, die mich oft umfangen.

[RAT AN DEN LIEBSTEN, DER IN DEN KRIEG ZIEHT]

Liebster mein, Liebster mein
Wenn du nun ziehst in den Krieg
Wenn du nun fichtst gegen die Feinde
Stürz dich nicht vor den Krieg
Und fahr nicht hinter dem Krieg
Vorne ist rotes Feuer
Hinten ist roter Rauch.
Halt dich in des Krieges Mitten
Halt dich an den Fahnenträger.
Die ersten sterben immer
Die letzten werden auch getroffen
Die in der Mitten kommen nach Haus.

[DIE SCHLACHT FING AN IM MORGENGRAUN]

Die Schlacht fing an im Morgengraun, wurde blutig am
Mittag.
Der erste fiel vor mir, der zweite fiel hinter mir, der dritte
neben mir.
Auf den ersten trat, den zweiten ließ ich, den dritten
durchbohrte der Hauptmann.
Mein einer Bruder starb an einem Eisen, mein andrer Bruder
starb an einem Rauch.
Feuer schlugen sie aus meinem Nacken, meine Hände gefroren
in den Handschuhen, meine Zehen in den
Strümpfen.
Gegessen hab ich Espenknospen, getrunken hab ich Ahorn-
brühe, geschlafen hab ich auf Steinen, im Wasser.

[LIED VOM KRIEG]

Warum bluten unsere Söhne nicht mehr, weinen unsere
Töchter nicht mehr?
Warum haben Blut nur mehr die Kälber im Schlachthaus?
Warum Tränen nur mehr gegen Morgen die Weiden am
Urmisee?

Der Großkönig muß eine neue Provinz haben, der Bauer
muß sein Milchgeld hergeben.
Damit das Dach der Welt erobert wird, werden die Hütten-
dächer abgetragen.
Unsere Männer werden in alle vier Winde verschleppt,
damit die Oberen zu Hause tafeln können.
Die Soldaten töten einander, die Feldherrn grüßen ein-
ander.

Der Witwe Steuergroschen wird angebissen, ob er echt ist.
Die Schwerter zerbrechen.
Die Schlacht ist verloren, aber die Helme sind bezahlt worden.

Die Ämter sind überfüllt, die Beamten sitzen bis auf die Straße.
Die Flüsse treten über die Ufer und verwüsten die Felder.
Die ihre Hosen nicht selber runterlassen können, regieren Reiche.
Sie können nicht auf vier zählen, fressen aber acht Gänge.
Die Maisbauern blicken sich nach Kunden um, sehen nur Verhungerte.
Die Weber gehen von den Webstühlen in Lumpen.

Darum bluten unsere Söhne nicht mehr, weinen unsere Töchter nicht mehr.
Darum haben Blut nur mehr die Kälber im Schlachthaus.
Tränen nur mehr gegen Morgen die Weiden am Urmisee.

[LIED VOM AZDAK]

Als die großen Feuer brannten und in Blut die Städte standen
Aus der Tiefe krochen Spinn und Kakerlak.
Vor dem Schloßtor stand ein Schlächter, am Altar ein Gottverächter
Und es saß im Rock des Richters der Azdak.

Ach, was willig, ist nicht billig, und was teuer, nicht geheuer
Und das Recht ist eine Katze im Sack.
Darum bitten wir 'nen Dritten, daß er schlichtet und's uns richtet
Und das macht uns für 'nen Groschen der Azdak.

Als die Obern sich zerstritten, war'n die Untern froh, sie
litten
Nicht mehr gar so viel Gibher und Abgezwack.
Auf Grusiniens bunten Straßen, gut versehn mit falschen
Maßen
Zog der Armeleuterichter, der Azdak.

Und er nahm es von den Reichen, und er gab es Seinesgleichen
Und sein Zeichen war die Zähr aus Siegellack.
Und beschirmet von Gelichter, zog der gute schlechte Richter
Mütterchen Grusiniens, der Azdak.

Und so brach er die Gesetze wie ein Brot, daß es sie letze
Bracht das Volk ans Ufer auf des Rechtes Wrack.
Und die Niedren und Gemeinen hatten endlich, endlich
einen
Den die leere Hand bestochen, den Azdak.

Siebenhundertzwanzig Tage maß er mit gefälschter
Waage
Ihre Klage, und er sprach wie Pack zu Pack.
Auf dem Richterstuhl, den Balken über sich von einem
Galgen
Teilte sein gezinktes Recht aus der Azdak.

Da war die Zeit der Unordnung aus, kehrte der Großfürst
zurück
Kehrte die Gouverneursfrau zurück, wurde ein Gericht
gehalten
Starben viele Menschen, brannte die Vorstadt aufs neue,
ergriff Furcht den Azdak.

LIED VOM CHAOS

Schwester, verhülle dein Haupt, Bruder, hole dein Messer,
die Zeit ist aus den Fugen.
Die Vornehmen sind voll Klagen und die Geringen voll
Freude.
Die Stadt sagt: Laßt uns die Starken aus unserer Mitte vertreiben.
In den Ämtern wird eingebrochen, die Listen der Leibeigenen werden zerstört.
Die Herren hat man an die Mühlsteine gesetzt. Die den Tag
nie sahen, sind herausgegangen.
Die Opferkästen aus Ebenholz werden zerschlagen, das
herrliche Sesnemholz zerhackt man zu Betten.
Wer kein Brot hatte, der hat jetzt Scheunen, wer sich Kornspenden holte, läßt jetzt selber austeilen.
(Wo bleibst du, General? Bitte, bitte, bitte, schaff Ordnung!)

Der Sohn des Angesehenen ist nicht mehr zu erkennen; das
Kind der Herrin wird zum Sohn ihrer Sklavin.
Die Ratsherrn suchen schon Obdach im Speicher; wer kaum
auf den Mauern nächtigen durfte, rekelt jetzt sich
im Bett.
Der sonst das Boot ruderte, besitzt jetzt Schiffe; schaut ihr
Besitzer nach ihnen, so sind sie nicht mehr sein.
Fünf Männer sind ausgeschickt von ihren Herren. Sie sagen:
Geht jetzt selber den Weg, wir sind angelangt.
(Wo bleibst du, General? Bitte, bitte, bitte, schaff Ordnung!)

[GINGE ES IN GOLDNEN SCHUHN]

Ginge es in goldnen Schuhn
Träte es mir auf die Schwachen

Und es müßte Böses tun
Und könnte mir lachen.

Ach, zum Tragen, spät und frühe
Ist zu schwer ein Herz aus Stein
Denn es macht zu große Mühe
Mächtig tun und böse sein.

Wird es müssen den Hunger fürchten
Aber die Hungrigen nicht.
Wird es müssen die Finsternis fürchten
Aber nicht das Licht.

ALTES LIEDCHEN

Margot ging auf den Markt heut früh.
Da schlugen die Trommeln so laut.
Sie kaufte Fleisch und Sellerie
Und fand den Fleischer ergraut.
An Haar und Haut ergraut.
»Das Fleisch macht 20 Frs.«
Rataplom, rataplom, rataplom.
»Hein?«
»Gut, Madame, 5 Frs.«
»Ahom!«

Margot ging heut zur Hauswirtin.
Da rollte der Zapfenstreich.
»Darf ich fragen, was ich schuldig bin?«
Da war die Wirtin so bleich
So bleich wie eine Leich.
»Die Miete macht 20 Frs.«
Rataplom, rataplom, rataplom.

»Hein?«

»Gut, Madame, 10 Frs.«

»Ahom!«

[DAS LIED VOM EXTRA]

Père Joseph hat kein Dach überm Kopfe
Überm Hintern sein Weib hat kein Hemd
Doch kocht sie für ihn was im Topfe
Am Rain im gestohlenen Topfe
Hat Père Joseph sich vorm Mahle gekämmt.
»Mutter, mach was extra Exquisites!
Für 'nen armen Hund ist nichts zu schad.
Mutter, laß dir Zeit, spar nicht mit Geschicklichkeit!
Mach was extra . . . halt, der Schnittlauch für'n Salat.«

Père Joseph, in der Salpêtrière
Für den Pfaffen hat er keine Zeit
Und als ob es von seinem Geld wäre
Bestellt er 'ne Henkersmahlzeit:
»Wärter, mach was extra Exquisites!
Für 'nen armen Hund ist nichts zu schad.
Kinder, laßt euch Zeit, spart nicht mit Geschicklichkeit
Und vergeßt mir nicht den Schnittlauch für 'n Salat.«

[OSTERN]

Ostern ist's. Bal-sur-Seine
Für Opapa, Kegel und Kind
Weil da die blauen Kähne
Frisch gestrichen sind.

Und beim Eiersuchen
Hört man im Wäldchen von weit
Schon die Kinderlein fluchen
Gegen die Mittagszeit.

Unter dem Laub an den Tischen
Erzähln wir, wie komisch es war
Und nach Ivry zum Fischen
Gehen wir nächstes Jahr.

[SAGE IHM, DER DEN WAGEN ZIEHT]

Sage ihm, der den Wagen zieht
Er wird bald sterben.
Sage ihm, wer leben wird?
Der im Wagen sitzt.
Der Abend kommt.
Jetzt eine Handvoll Reis
Und ein guter Tag
Ginge zu Ende.

[BALLADE VOM WISSEN]

Der dumme Teufel schuftet heut und morgen
Und was ihm fehlt, das schafft kein saurer Schweiß
Und was er hat, behält er: seine Sorgen.
Das kommt daher, daß solch ein Mensch nichts weiß.
Ja, wer kein Pferd hat, der kommt unter Hufe
Und wer ein Pferd hat, ja, der reitet mit.
Auf Wissen kommt es an in jeglichem Berufe
Denn wer was weiß, der macht auch seinen Schnitt.

Wenn ich als kleiner Kaufmann stets erfahre
Den großen Haien kommt man niemals bei
Dann rauf ich mir die paar verbliebenen Haare
Und frage mich: wie werde ich ein Hai?
Als solcher weiß ich, was die kleinen Leute
Seit alters tun für Brot und einen Tritt
Und mache nichts den ganzen Tag als Beute:
Ich weiß Bescheid und mache meinen Schnitt.

Zum Beispiel leidet einer an den Nieren
Er geht zum Arzt. Der starrt ihm in den Steiß.
Der Kranke kriecht hinaus auf allen Vieren
Doch vorher zahlt er. Weil der Arzt was weiß.
Er weiß, wie diese Krankheit heißt und weiter
Was einer neulich zahlte, als er litt.
Ja, wer nichts weiß, der bleibt ein Hungerleider
Doch wer was weiß, der macht auch seinen Schnitt.

Es walten zwei Geschicke in der Liebe
Das eine wird geliebt, das andre liebt
Eins erntet Balsam und das andre Hiebe
Es nimmt das eine und das andre gibt.
Verhülle dein Gesicht, wenn Glut es rötet.
Verbiet dem Busen zu gestehen, was er litt!
Reich ihm, den du da liebst, das Messer, und er tötet.
Weiß er, du liebst ihn, macht er seinen Schnitt.

[ANTIGONES LETZTE REDE]

ANTIGONE
Bürger der Vaterstadt, seht
Mich gehn den letzten Weg
Und das letzte Licht

Anschauen der Sonne.
Und nie das wieder?
Denn der alle bettet einst, der Todesgott
Lebendige führt er mich
Zu des Acheron Ufer.
Und wird mir keine Hochzeit, kein
Bräutlich Lied feiert mich, Braut
Des Acheron bin ich.

DIE ALTEN

Aber bekannt gehst, geleitet mit Lob, du
Hin in diese, der Toten, Kammer.
Siechtum raffte dich nicht, des Eisens
Handlohn, das Eisen, empfingst du nicht.
Sondern dein eigen
Leben lebend, gehst du lebendig
Hinab in die Totenwelt.

ANTIGONE

Weh mir, sie spotten meiner!
Meiner, die noch nicht untergegangen
Die noch am Tag ist.
Stadt, und o meiner Stadt
Ihr vielbegüterten Männer! Doch, doch müßt
Ihr mir bezeugen dereinst, wie unbeweint
Von Lieben und nach was für
Gesetzen in die gegrabene Gruft ich
Ins unerhörte Grab muß. Ich
Den Sterblichen nicht
Und nicht den Schatten gesellt
Dem Leben, dem Tod nicht.

DIE ALTEN

Macht, wo es die gilt
Die weichet nicht. Die hat verderbt
Das zornige Selbsterkennen.

ANTIGONE

O mein Vater, o unglückliche Mutter

Von denen einmal ich Trübsinnige kam
Zu denen im Fluche
Mannlos zu wohnen, ich komme.
Oh, oh, mein Bruder
Süß zu leben, gefallen!
Mich auch, die nur noch da war
Ziehst mit du hinab.

EIN ALTER *eine Schale mit Hirse vor sie stellend:*
Aber der Leib auch Danaes mußte
Statt des himmlischen Lichts in Geduld
Das eiserne Gitter haben. Im Dunkeln lag sie.
Und doch war sie aus großem Geschlecht, Kind.
Und zählte dem Schöpfer der Zeit dann
Die Stundenschläge, die goldnen.

ANTIGONE
Jammervoll, hört ich, starb
Die aus Phrygien kam
Tantalos' Tochter, auf
Sipylos' Gipfel.
Höckricht worden sei die und, wie eins Efeuketten
Antut, in langsamen Fels
Zusammengezogen; und immerhin bei ihr
Wie Männer sagen, bleibt der Winter
Und waschet den Hals ihr unter
Schneehellen Tränen der Wimpern. Recht der gleich
Bringt mich ein Geist zu Bette.

EIN ALTER *einen Krug mit Wein vor sie stellend:*
Heilig gesprochen jedoch, heilig gezeuget
Ist die, wir aber Erd und irdisch gezeuget.
Freilich vergehst du, groß aber. Und nicht
Unähnlich göttlichen Opfern.

ANTIGONE
Und schon gebt ihr seufzend mich auf.
Nach oben blickt ihr ins Bläulichte, nimmer
Ins Aug mir. Und doch hab ich nur Heiligs

Heilig betrieben.

DIE ALTEN

Auch gehascht ward behend des Dryas Sohn in
Begeistertem Schimpf der Unbill von
Dionysos und mit stürzenden
Steinhaufen gedecket. Und kennen lernt' er
Im Wahnsinn tastend den Gott, mit schimpfender Zunge.

ANTIGONE

Und besser wär's auch, ihr
Sammeltet ein den Schimpf der Unbill und trocknet
Ihn mir von Zähren und nutzt ihn. Nicht
Weit blickt ihr.

DIE ALTEN

Aber bei kalkigen Felsen, wo
An beiden Enden Meer ist, an Bosporos' Ufern
Dort sah, nahe der Stadt, der Schlachtgeist zu, als beiden
Phineiden, den allzu weit
Blickenden, dann die Adleraugen
Mit Speeren durchstoßen wurden, und finster ward's
In den mutigen Augenzirkeln.
Aber des Geschicks ist furchtbar die Kraft.
Nicht Reichtum, der Schlachtgeist nicht
Kein Turm entrinnt ihm.

ANTIGONE

Nicht, ich bitt euch, sprecht vom Geschick.
Das weiß ich. Von dem sprecht
Der mich hinmacht, schuldlos; dem
Knüpft ein Geschick! Denkt nämlich nicht
Ihr seid verschont, ihr Unglückseligen.
Andere Körper, Zerstückte
Werden euch liegen, unbestattet, zu Hauf um den
Unbestatteten. Ihr, die dem Kreon den Krieg
Über unheimische Marken schlepptet, so viele
Schlachten auch dem glücken, die letzte
Will euch verschlingen. Ihr, die Beute rieft, nicht

Volle Wagen werdet ihr kommen sehen, sondern
Leere. Euch beweine ich, Lebende
Was ihr sehen werdet
Wenn mein Auge schon voll des Staubs ist! Liebliche Thebe
Vaterstadt! Und ihr, Dirzäische Quellen
Um Thebe rings, wo die Wagen
Hochziehn, oh, ihr Haine! Wie schnürt's mir den Hals zu
Was dir geschehen soll! Aus dir sind kommen
Die Unmenschlichen, da
Mußt du zu Staub werden. Sagt
Wer nach Antigone fragt, sie
Sahen ins Grab wir fliehn.

NEUER PROLOG ZUR »ANTIGONE«

Freunde, ungewohnt
Mag euch die hohe Sprache sein
In dem Gedicht, tausende Jahre alt
Das wir hier einstudiert. Unbekannt
Ist euch der Stoff des Gedichts, der den einstigen Hörern
Innig vertraut war. Deshalb erlaubt uns
Ihn euch vorzustellen. Das ist Antigone
Fürstin aus dem Geschlecht des Ödipus. Das hier
Kreon, Tyrann der Stadt Theben, ihr Oheim. Ich bin
Tiresias, der Seher. Dieser da
Führt einen Raubkrieg gegen das ferne Argos. Diese
Tritt dem Unmenschlichen entgegen, und er vernichtet sie.
Aber sein Krieg, nun unmenschlich geheißen
Bricht ihm zusammen. Die unbeugsam Gerechte
Nichtachtend des eignen geknechteten Volkes Opfer
Hat ihn beendet. Wir bitten euch
Nachzusuchen in euren Gemütern nach ähnlichen Taten
Näherer Vergangenheit oder dem Ausbleiben

Ähnlicher Taten. Und nunmehr
Werdet ihr uns und die anderen Schauspieler
Ein um den andern den kleinen Schauplatz
Im Spiele betreten sehn, wo einst unter den
Tierschädeln barbarischen Opferkults
Urgrauer Zeiten die Menschlichkeit
Groß aufstand.

[O STILLE WINTERZEIT]

O stille Winterzeit!
Wenns auf die Erde schneit!
Der Mensch, er schauet bloß
Seine Hände ruhn im Schoß
Und still im Stall stehn Ochs und Kuh
Und hörn der großen Stille zu.

[BELEHRUNG DURCH DEN GÄRTNER]

Mein Garten lehrt mich
– Dies kleine Reich der Beete und Rabatten –
Daß selbst die edle Rose von Milet
Von allzu üppigem Wuchs beschnitten sein muß
Soll sie gedeihn. Auch muß sie sich drein finden
Daß Kohl und Lauch und allerlei Gemüse
Von niedrer Abstammung, doch ziemlich nützlich
An ihrer Seit ihr Wasser abbekommen.
Der Garten müßt verwildern, dächte man
Der königlichen Rose nur.

[DAS LIED VON DER JEANNE D'ARC]

Wunderbarlich Mädchen du, Jeanne d'Arc
Sechzehn Jahre kaum, geborn an kargem Herde
Der kein Spieß zu schwer ist und kein Feind zu stark
Kraft gibt dir die Schlacht und Ruh die nackte Erde.
Schnöd bist du im Kampfe, klug im Streit.
Deine Feinde fliehn vor dir in schwarzem Grauen
Keiner hält mehr stand, sie rennen weit
Und der Augen sind da viele, die es schauen.

Viele freilich, die betrübet sind
Können auch die Jungfrau nun nicht gleich verstehen
Denn es werden dem, der weint, die Augen blind
Steht er gleich im Lichte, kann er doch nicht sehen.
Viele aber sind jetzt in der Jungfrau Schar
Und sie kommen in die Schlacht als wie zum Tanz
Und die Feinde schüttelt von sich die Loire
Und die Sonne Frankreichs strahlt in neuem Glanz.

Ach, ihr Schurken, ihr Verräter all
Von den viel zu Duldsamen zu lang geduldet
Die ihr Englands Glück und Frankreichs Fall
Seine Schmach und Armut habt verschuldet:
Für das Unrecht kämpft ihr anstatt umgekehrt
Darum hört jetzt gut, was ich euch sage:
Bleibt ihr Sklaven unsrer Feinde, unbelehrt
So bedenket wohl das Ende eurer bösen Tage!

[LIED DER MELINDA]

Chloë saß an einem Bach
Aus dem Schlehdorn trat Achill
Fragte sie der Held, ob sie ihn, ach
Lieben will?
  Sah das Mädchen fürchtesam ihn an
  Und verbarg im Klee das Angesicht.
  Sprach der Held und staunte: »Mädchen, dann
  Gefällt dir wohl mein güldner Küraß nicht?«

Wandte sich zum Gehn Achill
Und es rauschte hell der Bach
Und im Dorn die Vöglein wurden still –
Sprach sie: »Ach.«
  Sprach das Mädchen: »Ach, wie leicht doch ficht
  Es sich gegen Löwe, Hirsch und Pfau!
  Ach, dein güldner Küraß ist es nicht
  Gefallen könnt mir deiner Augen Blau.«

[LIED DER VICTORIA]

Es gibt im Leben Augenblicke
Wo vor dir herrisch eine Frage steht:
Folgst du der Leidenschaft und dem Geschicke
Folgst du nicht lieber dem, was die Vernunft dir rät?
  Doch die Brust, sie schwillt von Gefühlen
  Bedrängend den armen Sinn
  Es runden die Winde die Segel
  Und das Schiff fragt nicht lange: Wohin?

Schwester, aus was für einem Holze
Bist du gemacht, daß du dir was vergibst?

Was ist mit deiner Scham und was mit deinem Stolze?
Ach, danach fragst du nicht mehr, wenn du einmal liebst!
  Es folgt dem Hirsche die Hirschkuh
  Und dem Löwen die Löwin ins Feld
  Und es folgt dem Geliebten das liebende Weib
  Wohl bis ans Ende der Welt.

[WENN ICH VON DIR GEHEN WERDE]

APPLETREE
Wenn ich von dir gehen werde
Für die Männer, für die Pferde
Liegt das große Schiff der Königin am Kai.
Nimm dir einen andern, Minnie
Denn dies Schiff geht nach Virginie
Und die Liebe, und die Liebe ist vorbei.

MAGGIE
Und wir stehen zwei-, dreitausend
Und mit Mann und Maus und Brausen
Sticht das große Schiff der Königin in See.
Aber eines, Jimmy, mußt du wissen
Immer werde ich dich missen
Wenn ich einst mit einem andern geh.

LIED DER KOMPANIE

Siebenzehn Gemeine von der Artill'rie
Besahn die Frau'n von Gaa.
Und ein jeglicher Gemeiner
Ging ins Flußgesträuch mit einer
Und besah mit ihr den roten Mond von nah.

Das war der einz'ge Mond von Gaa
Den sie da sah
Und dieser Mond war ganze drei, vier Stunden da.
Ja, ja.

Aus dem Lager reitet unsre Artill'rie
Zur frühen Morgenstund.
Doch ein jeder der Gemeinen
Gab zum Abschied noch der Seinen
Eine Dattel und das macht ein ganzes Pfund.
Und diese Dattel, das war a -
lles, was sie sah
Mehr als die Dattel war ja gar nicht für sie da.
Ach ja.

[LIED VON DER AUSNAHME]

Alle doch, mehr oder wenig
Zahlten sie dem guten König
Alle zahlten sie die teuern
Ungeheuern Heeressteuern
Ausgenommen I. N. Smith.

Doch es war dem guten König
Immer noch ein wenig wenig.
Alle nahm man am Schlafittchen
Alles rin in das Kittchen
Ausgenommen I. N. Smith.

SOLDATENLIED

Komm, mein Junge, kleid dich ein
In Virginia hörst du kein
Kindergeschrei und Weibergefleh
Dort über den Hügeln und über der See.

König George, gebeugt und alt
Hat auf der Stirn eine Kummerfalt
Daß ihm sein Reich in die Binsen geh
Dort über den Hügeln und über der See.

Mädchen, kehr ich nicht zurück
Ist es aus mit unserm Glück.
Doch König George sitzt fester denn je
Dort über den Hügeln und über der See.

KEUSCHHEITSBALLADE IN DUR

Ach, sie schmolzen fast zusammen
Und er fühlte: sie ist mein.
Und das Dunkel schürt die Flammen.
Und sie fühlte: wir sind allein.
Und er küßte ihr die Stirne
Denn sie war ja keine Dirne
Und sie wollte keine sein.

Oh, das süße Spiel der Hände!
Oh, ihr Herz ward wild wie nie!
Daß er die Kurasche fände
Betet er und betet sie.
Und sie küßte ihm die Stirne
Denn sie war ja keine Dirne
Und sie wußte nur nicht wie . . .

Und um sie nicht zu entweihen
Ging er einst zu einer Hur
Und sie lernte ihm das Speien
Und die Feste der Natur.
Immerhin ihr Leib war Lethe
Bisher war er kein Askete
Jetzt erst tat er einen Schwur.

Um zu löschen ihre Flammen
Die er schuldlos ihr erregt
Hängt s i e sich an einen strammen
Kerl, der keine Skrupel hegt.
(Und der haute sie zusammen
Auf die Treppe hingelegt.)
Immerhin, sein Griff war Wonne
Und sie war ja keine Nonne
Jetzt erst war die Gier erregt.

Und er lobte sein Gehirne
Daß es klug gewesen sei:
Als er sie nur auf die Stirne
Einst geküßt im sel'gen Mai –
Er als Mucker, sie als Dirne
Sie gestehn, Scham auf der Stirne:
Es ist doch nur Sauerei.

[FATZERS RUNDGANG DURCH DIE STADT MÜLHEIM]

In was für Kleidern geht das Volk? Das Volk geht
In schlechten Kleidern, seh ich.
Ihr bißchen Schafwolle und Flachs haben sie
Schon aufgestapelt hinter Bajonetten, verteilend
Faden für Faden. Dieser Krieg geht

In schlechtem Schuhwerk; da geht er
Also nicht lang. Auch glaub ich schon zu sehen:
Arm ist ärmer und reich reicher jetzt und
Zwischendrin ist nichts: das ist auch gut.
Kinder, die bei der Geburt nichts wiegen und
Blasse Mäuler haben und
Nicht mehr schwerer werden. Das ist gut.
Gut auch, daß da bald Winter wird, das
Zehrt am Krieg, wenn das Volk friert.
Jetzt sitzen schon fünfzehn
In jedem Mauerspalt, weil
Nicht mehr gebaut wird, und je mehr
Beisammensitzen, desto
Vernünftiger werden sie.
Und die laufen hinter ihren Weibern her
Wie in alter Zeit mit einem so gierigen Ausdruck
Als hätten sie keine andere Sorge, als auf sie
Hinaufzukommen. Das ist nicht gut.
Sie sind nicht recht geschwächt genug
Oder schlimmer:
Sie sind die blutige Zeit gewöhnt.
Alles geht weiter. Freilich, das kriecht
Noch mit zermalmter Kniescheib
Auf ein behaartes Loch zu. So lang
Sie das noch haben, ist
Ihnen alles recht. Das müßt man
Ihnen auch noch verstopfen. Je mehr ich sehe
Um so mehr muß ich
Hergehen hinter meinen guten fünf Ochsen.

FATZER, KOMM

1

Verlaß deinen Posten.
Die Siege sind erfochten. Die Niederlagen sind
Erfochten:
Verlaß jetzt deinen Posten.

Tauche wieder unter in der Tiefe, Sieger.
Der Jubel dringt dorthin, wo das Gefecht war.
Sei nicht mehr dort.
Erwarte das Geschrei der Niederlage dort, wo es am lautesten ist:
In der Tiefe.
Verlaß den alten Posten.

Ziehe deine Stimme ein, Redner.
Dein Name wird ausgewischt auf den Tafeln. Deine Befehle
Werden nicht ausgeführt. Erlaube
Daß neue Namen auf der Tafel erscheinen und
Neue Befehle befolgt werden.
(Du, der nicht mehr befiehlt
Fordere nicht zum Ungehorsam auf!)
Verlaß den alten Posten.

Du hast nicht ausgereicht
Du bist nicht fertig
Jetzt hast du die Erfahrung und reichst aus
Jetzt kannst du beginnen:
Verlaß den Posten.

Du, der die Ämter beherrscht hat
Heize deinen Ofen.

Du, der nicht Zeit hatte zu essen
Koch dir Suppe.
Du, über den vieles geschrieben ist
Studiere das Abc.
Beginne sofort damit:
Beziehe den neuen Posten.

Der Geschlagene entrinnt nicht
Der Weisheit.
Halte dich fest und sinke! Fürchte dich! Sinke doch! Auf dem Grunde
Erwartet dich die Lehre.
Zu viel Gefragter
Werde teilhaftig des unschätzbaren
Unterrichts der Masse:
Beziehe den neuen Posten.

2

Der Tisch ist fertig, Tischler.
Gestatte, daß wir ihn wegnehmen.
Hoble jetzt nicht weiter daran herum
Höre auf mit dem Anstreichen
Rede nicht davon gut noch übel:
So wie er ist, nehmen wir ihn.
Wir brauchen ihn.
Gib ihn heraus.

Du bist fertig, Staatsmann
Der Staat ist nicht fertig.
Gestatte, daß wir ihn verändern
Nach den Bedingungen unseres Lebens.
Gestatte, daß wir Staatsmänner sind, Staatsmann.
Unter deinen Gesetzen steht dein Name.

Vergiß den Namen
Achte deine Gesetze, Gesetzgeber.

Laß dir die Ordnung gefallen, Ordner.
Der Staat braucht dich nicht mehr
Gib ihn heraus.

GESICHT DES DENKENDEN VON DER ZEIT NACH IHM

Eben
Stellten sie den Stuhl, den alten
Worauf steht: »Auf dem soll sitzen
Nur der gut ist und am besten jeder«
Mit der vorgeschriebenen Bewegung
An den alten Platz. Vom Maskenbrett
Griffen sie die abgegriffenen Masken.
Schreiend teils, teils murmelnd sangen
Sie den Text, bemüht, ihn
Rein zu halten von Gefühlen.
An den vorgeschriebenen Stellen klatschten
Ihre Hörer höflich, zeigend
Daß sie eingeweiht sind und noch
Einverstanden.
Und er wartete
Ab noch jene Stelle, wo der
Erste Spieler sich falsch setzen muß, und als sie
In der angegebenen Weise pfiffen, sah er
Daß sie die Gesetze ehrten und
Verließ sie.

UNRECHT IST MENSCHLICH (CHOR VII)

1

Unrecht ist menschlich
Menschlicher aber
Kampf gegen Unrecht!
Machet aber doch halt auch hier
Vor dem Menschen, laßt ihn
Unversehrt. Den Getöteten
Belehrt nichts mehr!
Schabe nicht, Messer, ab
Die S c h r i f t mit der Unreinheit
Du behältst
Einzig ein l e e r e s Blatt sonst
Mit Narben bedeckt!

2

Solch ein reinliches Blatt
Narbenbedeckt, laßt uns
Einfügen endlich dem Bericht von
Der Menschheit!

GUT SO. SCHLECHT SO! (CHOR UND GEGENCHOR)

Die geboren sind, wollen nicht sterben
Gut so.
Sie essen und wollen nicht satt werden
Und essen wieder
Gut so.

Aber zu ihrer Zeit sterben sie und fallen in die Löcher
Und sie kehren nicht wieder, und
Der Boden, unter den sie geworfen sind
Wächst zu.
Gut so.
Und an ihren Platz
Treten die andern, schlafen auf ihrem Leintuch und
Essen von ihrem Teller mit Behagen
Gut so.
Was geschieht, muß geschehen, warum
Geschähe es sonst?
Schreit doch nicht soviel
Um einen Menschen, er
Ist geboren und muß
Hinsein und reicht nicht weit
Und verliert nicht
Euren Atem, denn auch ihr
Müßt bald hinsein!

Schreit um einen Menschen!
Soll er hingehn?
Schlecht so!
Was geschieht, muß nicht geschehen

Ändert es.
Gebt euren Teller nicht her
Ach, wozu denn?
Schlecht so!
Nichts ist gut, was der Mensch nicht
Gut macht!

Das Unrecht gibt es
Wie das Wasser.
Das Unglück
Kommt herauf wie die Sonne

Und der Mensch zerfleischt den Menschen
Wie der Fisch den Fisch frißt.
So ist es, und also
Ist es gut so.

Das Unrecht ist schon
So gewohnt wie das Wasser bei uns
Schlecht so.
Und die Sonne kommt uns nicht sicherer als
Unser Unglück kommt
Schlecht so.
Der Mensch zerfleischt den Menschen
Schlecht, schlecht, schlecht, schlecht so!

[PROLOG]

Ihr, die ihr eben
Vom Essen kommt
Erlaubt, daß wir euch vortragen unser
Unablässiges Bemühen um Essen, wie ihr habt
Auch bescheideneres genügte uns schon.

Wir bitten euch: seht uns
In unablässiger Suche nach Arbeit!
Leider über Essen und Arbeit
Stehen unverrückbar Gesetze
Unbekannte.

Immerfort fallen aber
Nach unten
Durch die Gitter im Asphalt
Allerlei Menschen ohne Merkmal
Oder Zeichnung nach unten

Plötzlich, lautlos, schnell nach unten
Neben uns gehende, fröhliche nach unten
Mitten aus dem Menschenstrom nach
Ungenauer Auswahl
Sechs von sieben nach unten, aber der siebente
Geht in den Eßraum.

Wer von uns ist es? Welcher
Ist bestimmt zur Rettung?
Welcher gezeichnet?
Wo ist das Gitter, das nächste?
Unbekannt.

RUNDGESANG DER ALS

Und wenn kein Holz gehackt wird
Dann backt der Bäcker kein Brot
Und wenn der Bäcker kein Brot backt
Dann gehn die Holzhacker tot

Und wenn die Holzhacker tot gehn
Für wen wird dann gebackt?
Und wenn kein Brot gebackt wird
Dann wird kein Holz gehackt

EINST SAH ICH EINE SUPPE

Einst sah ich eine Suppe
Die hat mir nicht gehört
Die Suppe war versalzen
Das hat mich nicht gestört.

Ich sah 'ne zweite Suppe
Die war ganz unversehrt
Ich hab sie nicht gegessen
Sie hat mir nicht gehört.

Solange ich nicht für sie arbeit
So lang hab ich kein Recht
Und solange ich für sie arbeit
So lang bin ich ihr Knecht.

Jetzt gibt es keine Arbeit
Sie brauchen keinen Knecht
Ich hab nämlich kein Recht auf Arbeit
Ich hab kein Recht auf ein Recht.

ABER AUCH UNTER UNS GIBT ES NOCH EBENEN

Aber auch unter uns gibt es
Noch Ebenen
Unter denen es wieder Ebenen
Zu geben scheint, und auch
Wir Unglücklichen
Werden von anderen noch
Glückliche
Geheißen.

LIED DER ALS IM HEILSARMEELOKAL

Hier ist Wärme, hier tut Buße
Eßt euch hier zum letzten Male voll
Hier sind Bänke, setzet euch und höret
Gottes Worte, wie der Mensch sein soll.

Lasset Scham und Selbstachtung den reichen Leuten
Gegen eine Beichte gibt's ein Brot
Tuet alles ab, was noch von euch verlangt wird
Denn umsonst ist der Tod.

Hier ist Suppe. Esset sie und beichtet
Wie man sich an euch versündigt hat
Hier entschuldigt euch an diesem Ofen
Schnell für alles, was man an euch tat.

DER WEG NACH UNTEN!

Frage nicht, Kamerad
Wohin dein Weg führt.
Dein Weg führt
Nach unten.

Als du ein Jahr alt warst, Kamerad
Begannst du zu gehen
Du gingst –
Nach unten.

Du ginst zum Lernen
Du gingst zur Arbeit
Du gingst frisch
Du gingst mühsam
Kamerad, gehe nicht zu schnell
Du gehst nach unten.

Du nimmst eine Frau, Kamerad
Ihr bekommt Kinder
Ihr geht gemeinsam den Weg
Nach unten.

Aber du gehst sonntags im Zug mit den Kameraden
Ihr singt, ihr schwenkt vorne die Fahne
Ihr geht zum Schlag einer Trommel
Nach unten.

Wir sind zusammen marschiert, Kamerad
Wir haben demonstriert
Wir haben besprochen die neue Zeit
Wir gehen auseinander.

Wo
Treffen wir uns?
Unten.

Denn auch du, Kamerad
Gehst nicht immer
Nach unten.
Wenn du unter dem Boden liegst
Gehst du nicht mehr nach unten.

BALLADE VON DER WITWE QUECK

Witwe Queck mit den fünf Kindern
Und auch sie wurd evakuiert
Und sie standen auf der Straße
Mit den Möbeln im Geviert.

Es war kalt: es war November
Und nicht nur der Holzwurm fror.
Manches Weib in solcher Lage
Sah man, das den Kopf verlor.

Aber Witwe Queck, was tat sie
Als da wuchs der Nachbarn Zahl?
Gab ein kleines Abschiedsessen
Und mit Korn und grünem Aal.

Und sie schickte die drei Ältsten
In den Film per Straßenbahn
Daß sie noch in jungen Jahren
Von der großen Welt was sahn.

Steckte dann dem kleinen Edward
'ne Brasil in das Gesicht
Wenn er die Importe rauchte
Schikanierte er sie nicht.

Für das Kleinste eine Amme
Rief sie durch das Telefon
Dann verkaufte sie paar Aktien
Hatte noch Gewinn davon.

Als ihr Ziel hat sie der Taxe
Das Hotel Adlon genannt
Doch bevor sie lächelnd einstieg
Gab sie allen noch die Hand.

Dabei tat sie einen Ausspruch
Der könnt König Salomon nicht reu'n
Denn sie sagte: Kommt's zum Schlimmsten
Darf man keine Kosten scheu'n.

Dieser Ausspruch fiel in Moabit
Ward berühmt bei jedermann
Denn er zeigte eine Weisheit
Von der man nur lernen kann.

DER »AUS NICHTS WIRD NICHTS«-SONG

1

Seht, wie er aufsteigt! Er kommt
Unaufhaltsam, in den Händen die Sonne.
Jetzt steigt er herauf
Er heißt: der Cäsar!
Horcht, was er sagt!
Jetzt sagt er: Ich helf euch!
Aber in Wirklichkeit
Hilft er nur sich, euch aber
Bedrückt er, ihr aber
Fürchtet ihn.
Wer ist er?
  Fürchtet euch nicht!
  Sehet ihn an
  Wartet ab
  Er ist nichts!
  Er dauert nicht lang
  Er kennt sich nicht aus
  Nichts ist er allein
  Er ist nichts!

2

Seht, wie er aufstieg! Er kam
Unaufhaltsam, in den Händen die Sonne.
Oft stieg er herauf
Er hieß immer anders.
Oft sagte er: Ich helf euch!
Aber in Wirklichkeit
Half er nur sich, euch aber

Bedrückte er, ihr aber
Fürchtetet ihn.
Wer war er?
  Er dauerte nicht lang
  Er kannte sich nicht aus
  Nichts war er allein
  Er war nichts!

3

Seht, wie er absteigt! Er geht
Unaufhaltsam, in den Händen die Leere.
Jetzt steigt er hinab
Horcht, was er sagt!
Jetzt sagt er: Wer hilft mir?

4

Bald wieder hört ihr: Er kommt
Unaufhaltsam, in den Händen die Sonne.
Bald steigt er herauf
Bald heißt er: Wer weiß es?
Bald sagt er: Ich helf euch!
  Fürchtet euch nicht!
  Sehet ihn an
  Wartet ab
  Er ist nichts!
  Er dauert nicht lang
  Er kennt sich nicht aus
  Nichts ist er allein
  Er ist nichts!

IMMER WIEDER IN ERNEUERTEN KÄMPFEN

Immer wieder
In erneuerten Kämpfen
Niemals abgewickelten, niemals bereinigten
Steht der Ermüdete
Ohne Aussicht.

Immer wieder
Weicht der Boden
Fallen die Freunde ab
Viele Böden, mancherlei Freunde.
Also verbraucht er
Das karge Vertrauen.

Und der in endloser Nacht
Verwickelt in Kämpfe
Nachprüfend oft, wessen
Das Blut auf seiner Wang sei, durchstand
Erblickt
Im heraufkommenden Morgen
Vor sich
Unübersehbar
Die jungen, kaum verminderten, aber
Ausgeruhten Haufen, den
Eigentlichen Feind.

Und
So sehr entfallen ihm
Alle Mittel zum Kampf
(Denn der mit Tausenden auszog, findet nicht
Für sich ein Abendessen)
Daß ihm als beste
Einzige Hoffnung bleibt
Noch einmal

Dies alles zu treffen und seinen alten
Niederlagen hinzu-
zufügen noch eine neue.

DER NEUE DON QUICHOTE

In solchen Zeiten kommt es mir vor
Als sei ich eine Art höh'res Wesen
Wie die, von denen ich gelesen
Kein Geherda, sondern ein Mann
Der das, was er will, auch kann.
Mitten in meinem Tagewerke
Erfüllt mich eine geheime Stärke
In mir wächst eine große Gewalt
Das Zimmer ändert seine Gestalt
Ich trete hervor, ich strafe, ich räche!
Ich trotze der Macht! Ich erbarm mich der Schwäche!
Alle Erniedrigten und Beleidigten
Hatten vor mir keine, die sie verteidigten
Aber nun atmen sie hörbar auf
Denn ich ändre der Dinge gewöhnlichen Lauf.
Und so lebe ich eigentlich daneben
Noch ein zweites besseres Leben.

VON UNS GEHEN EBEN DREIZEHN AUF EIN DUTZEND

Von uns gehen eben dreizehn auf ein Dutzend
Einer ist ja immer dreingegeben
Und dann stehn wir, schimpfend, buckelnd, Schuhe putzend
Zum Vermieten
Und wir bitten sie, zu bieten

Denn wir müssen – leider – leben.
Einzigartige Exemplare
Sind schon lange ausgegangen
Von der billigen Dutzendware
Kann man nicht zuviel verlangen.

Wir sind billige Väter von der Stange
Passen gar nicht unsern Kindern
Zeigen sie sich vor uns bange
Dann verhaun wir ihren Hintern.

Gatten sind wir aus dem Ausverkaufe
Umtausch ist da nicht gestattet.
Nicht der Regen sind wir, sondern schon die Traufe
Doch am Samstag wird begattet.

Ach, die zarteren Gemüter
Unter uns sind schnell erledigt.
Und so sind als Menschen wir jetzt Ladenhüter
Billig abzugeben, weil beschädigt.

ÜBER DIE AUSWAHL DER BESTIEN

Als Herr Keuner, der Denkende, hörte
Daß der bekannteste Verbrecher der Stadt New York
Ein Spritschmuggler und Massenmörder
Wie ein Hund niedergeschossen und
Sang- und klanglos begraben worden sei
Äußerte er nichts als Befremden.

»Wie«, sagte er, »ist es so weit
Daß nicht einmal der Verbrecher seines Lebens sicher ist
Und nicht einmal der zu allem bereit ist

Einigen Erfolg hat?
Jeder weiß, daß die verloren sind
Die auf ihre Menschenwürde bedacht sind.
Aber die sich ihrer entäußern?
Soll es heißen: wer der Tiefe entrann
Fällt auf der Höhe?

Nachts im Schlaf auffahren schweißgebadet die Recht-
schaffenen
Der leiseste Tritt jagt ihnen Schrecken ein
Ihr gutes Gewissen verfolgt sie bis in den Schlaf
Und jetzt höre ich: auch der Verbrecher
Kann nicht mehr ruhig schlafen?
Welche Verwirrung!
Was sind das für Zeiten!
Mit einer einfachen Gemeinheit, höre ich
Sei nichts mehr getan.
Mit einem Mord allein
Komme keiner mehr durch.
Zwei bis drei Verrate am Vormittag:
Dazu wäre jeder bereit.
Aber was liegt an der Bereitschaft
Wo es nur auf das Können ankommt!
Selbst die Gesinnungslosigkeit genügt noch nicht:
Die Leistung entscheidet!

So fährt selbst der Ruchlose
In die Grube ohne Aufsehen.
Da es zu viele seinesgleichen gibt
Fällt er nicht auf.
Wieviel billiger hätte er das Grab haben können
Der so auf Geld aus war!
So viele Morde
Und ein so kurzes Leben!
So viele Verbrechen

Und so wenig Freunde!
Wäre er mittellos gewesen
Hätten es nicht weniger sein können.

Wie sollen wir angesichts solcher Vorfälle
Nicht den Mut verlieren?
Was noch sollen wir planen?
Welche Verbrechen noch ausdenken?
Es ist nicht gut, wenn zuviel verlangt wird.
Solches sehend«, sagte Herr Keuner
»Sind wir entmutigt.«

VERHÖR DES GUTEN

Tritt vor: Wir hören
Daß du ein guter Mann bist.

Du bist nicht käuflich, aber der Blitz
Der ins Haus einschlägt ist auch
Nicht käuflich.
Was du einmal gesagt hast, dabei bleibst du.
Was hast du gesagt?
Du bist ehrlich, du sagst deine Meinung.
Welche Meinung?
Du bist tapfer.
Gegen wen?
Du bist weise.
Für wen?
Du siehst nicht auf deinen Vorteil.
Auf wessen denn?
Du bist ein guter Freund.
Auch guter Leute?

So höre: Wir wissen
Du bist unser Feind. Deshalb wollen wir dich
Jetzt an eine Wand stellen. Aber in Anbetracht deiner Verdienste
Und guten Eigenschaften
An eine gute Wand und dich erschießen mit
Guten Kugeln guter Gewehre und dich begraben mit
Einer guten Schaufel in guter Erde.

ME-TIS STRENGE

Wenn ich mit dir rede
Kalt und allgemein
Mit den trockensten Wörtern
Ohne dich anzublicken
(Ich erkenne dich scheinbar nicht
In deiner besonderen Artung und Schwierigkeit)

So rede ich doch nur
Wie die Wirklichkeit selber
(Die nüchterne, durch deine besondere Artung unbestechliche
Deiner Schwierigkeit überdrüssige)
Die du mir nicht zu erkennen scheinst.

KIN-JEHS LIED ÜBER SEINE SCHWESTER IM BÜRGERKRIEG

Unser unaufhörliches Gespräch, gleichend
Dem Gespräch zweier Pappeln, unser vieljähriges Gespräch
Ist verstummt, ich höre nicht mehr
Was du sagst oder schreibst, noch hörst du
Was ich sage.

Ich habe dich auf meinem Schoß gehalten und dir das Haar
gekämmt
Ich habe dich die Regeln der Kriegskunst gelehrt
Ich habe dir beigebracht, wie man mit einem Mann umgeht
Wie man Bücher liest und wie Gesichter
Wie man kämpft und wie man ausruht
Aber jetzt sehe ich
Wie viel ich dir nicht gesagt habe.
Oft stehe ich nachts auf, und im Halse
Würgen mich die nutzlosen Ratschläge.

KIN-JEH SAGTE VON SEINER SCHWESTER:

Wir liebten uns zwischen den Schlachten.
In den Heerzügen
Winkten wir uns zu. Da lagen Briefe
In den eroberten Städten. Auf meine Feinde wartend
Versteckt in der Hütte, hörte ich
Ihren leichten Schritt, sie
Brachte Essen und Nachricht. Schnell, auf dem Bahnhof
Verständigten wir uns über den Fortgang unserer
Unternehmungen.
Noch den Staub vom Weg auf den Lippen
Küßte ich sie. Um uns
Änderte sich alles. Unsere Zuneigung
Änderte sich nicht.

ZWEITES LIED DES KIN-JEH AN SEINE SCHWESTER

Ich habe dich weggeschickt, teilzunehmen
An fremden Kämpfen, zu essen

Fremdes Essen von fremder Gabel, zu versuchen
Fremde Männer, zu denken
Fremde Gedanken.

Ich habe dich neugierig gemacht
Und ich habe dich gewarnt.
Ich habe dich festgehalten
Und ich habe dich fortgeschickt.
Wenn du wegbleibst
Wo bleibe ich?
Und wenn du zurückkehrst
Wer kehrt da zurück?

KIN-JEH UND SEINE SCHWESTER

Wenn der Stein sagt, daß er zu Boden fallen will
Wenn du ihn in die Luft schleuderst
Dann glaube ihm.
Wenn das Wasser sagt, daß du naß wirst
Wenn du ins Wasser steigst
Glaube ihm.
Wenn deine Freundin schreibt, daß sie kommen will
Glaube ihr nicht. Hier
Ist keine Naturkraft am Werke.

ZWEITES GEDICHT KIN-JEHS ÜBER SEINE SCHWESTER

Alle die Jahre über, wenn ich nach langer Abwesenheit
In ihr Haus trat, schien es, als sei ich erwartet, als sei
Der Stuhl bereitgestellt, der Teetopf über dem Herd.
Lachend erzählte sie mir von all den Dummheiten

Die passiert waren. Auch den ihrigen und
Sogar den meinigen. Und ich erwartete
Stets ihren leichten Schritt auf die Tür zu, bereit
Alles wegzulegen, wenn sie eintreten würde. Unsere Erlebnisse
Zählten wir wie historische Begebenheiten, sprachen
Von den acht Nächten und von der spanischen Rückkehr
Und von der Fahrt mit dem Fordwagen und von dem
Bringen des Teppichs.

DIE TUIS UND DAS ERBE

Als nun so das Zeigen den Tuis zu Beruf und Erwerb ward
Sah man bald in den Schulen die eifrigsten Schüler Gewichte
An den Zeigefingern mit Schnüren befestigt halten
So daß die Finger sich zogen zu ganz ungewöhnlicher Länge
(Selbst die Gewerkschaft der Langfinger sah es mit steigender
Unruh)
Aber die Tuis, die die längsten Zeigefinger erzielten
Wurden die allerbegehrtesten Führer: es prägte ihr Finger das
Straßenbild.

Denn nun sah man die Armen in Trupps geschart um die
Zeigetuis
Durch den Verkehr der Straßen sich kämpfen von Laden zu
Laden
Und vor den Läden stehn und mit dem verlängerten Finger
Zeigte der Tui auf die Kunstschätze hinter den spiegelnden
Scheiben.
Alte Stühle von edelster Form, Prunkbetten und Stuhlgerät
Und die Belehrten sagten: Wie schön! Und es schmerzten die
Beine sie.
Durch den Verkehr von den Fenstern verdrängt gelangten die
Trüpplein

Oft vor ein andres Geschäft, es mochte ein Bäckergeschäft sein
Und der Tui, noch hingerissen vom Eifer des Zeigens
Zeigte nun auf die Brote, und alle sahen gebannt auf die
Edlen Formen der Laibe für einige kurze Minuten
Bis sie dann, auch von hier verdrängt, mit wäßrigen Mäulern
Weitertrabten, mit dem Gefühl, auch hier ein wenig doch
Von den Gütern des Lebens geerbt zu haben, die Armen!

REISE DER VOLKSVERTRETER AN DIE FRONT

Und es erhob sich mit Mühe im Rat der alte Ka-uki
Der Zitatengefüllte, der jung noch mit eigenen Augen
Beide Klassiker sah, verschaffte sich Schweigen und sagte:
Wie ich schon immer betonte und wie auch die Klassiker sagten
Wessen Land ist dies Land, das wir da verteidigen sollen?
Was da der Kuli verteidigen soll, gehört es dem Kuli?
Nein, es gehört und seit alters dem Unterdrücker des Kuli
Und es diente ihm stets, den Kuli der Kraft zu berauben
Wälder und Flüsse und Erz waren Mittel, den Raub zu vollziehen
Selbst die dünnwandigen Häuser, von schwitzenden Kulis errichtet
Sollten doch nur auch dem Schlaf der Erschöpften noch Zinsen erpressen
Wälder und Flüsse und Erz und dünnwandige Häuser, die Mittel
Ihn zu berauben, nennen die Räuber sein Vaterland
Ich aber nenn es den Quell seines Unglücks. Doch was geschieht nun?
Nun erheben sich andere Räuber und wollen dies Vaterland
Quell des Unglücks für Kulis und Quell des Wohlstands für Räuber

Unsern Räubern entreißen. Was jetzt? fragen unsere Räuber.
Und sie kommen zu uns, den Kulis, und sagen verzweifelt:
Bitte, verteidigt das Vaterland! Ach, sagen wir, welches Vaterland?
Quell eures Wohlstands und Quell unsres Unglücks? Nicht so denn
Sagen die Räuber, nicht so mehr, von jetzt ab nicht so mehr!
Hört uns an! Es soll anders werden. Ganz anders. Bis jetzt noch
Hat euch, was ihr verteidigen sollt, nicht gehört, doch von jetzt ab
Soll euch gehören, was ihr verteidigt. Halt, sagen wir Kulis.
Keiner ist, wahrlich, mehr als wir berechtigt zum Mißtrauen!
Bisher kamt ihr zu uns nur zum Fordern. Nun, so, sagen sie
Kommen wir jetzt, euch was anzubieten. Doch, ist es auch ehrlich?
Fragen wir ernst. Und sie: Ach, nicht zum Spaßen zu Mut ist
Uns, wo uns doch, wie ihr seht, das Wasser bis an den Hals geht.
Löst sich das Heer doch schon auf an den Grenzen und hat das Kommando
Nicht schon der Kuli über den Oberst? Ist das Vaterland
Nicht schon in euren Händen? Wer will's euch entreißen? Wir selber sind
Da doch zu schwach. Nur der Feind noch ist stark genug. Wollt ihr's dem Feinde
Jetzt überlassen, das mühsam Gewonnene? Wenn ihr das nicht wollt
Müßt ihr's verteidigen jetzt, und das könnt ihr nur, wenn ihr den Bruderzwist
Der zwischen uns einst geherrscht hat, vergeßt. Genossen, das sind nun
Ernste Worte, so scheint mir, und nunmehr: Was sagen die Klassiker?

Wie ich schon immer betonte und wie auch die Klassiker
meinten
Sollten die Kulis durchaus nicht verteidigen, was sie nicht
hatten
Und sie hatten das Vaterland nicht. Doch, wie, wenn sie's
hätten?
Nun, wenn ich sage: Ich soll nicht verteidigen, was ich nicht
habe
Sage ich damit doch auch: Ich soll, was ich habe, verteidigen.
Und wir haben das Vaterland jetzt. Also müssen wir Kulis
Es verteidigen, sagen die Klassiker, und ich beton das.
Und es schlug mit der Faust auf den Tisch der alte Ka-uki
So daß die morsche ihm aus dem Gelenk fiel, und hastig sich
umsehend
Ob es auch keiner bemerkt hab, langte er nach ihr und
fügte sie
Wieder dem Handgelenk ein und setzte sich. Beifall erhob sich.

APPELL DER LASTER UND TUGENDEN

Bei der Soiree der Unterdrückung, die neulich stattfand, traten unter Posaunentuschen gewisse Prominente auf und bezeugten ihre Verbundenheit mit den Machthabern.
Die *Rachsucht*, aufgemacht und frisiert wie das Gewissen, gab Proben ihres nie versagenden Gedächtnisses. Die kleine und verkrüppelte Person erntete gewaltigen Beifall.
Die *Roheit*, hilflos um sich blickend, hatte einen unglücklichen Auftritt. Sie glitt auf der Plattform aus, aber sie machte alles gut dadurch, daß sie im Zorn so auf den Boden stampfte, daß ein Loch entstand.
Nach ihr trat der *Bildungshaß* auf und beschwor die Unwissenden mit Schaum vor dem Maul, die Last der Erkenntnis abzuwerfen. »Gegen die Besserwisser!« hieß seine Parole, und

die Nichtswisser trugen ihn auf den abgearbeiteten Schultern aus dem Lokal.

Auch die *Unterwürfigkeit* erschien und produzierte sich als große Hungerkünstlerin. Bevor sie abtrat, verneigte sie sich noch vor ein paar feisten Gaunern, denen sie hohe Stellungen verschafft hatte.

Als beliebte Komikerin machte die *Schadenfreude* Stimmung im Saal. Sie erlitt allerdings einen kleinen Unfall, indem sie sich einen Leistenbruch anlachte.

Im zweiten Teil der Werbevorstellung trat als erster der *Ehrgeiz* auf, der große Sportsmann. Er sprang so hoch in die Luft, daß er sich den kleinen Kopf an einem Dachbalken verletzte. Aber weder dabei, noch als ihm ein Festleiter einen Orden mit einer langen Nadel direkt ins Fleisch heftete, zuckte er mit der Wimper.

Ein wenig bleich, vielleicht vom Lampenfieber, stellte sich die *Gerechtigkeit* vor. Sie sprach von Kleinigkeiten und sagte für die nächste Zukunft einen umfassenden Vortrag zu.

Der *Wissensdurst*, ein junger kräftiger Kerl, berichtete, wie das Regime ihm die Augen geöffnet habe und über die Schuld krummer Nasen an den öffentlichen Mißständen.

Heraus trat der *Opfersinn*, ein langer, magerer Bursche mit ehrlichem Gesicht, einen großen Teller mit gefälschtem Zinn in der schwieligen Hand. Er sammelte die Pfennige der Arbeiter und sagte leise, mit erschöpfter Stimme: Denkt an eure Kinder!

Auch die *Ordnung* trat auf die Plattform, die mit dem kahlen Kopf unter der sauberen Haube. Sie verteilte Doktordiplome an die Lügner und Chirurgenlizenzen an die Mörder. An ihrem grauen Kleid war kein Stäubchen, obwohl sie in der Nacht auf den Hinterhöfen aus den Kehrichttonnen stehlen gegangen war. In langen, unabsehbaren Zügen gingen die Beraubten an ihrem Tisch vorbei, und mit Krampfadern an den Händen schrieb sie für alle Quittungen aus. Ihre Schwester, die *Sparsamkeit*, wies einen Korb vor mit

Brotkrusten, die sie den Kranken in den Spitälern vom Mund gerissen hatte.
Der *Fleiß*, nach Luft schnappend wie ein zu Tode Gehetzter, mit Peitschenstriemen am Hals gab eine Gratisvorstellung. Er drehte in weniger Zeit als man braucht, die Nase zu schneuzen, eine Granate. Und als Dreingabe kochte er, bevor man Ah! sagen konnte, Giftgas für zweitausend Familien.
Alle diese Berühmtheiten, diese Kinder und Kindeskinder der *Kälte* und des *Hungers*, traten auf unter dem Volk und bekannten sich rückhaltlos als Diener der *Unterdrückung*.

SCHMIDTBONNS »GRAF VON GLEICHEN« IM STADTTHEATER

Der Graf von Gleichen, der sich in sein Bett
zwei Fraun (in braun und weiß) zusammenpackt,
wird doch nicht fett:
denn sie zerfleischen sich im zweiten Akt.
In breiter Linde flüstert Vogellaut,
wenn seine weiße seine braune Braut
nach einem Zweikampf wie von Katz und Ratte
vom Felsen stürzt in Schlucht und Katarakt –
worauf der schwergeprüfte Doppelgatte
verzweifelt abgeht noch im dritten Akt.
Der Graf legt Wert drauf, daß man ihn verstände
(und daß man klatscht). Der Mann hat schrecklich Angst,
daß man sein Seelenleben gar am Ende
vom dritten Rang aus übersehen könnte –
er gibt mehr Schmerz, als du von ihm verlangst.
Schad, daß die süße Südfrucht, die der Graf sich greift,
so zwischen Dämmerung und letztem Schlaf
im warmen deutschen Märzwind nicht recht reift.
Statt lieblich wild halt noch ein bißchen brav:
Noch nicht das Asien, das der deutsche Graf

aus Sonnenglut in Lindenschatten schleift.
Die treue Gräfin, seine weiße Fraue,
zu lang allein und dann zu dritt im Bette,
zuletzt das braune Weib in ihrer Klaue
und ganz zuletzt erwürgt von ihrer Kette
die weiße Fraue, aus Verzweiflung schön,
blond und verzweifelt dieses deutsche Weib,
gebeugt in Scham, tief über ihren Leib
mit einer Liebe wie Novemberföhn.
Das Ganze diesmal trefflich inszeniert,
drum auf zur Kassa und hereinspaziert!
Ihr seht im Stück, daß nur ein toter Mann
noch mehr als eine Frau ertragen kann.

Was die Regie des Herrn Merz betrifft, so ist zu sagen, daß sie den dichterischen Gehalt des Werkes voll ausschöpfte.

6. Januar 1920

Anmerkungen zu Sammlungen und einzelnen Gedichten

Benutzt wurden Bemerkungen zu den Bänden 1–9 der »Gedichte«. Die Anmerkungen bringen werkgeschichtliche Fakten; sie erheben jedoch nicht kritisch-philologische Ansprüche.

1913–1926

3–7 Das Gedicht »Der brennende Baum« des Fünfzehnjährigen erschien in der hektographierten Schülerzeitung seines Augsburger Gymnasiums (1913), »Moderne Legende«, »Hans Lody«, »Deutsches Frühlingsgebet«, »Der Fähnrich« wurden 1914–1915 im »Erzähler«, der Beilage der »Augsburger Neuesten Nachrichten«, abgedruckt.

7–8 Prolog und Epilog des Gedichts »Karfreitag« wurden anläßlich einer Totenfeier in Augsburg gesprochen.

9–14 »Karsamstaglegende«, »Der Belgische Acker«, »Der Tsingtausoldat«, »Das Lied von der Eisenbahntruppe von Fort Donald« kamen ebenfalls im »Erzähler« zum Abdruck (1915/16). Zu »Der belgische Acker« brachte die Zeitung eine Fußnote: »Ganz Belgien, soweit in deutschem Besitz, wurde im Frühling 1915 von Deutschen durchpflügt und besät – alle Felder, alle irgendwie entbehrlichen Straßen und alle Gärten.« Sie ist wahrscheinlich von Brecht. Den Text des Zeitungsausschnitts, der die Unterlage für den Abdruck des Gedichts »Der Tsingtausoldat« bildet, hielt Brecht für teilweise verstümmelt.

18 »Die Legende der Dirne Evlyn Roe« ist in die früheste Fassung des Stückes »Baal« aufgenommen, »Das Lied von der Wolke der Nacht« (S. 48) steht in zwei frühen »Baal«-Fassungen.

27 «Romantik und »Lied an Herrn M.« (S. 28) zitiert Dr. Hans Otto Münsterer in seinem Buch »Bert Brecht, Erinnerungen aus den Jahren 1917–22« (Verlag der Arche, Zürich 1963), aus dem wir die beiden Gedichte mit seiner freundlichen Erlaubnis abdrucken. – »Plärrerlied«: der »Plärrer«, ein Augsburger Volksfest, das zweimal im Jahre stattfand, war bei Brecht und seinen Freunden sehr beliebt.

29 »Caspars Lied mit der einen Strophe«, »Von einem Maler« (S. 30), »Der dicke Cas« (S. 92): Caspar Neher, von seinen Freunden Cas genannt, Brechts lebenslanger Freund und Mitarbeiter; Maler und Bühnenbildner.

31 »Das Lied vom Geierbaum«: H. O. Münsterer erinnert sich an dieses Gedicht als aus dem Jahre 1918 stammend. Das Typoskript trägt den Vermerk: Juli 1912. Da Brechts Handschrift bei den Korrekturen im Typoskript und bei dem Vermerk sehr verschiedene Charakteristika aufweisen, kann es sich um eine später angebrachte Datierung handeln, bei der ihm vielleicht ein Irrtum unterlaufen ist, der ihm auch sonst wohl bei Datierungen manchmal unterlief. Wahrscheinlich liegt die Entstehungszeit näher bei 1912 als bei 1918, etwa um 1913–14.

34–36 »Lied der müden Empörer« (auch als »Philosophisches Tanzlied« bekannt), »Kleines Lied«, »Lied der Galgenvögel« und »Ein bitteres Liebeslied« stehen in einem kleinen handgeschriebenen Notenbüchlein »Lieder zur Klampfe von Bert Brecht und seinen Freunden 1918«.

41 Für den im Frühjahr 1919 entstandenen »Gesang des Soldaten der roten Armee«, der in die »Hauspostille« (1927) aufgenommen wurde, verlangte Brecht bald nach deren Erscheinen eine Abdrucksperre, die er noch bei der Neuausgabe der »Hauspostille« (Suhrkamp Verlag, Berlin-Frankfurt 1951) und bei der Publikation von »Gedichte und Lieder« (Suhrkamp Verlag, Frankfurt 1956) aufrecht erhielt. Er begründete sie mit der wiederholten Verwechslung der roten (bayrischen) mit der Roten Armee.

43 »Brief an einen Freund« und »Der alte Mann im Frühling« (S. 50): beide Gedichte sind mit freundlicher Erlaubnis von Dr. Otto Bezold, der ebenfalls zum Augsburger Freundeskreis gehörte, abgedruckt. Im Originalmanuskript hatte das zweite Gedicht noch diesen Zusatz:

»Seit wir nimmer jung
im Alter Änderung.«

57 »Aus keinem andern Grund«: die sechste, wahrscheinlich letzte Strophe wurde sehr spät ermittelt und für diese Ausgabe hinzugefügt. Dieses Gedicht hängt wie der »Bericht von einer mißlungenen Expedition« (S. 98) mit einem Ereignis zusammen, das den jungen Brecht lange beschäftigte: die erste Überfliegung der Alpen durch Georges Chavez (1887–1910). Nachdem Chavez in der Nähe des Mont Cenis auf eine Startmöglichkeit hatte warten müssen, dann die Alpen fast überflogen hatte, stürzte er in der Nähe von Domodossola ab (23. 9. 1910).

61 »O Falladah, die du hangest!«: von diesem Gedicht gibt es eine etwas erweiterte Dialogfassung (1932), die in »Gedichte«, Band 8, abgedruckt ist. Sie war für eine Märchenrevue gedacht.

75–83 Von den zehn »Psalmen«, alle aus dem Jahre 1920, konnte nur für den »10. Psalm« keine Überschrift ermittelt werden, dagegen sind die meisten anderen ursprünglich von Brecht auch numeriert worden. »Fracht« und »Vom Schiffschaukeln« bieten große Schwierigkeiten beim Entziffern der Handschriften, so daß sich hier vielleicht noch eine Korrektur ergeben könnte. »Lied von meiner Mutter«: Brechts Mutter starb am 1. 5. 1920.

84 »Das war der Bürger Galgei«: gehört nicht, wie in »Gedichte«, Band 2, angegeben, zu dem Stückvorhaben »Der grüne Garraga«, sondern zu einem geplanten Stück »Klamauk« (wahrscheinlich identisch mit »Der dicke Mann auf der Schiffschaukel«), dessen Grundeinfall in »Mann ist Mann« einging.

88 »Immer beruhigt der Tod«: ist vielleicht Fragment.

89 »Politische Betrachtungen«: das erwähnte Buch »Von Pol zu Pol« ist von Sven Hedin.

90 »Der Gesang aus der Opiumhöhle«: als Brecht zwanzig Jahre später »Das Lied vom Rauch« für sein Stück »Der gute Mensch von Sezuan« schrieb, muß er sich daran erinnert haben.

91 »Refrain« schrieb Brecht scherzhafterweise »Referring«.

97 Die Numerierung ist eine Irreführung. Außer diesem »Sentimentalen Lied Nr. 78« gibt es noch ein anderes: »Sentimentales Lied Nr. 1004« – bekannt als »Erinnerung an die Marie A.«.

99 »Der Nachgeborene«: auf dem Originaltyposkript hat Brecht handschriftlich in den fünfziger Jahren neben einer Korrektur für den Titel den Vermerk angebracht: »eines der ältesten Gedichte aus der Frühzeit«.

105 »Tahiti«: die erste Strophe übernahm Brecht in die Oper »Aufstieg und Fall der Stadt Mahagonny«; aus »Tahiti« wurde »Alaska«.

106–107 Neben die »Psalmen« treten früh die »Episteln«, die Briefe, auch aus der Bibel entlehnter Brauch und Begriff. H. O. Münsterer bezeichnet als Evangelien die zwei Gedichte »Vom Klettern in Bäumen« und »Vom Schwimmen in Seen und Flüssen«

(beide 1919), die Brecht in die »Exerzitien« der »Hauspostille« aufgenommen hat.

111 »Lied«: bei der Strophenabfolge ist eine spätere Korrektur vielleicht möglich.

114 »Von seiner Sterblichkeit«, auch unter dem Titel »Der Virginienraucher« bekannt geworden, war in der »Taschenpostille« enthalten, wurde aber von Brecht nicht in die »Hauspostille« übernommen.

115 »Ballade von der alten Frau« wurde im November 1922 zusammen mit »Über den richtigen Genuß von Spirituosen« (S. 120) in der Zeitschrift »Das Tagebuch« abgedruckt mit dem Vermerk, daß mit diesen zwei Gedichten Brechts der Träger des Kleistpreises vorgestellt werde. (Brecht erhielt den Kleistpreis für sein Stück »Trommeln in der Nacht«, das damals gerade in München aufgeführt worden war, sowie für die noch nicht aufgeführten Stücke »Baal« und »Im Dickicht der Städte«.)

136 »Mahagonnygesang Nr. 4«: Der Refrain ist leicht verändert in die Oper »Aufstieg und Fall der Stadt Mahagonny« übernommen.

138 »Der Mann-ist-Mann-Song«: in der ersten Buchausgabe des Stückes »Mann ist Mann« enthalten (Propyläen-Verlag, Berlin 1927), in späteren Ausgaben (Gesammelte Werke, Malik Verlag, London 1938; »Stücke« 2, Suhrkamp Verlag, Berlin-Frankfurt 1953) weggelassen.

143 Das Gedicht »Über den Einzug der Menschheit in die großen Städte zu Beginn des dritten Jahrtausend« und das »Lied einer Familie aus der Savannah« gehören zu dem Stück »Joe Fleischhacker in Chicago«, das Fragment geblieben ist.

152 »Über den Ohm«: Brecht widmete das Gedicht »dem Angedenken an A. K. . . . «, dem Berliner Theaterkritiker Alfred Kerr, der nichts von dem Dramatiker Brecht hielt.

156 »Das Entsetzen, arm zu sein« gehört zu einem Stückvorhaben »Der reiche Mann und der arme Mann«.

158 Obwohl das Gelegenheitsgedicht »Matinee in Dresden« bei seiner Veröffentlichung (Berliner Börsencourier, 22. 3. 1926) außer von Brecht auch von dem Romancier Alfred Döblin und dem Dramatiker Arnolt Bronnen unterzeichnet war, wurde es von Brecht verfaßt. Die drei befreundeten Schriftsteller waren zu einer Sonntagsmatinee nach Dresden eingeladen, um dort aus eigenen Arbeiten zu lesen. Als sie am Vorabend den Wunsch äußerten, einer Werfel-Premiere beizuwohnen, bekamen sie sehr schlechte Theaterkarten und fühlten sich auch sonst unhöflich behandelt. Ein im Gedicht erwähnter Mitarbeiter des Dresdener Sybillenverlages versuchte vergebens, den Affront zu mildern.

160 Diese Sonette aus den Jahren 1925–26 wurden von den Redakteuren für »Gedichte«, Band 2, zusammengestellt.

Bertolt Brechts Hauspostille

167 In einer frühen Ausgabe des Stückes »Baal« (1922) steht hinten vom Gustav Kiepenheuer Verlag, Potsdam, angekündigt: »Vom selben Verfasser – Die Hauspostille.« Für diese erste Gedichtauswahl überarbeitete Brecht viele frühe Texte. Sie erschienen zunächst in der »Taschenpostille« (Gustav Kiepenheuer Verlag, Potsdam, 1926), von der nur 25 Bogenexemplare als Privatdruck hergestellt wurden. Gegenüber diesem Druck weist »Bertolt Brechts Hauspostille« (Propyläenverlag, Berlin 1927) nur geringe Textänderungen auf; ein Gedicht (»Von seiner Sterblichkeit«) ist weggelassen. Über ein anderes verhängte er kurz nach dem Erscheinen der »Hauspostille« generell eine Abdrucksperre: über den »Gesang des Soldaten der roten Armee«. 1937–1938 bearbeiteten Brecht und seine Mitarbeiterin Margarete Steffin erneut eine Reihe von Texten und veränderten die Zusammenstellung der »Hauspostille«, die den ersten Teil der »Gesammelten Gedichte« (vierter Band der »Gesammelten Werke«, Malik-Verlag, Prag) bilden sollte. Als die Hitlertruppen im Herbst 1938 Prag besetzten, können die »Gesammelten Gedichte« nicht mehr gedruckt werden. Um 1950 beschäftigt sich Brecht erneut mit den Texten. Für den Auswahlband »Hundert Gedichte« (von Wieland Herzfelde herausgegeben, Aufbau-Verlag, Berlin 1951), überarbeitet Brecht die darin enthaltenen Hauspostillengedichte. Anfang der fünfziger Jahre, bei den Vorarbeiten für die geplante Ausgabe der »Gedichte«, ändert Brecht noch einmal an Hand der korrigierten Malikfahnen von 1938 die »Hauspostille«, wie die Auswahl jetzt kurz heißt, läßt Gedichte weg, fügt andere hinzu und ändert wieder an den Texten. In der vorliegenden Edition sind neben den Gedichten der letzten »Hauspostille«-Auswahl auch alle übrigen der »Hauspostille« von 1927 enthalten sowie das ursprünglich in der »Taschenpostille« abgedruckte Gedicht »Von seiner Sterblichkeit«. – Die »Hauspostille« von 1927 brachte neben der Einleitung auch Gesangsnoten und eine Abbildung des »Hydatopyranthropos« (des Wasserfeuermenschen) von Caspar Neher, die hier nicht abgedruckt werden.

196 »Lied von der verderbten Unschuld beim Wäschefalten«: auf einem Manuskript steht der Vermerk: »H. Zille gewidmet«.

215 »Über die Städte«: Das von Brecht sehr spät hinzugefügte Gedicht entstand erst nach der Zusammenstellung der Original-»Hauspostille«: 1927. Es ist in etwas anderer Form in der Oper »Aufstieg und Fall der Stadt Mahagonny« enthalten.

222 Bei »Von des Cortez Leuten« sowie bei einigen anderen Gedichten werden für diese Ausgabe nunmehr auch alle von Brecht für die »Hundert Gedichte« (1951) vorgenommenen Korrekturen übernommen, die er später nachweislich nicht mehr geändert hat.

241 Von den von Brecht in den fünfziger Jahren eingefügten drei »Psalmen« entstanden der zweite und dritte 1920, der erste 1920 oder 1921.

243 Der »Mahagonnygesang Nr. 1« wurde in die Oper »Aufstieg und Fall der Stadt Mahagonny« aufgenommen. (Im Text ist dort Mahagonny durch Alabama ersetzt), ebenso der »Mahagonnygesang Nr. 3« und der »Benares Song«.

Um Brechts letzte Zusammenstellung der »Hauspostille« nicht zu zerstören, seien für diese drei Gedichte sowie für »Der Choral vom Manne Baal« (S. 249) und »Vom ertrunkenen Mädchen« (S. 252), beide in dem Stück »Baal« enthalten, Überschneidungen mit den Stückebänden dieser Edition gestattet.

260 »Gegen Verführung«: in frühen Manuskripten auch mit dem Titel »Luzifers Abendlied«. Ein sehr spät aufgetauchter von Brecht sorgfältig handgeschriebener Text aus der Entstehungszeit entscheidet endgültig, daß in der zweiten Zeile der zweiten Strophe »Das« stehen muß und nicht »Daß« wie oft und auch irrtümlich in den »Gedichten« auf Grund widersprüchlicher Unterlagen.

Gedichte 1926–1933

267 Die Gedichte, die Brecht unter dem Titel »Aus einem Lesebuch für Städtebewohner« in Heft 2 der »Versuche« (1930) zusammenfaßte, entstanden um das Jahr 1926; sie waren als Texte für Schallplatten gedacht. Die Gruppe »Zum Lesebuch für Städtebewohner gehörige Gedichte« (S. 277) stellten die Redakteure für die »Gedichte«, Band 1, zusammen. Gegenüber den »Gedichten« fehlt hier in der ersten Gruppe »Wenn ich mit dir rede«, das in dieser Edition in der »Prosa« steht (»Me-ti«) und in der zweiten Gruppe »Blasphemie«, das in »Aufstieg und Fall der Stadt Mahagonny« enthalten ist.
297 Der »Sang der Maschinen« und die »Kranlieder« waren für eine Ruhrrevue gedacht, die nicht geschrieben wurde.
307 »Gedenktafel für 12 Weltmeister«: inzwischen konnte die langgesuchte vollständige Fassung dieses Gedichts ermittelt werden.
311 »Sonette«: Wenn Brecht Gedichte einer bestimmten literarischen Form wie z. B. Sonette und Psalmen numerierte, so war ihm zwar die Herstellung einer Reihe wichtig, es bedeutet aber nicht, daß diese Reihe lückenlos zustande kam. Auch numerierte er später wohl um wie bei den drei Psalmen, die aus der Hauspostillenzeit stammen, die er aber erst in den fünfziger Jahren in die »Hauspostille« aufnahm. Bei manchen Gedichten einer Reihe vergaß er manchmal den Bezifferungsanschluß – andere, die er schrieb und bezifferte, konnten noch nicht aufgefunden werden. – Die vier an dieser Stelle erscheinenden Gedichte gehören zu den »Augsburger Sonetten«, die Brecht zwischen 1925 und 1927 schrieb. Es handelt sich bei dieser Sammlung um vorwiegend priapeische Gedichte, denen einige andere, vorwiegend sozialkritische, auch ein paar, die nicht in Sonettform geschrieben sind, beigeordnet wurden. 1927 wollte Brecht von ihnen einen Privatdruck herstellen lassen, aber es kam nur bis zum Bürstenabzug, dann wurde der Druckauftrag zurückgezogen: Brecht wollte sie nicht mehr veröffentlicht haben. Die Numerierung der hier abgedruckten vier »Augsburger Sonette« entspricht der der Bürstenabzüge.
316 »700 Intellektuelle beten einen Öltank an« ist eine Satire auf die »Neue Sachlichkeit«.

318 »Singende Steyrwägen«: der Steyrwagen, den Brecht beschreibt, wurde das Opfer eines von ihm nicht verschuldeten Autounfalls; den zweiten Steyrwagen stahl ihm, als er schon im Exil war, die Gestapo; aus dem Exil nach Berlin zurückgekehrt, erwarb Brecht einen gebrauchten alten, kleinen Steyr-Roadster, den er so lange fuhr, bis die Verkehrspolizei ihm dringend zu einem neuen Wagen riet.

319 Songs zu dem Stück »Happy End« von Dorothy Lane, Musik Kurt Weill: Stücke anderer Autoren, zu denen Brecht Gedichte, Lieder oder Songs schrieb, sind im Druck herausgehoben, Gedichte, Lieder und Songs, die zu Arbeiten Brechts gehören, sind wie üblich eingeordnet.

330 »Diese Arbeitslosigkeit!«: wie der später abgedruckte Song »Herr Doktor . . .« gegen den Paragraphen 218 und »Das Lied vom SA-Mann«, das Ernst Busch als »Lied vom SA-Proleten« bekannt machte, hat Brecht 1930/31 für die »Rote Revue« geschrieben.

331 »Rat an die Schauspielerin C. N.«: Gemeint ist Carola Neher, die Polly der »Dreigroschenoper« und die Johanna Dark in der »Heiligen Johanna der Schlachthöfe« (Radiosendung 1932). Ihr gilt auch das später in dieser Edition abgedruckte Gedicht »Das Waschen«. Über ihre Verhaftung und ihren Tod in der Sowjetunion Ende der dreißiger Jahre konnte Brecht nichts Genaues in Erfahrung bringen.

331 »Sonett zur Neuausgabe des François Villon«: der Plagiatsvorwurf des Kritikers Alfred Kerr in bezug auf einige Dreigroschenoper-Songs und die daraus entstandene öffentliche Diskussion veranlaßten Brecht und den Gustav Kiepenheuer-Verlag 1930 die Balladen Villons in der Ammerschen Übersetzung neu herauszugeben. Brecht schrieb das Sonett als Einleitung.

332 »Hier standen die alten Mauren«: den Text dieses kleinen Gelegenheitsgedichtes, 1930 in Südfrankreich aufnotiert, verdanken wir Brechts Mitarbeiter aus jenen Jahren Emil Hesse-Burri. Das folgende »kleine Lehrgedicht für Kinder«: »Ein Fisch namens Fasch« schrieb Brecht damals für seinen Sohn Stefan.

338 »Ein paar neue Verse einer soeben veralteten Moritat« und die zwei folgenden Songs sind in Brechts Entwurf zu einem Dreigroschenfilm »Die Beule« enthalten, der nicht gedreht wurde.

340 Dem Kinderbuch »Die drei Soldaten« waren bei seiner ersten Veröffentlichung in Heft 6 der »Versuche« (1932) Zeichnungen von George Grosz beigegeben.

366 »Das Lied der Obdachlosen« und die folgenden Lieder und Gedichte – »Das Frühjahr«, »Sportlied«, »Solidaritätslied«, und die »Ballade vom Tropfen auf den heißen Stein« – schrieb Brecht für den Film »Kuhle Wampe«, an dessen Drehbuch er mitarbeitete und den Slatan Dudow drehte.

372 »Lob des Dolchstoßes« entstand während der Arbeit an dem Stück »Die Mutter«.

383 »Zehr und Patschek«: diese wahre Begebenheit – die Namen sind nur leicht geändert – ging damals durch die Zeitungen.

392 »Die Bolschewiki entdecken . . .« gehört mit den Gedichten »Die Teppichweber von Kujan-Bulak« und »Die Internationale« zu den »Geschichten aus der Revolution«. Die zwei ersten Gedichte erschienen erstmalig in Heft 7 der »Versuche« zusammen mit dem Stück »Die Mutter«(1932). Das Gedicht »Die Teppichweber von Kujan-Bulak« nahm Brecht in die »Svendborger Gedichte« auf; es erscheint hier innerhalb dieser Sammlung. Dieses Gedicht geht auf einen Zeitungsbericht zurück, die beiden anderen auf Texte in Egon Erwin Kischs Buch »Asien gründlich verändert«, das damals gerade erschienen war.

395 Der »Gesang von den drei metaphysischen Soldaten« steht im Zusammenhang mit den »Drei Soldaten«.

396 Die drei Lieder für »Kamrad Kasper« von Paul Schurek schrieb Brecht für die Berliner Aufführung 1932.

397 »Fahrend über die Grenze der Union«: 1932 fuhr Brecht zum ersten Mal in die Sowjet-Union; zur Aufführung von »Kuhle Wampe«.

417 »Die Schauspielerin«: das Gedicht ist Helene Weigel gewidmet und zählt einige Rollen auf, die sie in Berlin spielte, ehe sie ins Exil ging: Pelagea Wlassowa, die »Mutter« in dem gleichnamigen Stück nach Gorki; Konstanze, Schwägerin des Königs und Mutter des um den Thron und später ums Leben gebrachten kleinen Prinzen Arthur in Shakespeares »König Johann«; die Magd in »Ödipus«, deren »Jetzt klaget!« berühmt wurde; die Witwe Leokadja Begbick in Brechts »Mann ist Mann«.

422 »Ballade vom Herrn Aigihn«: diesen Titel vermerkte Brecht neben den handgeschriebenen zweiundeinhalb Strophen. Sie erinnern an die vier Zeilen, die als Motto über dem Einleitungskapitel des Dreigroschenromans stehen mit dem Zusatz: Aus »Herrn Aigihns Untergang«, alte irische Ballade. Daß es sich um ein Zitat aus einer »alten irischen Ballade« handelt, ist eine Mystifikation: Aigihn steht für Eugen, einen weiteren Vornamen Brechts, den man in Augsburg zu Brechts Zeiten »Aigihn« ausgesprochen hören konnte.

Lieder Gedichte Chöre

423 »Lieder, Gedichte, Chöre« (Editions du Carrefour, Paris 1934): Brechts zweiter Auswahlband, den er im ersten Jahr des Exils in Dänemark zusammenstellte. Die Originalausgabe vermerkt auch auf dem Einband den Namen Hanns Eislers, von dem in einer Notenbeilage die Melodien einiger Texte enthalten sind. Als erstes Gedicht des Bandes und des Abschnittes »1918–1933« wählte Brecht »Die Legende vom toten Soldaten«. Da dieses Gedicht schon in der »Hauspostille« enthalten ist, entfällt es hier.

428 »Zu Potsdam unter den Eichen«, auch »Ballade vom Kriegerheim«, schrieb Brecht unmittelbar nach der Lektüre einer Zeitungsnotiz.

430 »Die Wiegenlieder«, auch »Wiegenlieder einer deutschen Mutter« oder »Wiegenlieder einer proletarischen Mutter« wurden von Helene Weigel bekannt gemacht.

442 »Hitler-Choräle«: Brecht nannte sie auch »Choräle der Bekenntniskirche«; alle nach bekannten Melodien und Texten des evangelischen Kirchengesangbuches.

460 Obwohl in den Stückebänden enthalten, sind die Lieder und Chöre aus »Die Mutter« und »Die Maßnahme« hier abgedruckt, um die Sammlung »Lieder, Gedichte, Chöre« nicht weiter zu zerstören.

465 »Lob der illegalen Arbeit«: als Brecht 1934 dieses Gedicht aus der »Maßnahme« in »Lieder, Gedichte, Chöre« und 1950 in den Auswahlband »Hundert Gedichte« aufnahm, ließ er drei Zeilen aus, die gegenüber der früheren Ausgabe der »Gedichte« auch hier weggelassen werden. Sie folgen auf:

Wer täte nicht viel für den Ruhm, aber wer
Tut's für das Schweigen?

und lauten:

Aber es lädt der ärmliche Esser die Ehre zu Tisch
Aus der engen und zerfallenden Hütte tritt
Unhemmbar die Größe.

466 Dagegen nahm Brecht in dem »Bericht über den Tod eines Genossen« (»Die Mutter«) die beiden Schlußzeilen, die in »Lieder, Gedichte, Chöre« weggefallen waren – die Notenbeilage behielt sie bei – später wieder auf:

Ihn aber führten seinesgleichen zur Wand jetzt
Und er, der es begriff, begriff es auch nicht.

466 In »Lieder, Gedichte, Chöre« lauteten die drei ersten Zeilen von »Lob des Revolutionärs« (»Die Mutter«) ursprünglich:

Viele sind zuviel
Wenn sie fort sind, ist es besser
Aber wenn er fort ist, fehlt er.

Für das Stück ersetzte Brecht später »Viele« durch »Manche«.

467 »Lob der Dialektik«: für die Schlußworte der »Mutter« im Stück (»Wer noch lebt, sage nicht: niemals!« usw.) schrieb Brecht sieben Einleitungszeilen und gab dem Gedicht den obigen Titel.

469 »Ballade von der Billigung der Welt«: unter die Überschrift setzte Brecht ursprünglich einen Satz, den er später wegließ: »Angesichts einer Notverordnung, die eine Mißbilligung verbietet«. Er bezog sich auf eine der Notverordnungen des Kanzlers Brüning, die nicht lang vor der Machtübernahme durch Hitler in Kraft traten.

475 »Verschollener Ruhm der Riesenstadt New York«: der hier abgedruckte Text berücksichtigt Brechts letzte Korrekturen, die er in dem Manuskript und im ersten und zweiten Umbruch des Auswahlbandes »Hundert Gedichte« (1951) vornahm.

483 »Lied der preiswerten Lyriker«: auch hier wurden Brechts Korrekturen für »Hundert Gedichte« beachtet. Es fehlt dort aber die hier abgedruckte achte Strophe, wahrscheinlich weggelassen aus Unachtsamkeit beim Herstellen des Manuskripts, wie aus diesem ziemlich deutlich hervorgeht. Es kam vor, daß Brecht etwas Falsches, oft ganz in der Nähe sorgfältig ausgeführter Korrekturen, übersah.

Gedichte 1933–1938

492 »Gegen die Objektiven«: dies ist wahrscheinlich Brechts letzter Titel für das Gedicht, dem in den »Gedichten« die Überschrift »Unsere Niederlagen beweisen nichts« gegeben wurde. Eine andere Überschrift von Brecht, die er später gestrichen hat, war: »Die Ungeduld derer, die in Sicherheit sind«.

498 »Hammer- und Sichellied«: Die 3. und 4. Zeile der zweiten Strophe gehen auf ein Zitat aus einer Stalinrede zurück. Bei Hanns Eisler, der das Lied komponierte, zeigt der Text einige Änderungen. Solche Änderungen nahmen die Komponisten manchmal, mit Brechts Billigung, vor.

501 »Über die Bedeutung des zehnzeiligen Gedichtes . . .« schrieb Brecht für eine Publikation anläßlich des 50. Geburtstags von Karl Kraus, dem berühmten Wiener Publizisten und Herausgeber der »Fackel«, Lyriker und Dramatiker. Brecht, der mit Karl Kraus seit Jahren befreundet war, billigte dessen Schweigen angesichts der Nazi-Untaten. Als er jedoch las, daß Kraus die blutige Unterdrückung des Februaraufstandes der österreichischen Arbeiter eine Notwendigkeit nannte und die Führer der österreichischen Reaktion pries, schrieb er ein zweites Gedicht »Über den schnellen Fall des guten Unwissenden«, ließ es Kraus zustellen und ihm das Ende ihrer Freundschaft mitteilen.

503 »Wer zu Hause bleibt, wenn der Kampf beginnt . . .«: aus der Fragment gebliebenen »Koloman-Wallisch-Kantate«. Koloman Wallisch, Arbeiter-Revolutionär, verlor in den Februarkämpfen der österreichischen Arbeiter gegen die Reaktion 1934 sein Leben.

515 »Warum sollten wir uns deiner schämen?« Das Gedicht bezieht sich darauf, daß die Nationalsozialisten ihre Blut-und-Boden-Schriftsteller hochlobten und die Arbeiten fortschrittlicher deutscher Autoren als »Asphaltliteratur« diffamierten. In einem »Glückwunsch an Lion Feuchtwanger«, mit dem Brecht sehr befreundet war, – Feuchtwanger wurde am 7. 8. 34 fünfzig Jahre alt – führte Brecht das Thema weiter aus. (Siehe »Über Asphaltliteratur«, Schriften).

515 »Der Nachbar« und die folgenden fünf Texte sind Gedichtfassungen von Berichten aus Nazi-Deutschland, die er für seine Szenenfolge »Furcht und Elend des Dritten Reiches« benutzte.

530 Die zwei Gedichte zu dem Stück »Das Ölfeld« schrieb Brecht für eine Überarbeitung des vor 1933 geschriebenen Stücks »Das Ölfeld« von Leo Lania.

532 »Die Hölle der Enttäuscher«: gemeint ist London. Brecht, der von 1933–39 im Exil in Dänemark, vom Frühjahr 1939 bis zum Frühjahr 1940 in Schweden und bis Ende Mai 1941 in Finnland lebte, war in diesen Jahren mehrere Male in London, Paris und Moskau, einmal in New York.

533 »Der kaledonische Markt«: Londons berühmter Trödelmarkt.

536 Diese »Sonette« konnten als zu einem Zyklus gehörig identifiziert werden, zu dem auch »Der Orangenkauf« und »Fragen« (»Englische Sonette«) gerechnet werden müssen. Vermutlich gehören die späteren Sonette (das neunzehnte und das einundzwanzigste) auch zu dem Zyklus.

542 »Das Saarlied« wurde für die Saarabstimmung am 13. Januar 1935 geschrieben.

543 »Zu einer japanischen Zeichnung . . .«: Eine Postkarte mit dieser Zeichnung schickte Brecht von London seinem Sohn Stefan.

551 »Das Loch im Stiefel Iljischs« und das folgende Gedicht schrieb Brecht 1935 anläßlich eines Aufenthalts in Moskau.

554 »Im zweiten Jahre meiner Flucht«: Brechts Name stand auf einer Ausbürgerungsliste, die im Juni 1935 im »Deutschen Reichs- und Preußischen Staatsanzeiger« veröffentlicht wurde.

559 »Als der Klassiker . . .«: Im Herbst 1935 fuhr Brecht nach New York zur Inszenierung seines Stücks »Die Mutter«.

565 »Inselbriefe I«: Von seinem Aufenthalt in London 1936 gibt es nur diesen einen Inselbrief.

566 »Lied der liebenden Witwe« war für ein Stück geschrieben, »Die Freuden und Leiden der kleineren Seeleute«, das Fragment geblieben ist. Er muß sich dieses Liedes erinnert haben, als er etwa 15 Jahre später für eine Bearbeitung von Ben Jonsons »Volpone« das »Lied der Magd« schrieb.

571 »Und so beginne ich . . .«: es kann sich nur um das Fragment eines Gedichtes auf Villon handeln.

573 »Rede eines sterbenden römischen Vaters . . .« und die zwei folgenden Gedichte gehören wahrscheinlich zu dem Fragment eines Stücks über Cäsar, an dem er die Arbeit zugunsten des Romans »Die Geschäfte des Herrn Julius Cäsar« einstellte.

576 »Jonathan und David« und das folgende »Lied des Speichelleckers« gehören zu dem Fragment der geplanten Oper »Goliath«.
594 »Lieder des Soldaten der Revolution«: Brecht schrieb sie für seine Mitarbeiterin Margarete Steffin.
601 »Geständnis«: zwei Anfangsstrophen eines autobiografischen Gedichts, wahrscheinlich um die Zeit seines vierzigsten Geburtstages geschrieben.
601 »Zitat«: Der Dichter Kin oder Kin-jeh ist Brecht.
606 »Rat an Tretjakow, gesund zu werden«: Sergej Tretjakow (1892–1939), bekannter sowjetischer Schriftsteller, langjähriger Freund Brechts. Tretjakow gilt auch das spätere Gedicht »Ist das Volk unfehlbar?«, das Brecht schrieb, als er hörte, daß Tretjakow umgekommen war.
608 »Studien«: Die ersten acht »Studien«, von Brecht auch »Literarische Sonette« genannt, erschienen in Heft 11 der »Versuche« (1951) mit dem Vorspruch: »›Studien‹, um 1940 (1936–39 – d.H.) geschrieben, gehören wie die ›Chinesischen Gedichte‹ in Heft 10 zum 23. Versuch. Diese sozialkritischen Sonette sollen natürlich den Genuß an den klassischen Werken nicht vereiteln, sondern reiner machen.« Diesen acht »Studien« sind hier weitere sechs Sonette bzw. Sonettfragmente aus dieser Zeit zugeordnet.
618 »Chinesische Gedichte«: Sechs klassische chinesische Gedichte, »ohne Zuhilfenahme der chinesischen Originale aus der wörtlichen englischen Nachdichtung von Arthur Waley übertragen«, erschienen 1938 in der Zeitschrift »Das Wort«, Moskau. Eines der Gedichte, »Bei der Geburt eines Sohnes« (früher: seines – d. H.) nahm Brecht in den Auswahlband »Svendborger Gedichte« hinein. Als er die »Chinesischen Gedichte« 1951 in Heft 10 der »Versuche« abdrucken ließ, ersetzte er dieses Gedicht durch Po Chü-yis »Der Blumenmarkt«, auch fügte er zwei zeitgenössische Gedichte hinzu, die in dieser Edition innerhalb der »Übersetzungen, Bearbeitungen, Nachdichtungen« erscheinen. Die Anmerkungen Brechts zu den »Chinesischen Gedichten« sind in den »Schriften« enthalten.

Svendborger Gedichte

631 Die »Svendborger Gedichte« sind der dritte und letzte Auswahlband, den Brecht zusammenstellte. Sie sind fast identisch mit den »Gedichten im Exil«, die den letzten Teil der »Gesammelten Gedichte« (1918–1937) bilden sollten, die Brecht und seine Mitarbeiterin Margarete Steffin ein Jahr zuvor für den Malik-Verlag, Prag, vorbereitet hatten. Als der Band und damit die »Gedichte im Exil« wegen des Hitlerschen Überfalls nicht mehr in Prag herauskommen konnten, entschieden sich Autor und Verleger, dieser jetzt von London aus, für die Herausgabe der »Gedichte im Exil« als Einzelband, der dann in Kopenhagen gedruckt wurde. Brecht gab ihm den Titel »Svendborger Gedichte« nach der kleinen dänischen Hafenstadt, in deren Nähe er wohnte.

643 »Ballade von den Osseger Witwen«: »120 Frauen und 80 Kinder der im Osseger Nelsonschacht umgekommenen Bergleute kamen im April 1934 nach Prag und zogen vor das Parlament, um ihren Forderungen Nachdruck zu verleihen.« (Anmerkung in »Hundert Gedichte«.)

666 »Die Teppichweber von Kujan-Bulak ehren Lenin«: schon 1929 geschrieben, nach einem Zeitungsbericht;

669 »Kohlen für Mike« bereits 1926, nach der Lektüre von Sherwood Andersons »Der arme Weiße«.

670 »Abbau des Schiffes Oskawa durch die Mannschaft«: dieser Vorfall wird berichtet in dem Buch »Dynamite« von Louis Adamic.

682 »Rat an die bildenden Künstler ...«: Das Wort »Weihe« in der vorletzten Zeile des Gedichts in der Erstausgabe der »Svendborger Gedichte« ist Anfang der fünfziger Jahre in Anthologien und im Zeitungsabdruck durch das Wort »Krähe« ersetzt. Einzige Unterlage für diese Korrektur ist ein Fahnenabzug für eine projektierte Sammlung »Gedichte im Exil« (1948), die aber nicht erschien. Ein Beleg Brechts für diese Änderung konnte bisher nicht ermittelt werden, sie wurde auf Grund des Fahnenabzugs hier übernommen.

689 »Kantate zu Lenins Todestag«: das »Lob des Revolutionärs« aus der »Mutter«, das von Brecht schon in »Lieder, Gedichte, Chöre« aufgenommen wurde, mußte innerhalb dieser Kantate an seinem Platz bleiben und erscheint daher zweimal innerhalb der Gedichte dieser Edition.

694 Die »Deutschen Satiren« schrieb Brecht 1937/38 für den deutschen Freiheitssender, Moskau.

720 »Und in eurem Lande?«: 1935 als Gruß an Lion Feuchtwanger geschickt.

Gedichte 1938–1941

729 »Visionen«: Die zu dieser Gruppe gehörige Vision »Appell der Laster und Tugenden«, die in »Gedichte«, Band 5, mitabgedruckt war, erscheint in den »Flüchtlingsgesprächen« (»Prosa«).

732 »Der Steinfischer« ist die Bearbeitung eines sehr viel früher geschriebenen Gedichts.

739 In der früheren Ausgabe der »Gedichte« waren »Die Krücken« und das folgende Gedicht »Die Literatur wird durchforscht werden« in einer kleinen Sammlung »Gedichte im Exil«, die Brecht in den USA zusammengestellt hatte, enthalten. Die Gedichte dieser kleinen Sammlung sind hier chronologisch eingeordnet. – »Die Literatur wird durchforscht werden« ist auch unter den Titeln »Wie künftige Zeiten unsere Schriftsteller beurteilen werden« und »Literaturgeschichte« veröffentlicht worden. Auf einem Manuskript heißt dieses Gedicht auch »Lied von den Richtern«.

752 »Über Deutschland«: das in den »Flüchtlingsgesprächen« nur zum Teil enthaltene Gedicht erscheint hier vollständig.

753 »Vorschlag an einen befreundeten Maler . . .«: Die Texte für drei Bildinschriften schickte Brecht kurz vor seiner Ankunft in Helsinki (Frühjahr 1940) an den befreundeten Maler Hans Tombrock.

760 »Gedichte aus dem Messingkauf«: bei der Veröffentlichung von sieben Gedichten aus dem Messingkauf in Heft 14 der »Versuche« (1955) schrieb Brecht: »›Über alltägliches Theater‹ und die folgenden Gedichte gehören zum ›Messingkauf‹ (26. Versuch), einem Gespräch über neue Aufgaben des Theaters.« In den »Gedichten« erschienen außerdem »Zum Messingkauf gehörige Gedichte«. In dieser Ausgabe sind alle Messingkauf-Gedichte zusammengefaßt. Mit Ausnahme der beiden letzten Gedichte, die erst in den fünfziger Jahren entstanden, und der fünf vorher-

gehenden, die Brecht für »Theaterarbeit« (1951), eine Publikation über die ersten sechs Inszenierungen des »Berliner Ensemble« neu schrieb, stammen diese Gedichte aus den Jahren 1935–40.
808 »Der Wolf ist zum Huhn gekommen«, ursprünglich für »Herr Puntila und sein Knecht Matti« geschrieben, wurde dann ersetzt durch die »Ballade vom Förster und der Gräfin«.
815 Das erste Manuskript einer Auswahl von Gedichten aus den Jahren 1937–40 trägt den von Brecht handschriftlich vermerkten Titel »Steffinische Sammlung«, das zweite den Vermerk »Gedichte, gesammelt von meiner Mitarbeiterin Margarete Steffin, etwa von 1937 an in Dänemark, Schweden und Finnland.« Margarete Steffin, Arbeiterkind aus Berlin, Angestellte und Mitglied einer Gruppe junger Schauspieler, Antifaschistin, spielte das Dienstmädchen in der ersten Berliner Aufführung der »Mutter«. Schon schwer erkrankt, als sie 1933 ins Exil ging, starb sie 1941 auf der Durchreise nach den Vereinigten Staaten in einem Moskauer Krankenhaus. Aus dem Exil nach Berlin zurückgekehrt, wollte Brecht die »Steffinische Sammlung« geschlossen in die neu geplante Ausgabe seiner Exilgedichte aufnehmen, die dann zugunsten anderer Arbeiten zurückgestellt wurde.

Gedichte 1941–1947

829 »Die Verlustliste«: den Verlust der beiden Freunde, des Malers und Bühnenbauers Caspar Neher und des Filmregisseurs Karl Koch, betrauerte Brecht auf falsche Nachrichten hin.
833 »Kinderkreuzzug«: dieser Text entspricht der Fassung der »Hundert Gedichte« mit Brechts letzten Korrekturen.
843 »Deutschland«: das Zitat in der zweiten Strophe stammt aus einer Stalin-Rede.
846 »Sah verjagt aus sieben Ländern« widmete Brecht dem bekannten Regisseur Berthold Viertel anläßlich dessen Inszenierung einiger Szenen aus »Furcht und Elend des Dritten Reiches« in New York 1942.
846 Der »Brief an den Stückeschreiber Odets« könnte statt Anfang der vierziger Jahre bereits Ende 1935/Anfang 1936 geschrieben sein, als Brecht in New York war und möglicherweise das

Stück von Odets gesehen hat. In der Zeit des amerikanischen Exils trafen sich Brecht und Odets später widerholt bei Hanns Eisler.

849 »Hollywood-Elegien«: in Hanns Eislers »Kantaten und Liedern« ist noch eine von ihm komponierte Hollywood-Elegie enthalten, und zwar in englischer Übersetzung, da, wie Eisler angibt, das Original verlorengegangen sei. Erst im Sommer 1967 ermittelte die Herausgeberin die Übersetzerin, die, Eislers Angaben bestätigend, ebenfalls das deutsche Manuskript als verloren meldete.

Die Übersetzung lautet bei Eisler:

I saw many friends
And the friend I loved most
Among them helplessly sunk
Into the swamp.
I pass by daily.
And a drowning was not over in a single morning.
This made it more terrible.
And the memory
Of our long talks about the swamp
Which already held so many powerless.
Now I watched him leaning back
Covered with leeches in the shimmering softly moving slime
Upon the sinking face
The ghastly blissful smile.

Ebenfalls bei Eisler findet sich eine Elegie, die der hier abgedruckten Nr. II ähnelt:

In den Hügeln wird Gold gefunden.
An der Küste findet man Öl.
Größere Vermögen bringen die Träume von Glück, die
Man hier auf Zelluloid schreibt.

Es konnte noch nicht ermittelt werden, ob dieser Text von Brecht oder von Eisler stammt.

852 »Das Lidicelied« schrieb Brecht für den Film »Hangmen also Die«, an dessen Story und Drehbuch er großen Anteil hatte. Der Film zeigt den Widerstand des tschechischen Volkes gegen den hitlerischen Terror.

857 »Das Fischgerät«: bald nach Ausbruch des Krieges zwischen den USA und Japan wurden zahlreiche der an der Westküste oft seit langem ansässigen Japaner – vor allem Fischer, Farmer und Gärtner – von ihren Heimstätten vertrieben und in Lager im Inneren des Landes gebracht.
860 »Der demokratische Richter«: Ausländer, die Bürger der USA werden wollen, müssen u. a. in einem Examen einige Kenntnisse der Verfassung und ihrer Zusätze (amendments) sowie der englischen Sprache aufweisen.
861 »Peinlicher Vorfall«: er ereignete sich im August 1943 anläßlich einer Geburtstagsfeier für Alfred Döblin, der während seines Exils auch mehrere Jahre in Kalifornien lebte.
870 »Ein Film des Komikers Chaplin«: schon 1921 schreibt Brecht über den großen Eindruck, den der Film »Alkohol und Liebe« mit Chaplin auf ihn gemacht hat.
871 »Als der Nobelpreisträger Thomas Mann . . .«: zu diesem Gedicht lese man Brechts Brief an Thomas Mann (Sinn und Form, Heft 5, 1964) und dessen Antwort (Thomas Mann, Briefe 1937–1947, Frankfurt 1963).
873 »Verurteilung antiker Ideale«: es gibt eine Reihe von Indizien, dieses Gedicht 1943/44 einzuordnen, und einige andere, es etwa zehn Jahre früher zu datieren.
875 »Der Bauch Laughtons«: der Schauspieler Charles Laughton übersetzte und bearbeitete mit Brecht dessen »Leben des Galilei«, in dem er 1947 in Beverly Hills (Kalifornien) und New York die Hauptrolle spielte.
883 »Garden in Progress«: der englische Titel ist von Brecht. Der Garten, der sich zusehends weiterentwickelte, war der von Charles Laughton. Die hier gewählte Reihenfolge der Strophen, die schwer zu bestimmen war, wurde mit Hilfe von Helene Weigel gefunden.
889 »Lieder aus ›Die Reisen des Glücksgotts‹ «: seit Herbst 1941 plante Brecht ein Theaterstück dieses Titels, später eine Oper zusammen mit Paul Dessau. Das »Siebente Lied des Glücksgotts« I und II, letzteres bei Dessau auch »Variante« genannt, stammen aus dem Jahr 1939. »Ich bin der Glücksgott« schrieb Brecht im Dezember 1941 für Fritz Lang.
895 Das »Lehrgedicht von der Natur der Menschen«: Brechts

Vorbild bei dieser Arbeit, der er auch den Titel gab »Über die Unnatur der bürgerlichen Verhältnisse«, war das große Lehrgedicht des Lukrez »Von der Natur der Dinge«. Er übernahm auch die Form des Epos und dessen »respektable Versart«, den Hexameter. Ein früher Gesamtplan sieht vier Hauptteile – »Gesänge« – vor. In dem ersten wollte Brecht die Schwierigkeiten aufzeigen, die es bereitet, sich in der menschlichen Gesellschaft zurechtzufinden, und außerdem einen Auszug bringen aus dem 3. Kapitel des »Kommunistischen Manifests«. Die Versifizierung des 1. Kapitels des »Kommunistischen Manifests« war dem zweiten Gesang vorbehalten. Der dritte sollte hauptsächlich das 2. Kapitel des »Kommunistischen Manifests« behandeln und der vierte »die ungeheuerlich gesteigerte Barbarisierung der Gesellschaft«. Während es von dem zweiten Gesang («Das Manifest«) ziemlich abgeschlossene Fassungen gibt, sind von den übrigen Gesängen nur größere und kleinere Bruchteile, darunter auch abgeschlossene, vorhanden. Auf einigen Blättern ist der Titel eines Teiles angegeben, manchem Text fehlt der Anfang, andere brechen ab. Einige Blätter tragen den Vermerk »Aus dem ersten Gesang« oder »Aus dem vierten Gesang«. Zu dem Vorhaben, »Das kommunistische Manifest« zu versifizieren, schrieb Brecht damals: »Das Manifest ist als Pamphlet selbst ein Kunstwerk, jedoch scheint es mir möglich, die propagandistische Wirkung heute, hundert Jahre später . . ., durch ein Aufheben des pamphletischen Charakters zu erneuern.« Von den verschiedenen Fassungen des »Manifests« drucken wir die zweite ab, die viele schriftliche Korrekturvorschläge bzw. Alternativformulierungen Brechts enthält. Für die übrigen Teile des »Lehrgedichts« folgt die Anordnung der in den »Gedichten« bis auf eine Umstellung (»Über den Frieden«) und das Einordnen eines Gedichts, das nicht in diesen Zusammenhang gehört, an anderer Stelle. Hinsichtlich der Zuordnung einzelner Teile zum »Lehrgedicht« wird erst eine langwierige Forschungsarbeit viele damit verbundene Fragen beantworten können.

898 »Wenn sie so jammern, das Leben werd ihnen geraubt . . .«: diese Verse sind schon in der 1939 geschriebenen Erzählung »Die Trophäen des Lukullus (»Prosa«) enthalten. Nachdem der Feldherr Lukullus in einem Gespräch mit dem Dichter Lukrez dessen »berühmte Verse« über die Todesfurcht zitiert hatte, konnte sich

Lukrez nicht enthalten, »seinem Gastgeber noch einige Strophen mitzuteilen, die er aus dem Werk gestrichen hatte, um die Leser nicht allzusehr zu verstimmen . . .« und sagte die Verse, die anfangen mit: »Wenn sie so jammern . . . «. Sie sind von Brecht.

940 »Adresse des sterbenden Dichters an die Jugend« muß vielleicht ein Jahrzehnt früher datiert werden.

942 »Aber wenn er zum Block ging« und »Mit Beschämung« gehören zu dem Chorwerk nach Texten Brechts »Deutsches Miserere« von Paul Dessau. Das erste Gedicht ist eine der Hitlerzeit entsprechende Umdichtung des Gedichts aus der »Mutter«, »Bericht über den Tod eines Genossen«; das zweite gab Brecht dem Komponisten nachträglich für den Schluß mit der handschriftlichen Bemerkung »mit Beschämung«.

943 »Der anachronistische Zug oder Freiheit und Democracy«, 1947 geschrieben, hat Shelleys Ballade »The Mask of Anarchy« zum Vorbild. Für seinen Aufsatz »Weite und Vielfalt der realistischen Schreibweise« (»Schriften«) hatte Brecht schon Jahre vorher einige Strophen dieser Ballade übersetzt.

Gedichte 1947–1956

953 »Die Freunde« und die zwei nachfolgenden Gedichte sind für den Freund und Bühnenbauer Caspar Neher geschrieben, der Brecht nach dessen Rückkehr nach Europa bei der Bearbeitung und der Inszenierung der »Antigone« des Sophokles half.

960 »Wahrnehmung«: für das Wort »Mühen« steht auf anderen Blättern auch »Anstrengungen« oder »Schwierigkeiten«.

966 »Gespräch über den Alltagskampf« war für ein Stück über Rosa Luxemburg gedacht, an dem Brecht schrieb. Es kam nicht über umfangreiche Vorarbeiten hinaus.

967 »An den Schauspieler P. L. im Exil«: gemeint ist Peter Lorre, mit dem Brecht vor 1933 in mehreren Inszenierungen gearbeitet hatte und mit dem er auch im amerikanischen Exil weiter befreundet war.

967 »Nachruf auf XX«: wie bei dem früher abgedruckten »Epitaph für M.« wollte Brecht den Namen nicht gedruckt haben.

968 »Vom Glück des Gebens« wurde für die Oper »Persische Legende« von Rudolf Wagner-Regeny und Caspar Neher verwendet.

970 »Kinderlieder 1950«: auch »Neue Kinderlieder« genannt.

995 »Bitten der Kinder« und die zwei folgenden Lieder gehören zum »Herrnburger Bericht«, einer Chorkantate für Schulen, die Paul Dessau komponierte (1951).

997 »Auf einen chinesischen Theewurzellöwen«: als Abbildung auf dem Umschlag für »Hundert Gedichte« schlug der Herausgeber Wieland Herzfelde eine merkwürdig geformte tierähnliche Wurzel vor, die er in einer Anmerkung dazu so beschreibt: »Figur aus Wurzeln des Theestrauches, im alten China als Glückstier betrachtet und umso höher bewertet, je weniger Schnitzarbeit sie aufwies.« Für die Rückseite des Umschlags schrieb Brecht das Gedicht.

1001 Die Bearbeitung von Ben Jonsons »Volpone«, bei der Brecht half und für die er die zwei Lieder schrieb, wurde 1952 in Wien aufgeführt.

997 »Lied vom Glück«: für den Film »Frauenschicksale«, den Slatan Dudow drehte.

1005 Die »Inschrift für das Hochhaus an der Weberwiese« wurde nicht an diesem, sondern an einem andern Hochhaus in Berlin angebracht, am »Hochhaus an der Weberwiese« die zweite Strophe vom »Friedenslied«.

1005 »Deutschland 1952« war bestimmt für Emil Burris Szenario für einen Film nach »Mutter Courage und ihre Kinder«, der nicht gedreht wurde.

1009 Die 1953 geschriebenen »Buckower Elegien« sind Brechts letzter Gedichtszyklus. Sie sind nach dem Ort Buckow bei Berlin genannt, wo Brecht ein Haus mit Garten an einem See gepachtet hatte. Eine Auswahl dieser Gedichte erschien in Heft 13 der »Versuche« (1953) und in der Zeitschrift »Sinn und Form« (1953), als Einzelausgabe erschienen die »Buckower Elegien« in der Inselbücherei (Frankfurt 1964). Die Anordnung in diesem Band entspricht der in den »Gedichte«-Bänden 7 und 8.

1011 »Die Wahrheit einigt«: das »Liedlein«, das Brecht aus dem sowjetischen dokumentarischen Roman »Ein Strom wird zum Meer« von W. Galaktionow und A. Agranowski über das Bauprojekt der Wolga-Wasserkraftzentrale zitiert, stammt von A. Twardowski.

1014 »Bei der Lektüre eines sowjetischen Buches«: Es handelt sich um das oben genannte und nicht, wie in Band 7 der »Gedichte« irrtümlich angegeben, um Marietta Schaginians »Das Wasserkraftwerk«.

1020 »Richtigstellung«: diese vier Zeilen gehören vielleicht zu einem geplanten Stück über Einstein.

1020 »Zum Einzug des ›Berliner Ensemble‹ in das ›Theater am Schiffbauerdamm‹ «: Das »Berliner Ensemble«, dem nach seiner Gründung Gastrecht im »Deutschen Theater« gewährt wurde, übersiedelte im April 1954 in ein eigenes Haus, das »Theater am Schiffbauerdamm« – heute am Bertolt-Brecht-Platz –, in dem 1928 die Uraufführung der »Dreigroschenoper« stattgefunden hatte.

1024 Das »Lied der Ströme« war für den gleichnamigen Film bestimmt.

1026 »An die Studenten der Arbeiter- und Bauernfakultät«: die drei Vierzeiler gehören zur »Friedensfibel«, die Brecht als Fortsetzung der »Kriegsfibel« geplant hatte; der letzte war zusammen mit dem dazugehörigen Foto auf der Rückseite des Umschlages der »Kriegsfibel« abgedruckt.

1028 »Panzereinheit, ich freue mich«: diesen Vierzeiler schrieb Brecht, wahrscheinlich für die geplante »Friedensfibel«, zu einem Foto, das er in der Zeitschrift »Neues China« fand mit dieser Unterschrift: Die Besatzungen einer Panzereinheit der chinesischen Volksbefreiungsarmee unterschreiben den Appell des Weltfriedensrates zu Ächtung des Atomkrieges.

1029 »Ich benötige keinen Grabstein« erinnert an die berühmte Ode des Horaz »Exegi monumentum aere perennius« – »Ich habe mir ein Denkmal gesetzt, von größerer Dauer als Erz.«

1032 »Gegenlied« schrieb Brecht, als er bei der Vorbereitung der »Gedichte« das Hauspostillengedicht »Von der Freundlichkeit der Welt« wieder zu Gesicht bekam.

Anhang: Kriegsfibel

1035 Die »Kriegsfibel« besteht aus Fotos, die Brecht aus Tageszeitungen und Zeitschriften ausschnitt und mit einem Vierzeiler als Unterschrift versah. Diese Verbindung von Foto und Vierzeiler nannte er »Fotogramm«. Als Einzelausgabe kam die »Kriegsfibel« erstmalig 1955 heraus (Eulenspiegel-Verlag, Berlin). Drei der Vierzeiler, 5, 7 und 10, – Gedenktafeln – erscheinen innerhalb der »Steffinischen Sammlung«; die Numerierung der Strophen wurde beibehalten.

Übersetzungen, Bearbeitungen, Nachdichtungen

1051 »Übersetzungen – Bearbeitungen – Nachdichtungen«: schon in Stücken waren Gedichte und Liedertexte anderer Autoren – von Brecht übersetzt oder bearbeitet oder nachgedichtet – hineingenommen worden, worauf jeweils in den Anmerkungen zu den einzelnen Stücken hingewiesen wurde. Wenn Brecht übersetzte oder bearbeitete, so ist es ein Zeichen dafür, daß der betreffende Autor bzw. seine Arbeiten einen großen Eindruck auf ihn gemacht, ja, in einigen Fällen einen nachhaltigen Einfluß auf ihn ausgeübt hatten. (Shakespeare, Kipling, Villon, Baudelaire, chinesische Dichter wie Po Chü-yi, griechische wie Kallimachos von Kyrene, einige finnische Lyriker, um hier im Band vertretene zu nennen. Dazu kommen u. a. Rimbaud, Verlaine, Horaz, Lukrez, Shelley. Nicht zu vergessen sind Volkslieder. Freilich, manche deutsche Volkslieder reizten den jungen Brecht und seine Augsburger Freunde, Parodien von ihnen herzustellen für eine Sammlung, die etwa »Des Knaben Plunderhorn« heißen sollte und die auch H. O. Münsterer erwähnt.)
Es sei noch hinzugefügt, daß Brecht nicht immer aus der Originalsprache (in Frage kam nur Englisch und, mit Unterstützung, Französisch) übersetzt hat. Meistens handelte es sich bei ihm um Bearbeitungen oder Nachdichtungen auf Grund von schon vorliegenden Übertragungen.
Im einzelnen:
1051 Bei Shakespeares »Hamlet« benutzte er die Übersetzung von August Wilhelm Schlegel.
1052 Die Kipling-Übersetzungen gingen vom englischen Original aus, sie wurden in der zweiten Hälfte der zwanziger Jahre hergestellt.
1061 Die Baudelaire-Übersetzung steht sicher in Zusammenhang mit vielen Gesprächen, die Brecht mit seinem Freund Walter Benjamin, dem Baudelaire-Kenner und -Übersetzer, in Dänemark führte.
1062 Eino Leino: »Der Dunkle«. Es war noch nicht zu ermitteln, ob Brecht die Ballade »Der Dunkle« aus den Helka-Liedern von

Eino Leino nach der Übertragung von Hans-Erwin von Hausen und Greta Otalampi oder nach der Übertragung von Hella Wuolijoki bearbeitete.

1066 »Der Kriegshund« von Arvo Turtiainen: aus dem Finnischen übersetzt, wahrscheinlich mit Hilfe von Freunden.

1067 »Epigramm« von Kallimachos von Kyrene: dieses Epigramm ist enthalten in der Sammlung griechischer Epigramme »Der Kranz des Meleagros von Gadara« (Auswahl und Übertragung von August Oehler, Berlin 1920), die Brecht um 1940 geschenkt bekam. Er beschäftigte sich sehr mit diesem Buch und brachte an einigen Epigrammen, darunter an dem hier angeführten, kleine Änderungen an, obwohl er die Oehlersche Übertragung für sehr gut hielt. Die Sammlung regte Brecht damals an, selbst Epigramme zu schreiben. Eine Reihe der in Finnland geschriebenen vier- und achtzeiligen Gedichte nannte er »finnische Epigramme«. Daß sich Brecht schon um 1920 mit den griechischen Epigrammen beschäftigt hat, geht aus einem Notizbuch hervor, in dem er das »Epigramm« von Kallimachos in einer Bearbeitung eingetragen hat:

Ein Wicht:
Bringt, toter Timon, dich die Grabnacht nicht
Mehr noch als einst der lichte Tag zum Toben?
Horch, was er spricht:
Noch schlechter ist das Dunkel als das Licht!
Sind doch hier unten mehr von euch als droben.

1067 Po Chü-yi: »Resignation«, »Der Hut, dem Dichter geschenkt von Li Chien« und »Des Kanzlers Kiesweg«. Diese Bearbeitungen stammen aus einer späteren Zeit als die Sammlung »Chinesische Gedichte«. Die Gedichte von Kuan Chao und Mao Tse-tung sind Nachdichtungen der schönen Übersetzungen von Fritz Jensen und Wu-An, beide aus dem Jahr 1949.

1071 »Für das Grab des Li Po«: unter dem Gedicht steht »Nach dem Englischen des Alfred Brush«.

1072 »Das Stundenlied« von Christian Weise: diese mittelalterliche Dichtung nahm Brecht, wenig bearbeitet, in »Mutter Courage und ihre Kinder« auf. Später erweiterte er sie zu der hier abgedruckten Fassung, die für den Komponisten Gottfried von Einem bestimmt war.

1075 »Sturmvogel« von Maxim Gorki: nach einer Bearbeitung von Werner Stein, die dieser, wie er angibt, wieder auf Grund anderer Übertragungen gemacht hatte.
1078 »Ägyptisches Bauernlied«: Brecht fand es in der Anthologie »Stimmen der Völker« von Alfred Wolfenstein und brachte an der vorliegenden Übertragung kleine Änderungen an. Bei diesem und den folgenden Gedichten sind die Vorlagen Volkslieder oder Texte, deren Autor nicht ermittelt werden konnte.
1078 »Die nicht zu vergessende Nacht«: wahrscheinlich Februar 1936 oder etwas später geschrieben, das Blatt trägt den Vermerk »nach einem amerikanischen Schlager«.
1078 »Finnisches Volkslied« und die beiden nächsten Gedichte wurden aus dem Finnischen mit Hilfe von Freunden nachgedichtet. Aus »Der Sohn« sind Zeilen in Brechts Gedicht »Der Lautsprecher« eingegangen.
1081 »Die haltbare Graugans« ist die freie Bearbeitung eines amerikanischen Volksliedes.
1082 Datierung und genaue Herkunft des Gedichts »Der Pauper«, in einem Vermerk auch »der arme Mann« genannt, konnten noch nicht ermittelt werden.

Anmerkungen zu den Gedichten und Liedern aus Stücken und Prosatexten

Texte und Anmerkungen entstammen der *Werkausgabe*. Überschriften, die nicht auf Brecht selber zurückgehen, wurden in eckige Klammern gesetzt.

1085 Der Abdruck von »Der Choral vom großen Baal« folgt der 1. Auflage von Stücke I (1953) unter Auslassung der folgenden Strophe:

Nicht so faul, sonst gibt es nicht Genuß!
Was man will, sagt Baal, ist, was man muß.
Wenn ihr Kot macht, ist's, sagt Baal, gebt acht
Besser noch, als wenn ihr gar nichts macht!

1099 Der »Kanonensong« geht auf Kipling zurück.
1107 »Die Zuhälterballade«, »Die Ballade vom angenehmen Leben«, der »Salomon-Song«, die »Ballade, in der Macheath jedermann Abbitte leistet« und der »Ruf aus der Gruft« enthalten einige Zeilen François Villons in der Übersetzung K. L. Ammers.
1113 »Ballade vom angenehmen Leben«: Diese Fassung stammt aus dem »Dreigroschenroman«.

1126 »Kriegslied« aus dem »Dreigroschenroman«.

1154 In dem Lied »Der kranke Mann stirbt und der starke Mann ficht« sind zwei Zeilen leicht variiert zwei Gedichten Kiplings entnommen.

1160 Der »Brief an das Arbeitertheater« findet sich in den »Anmerkungen zu Stücken und Aufführungen« der »Schriften zum Theater«.

1165 Bis auf die 1., 2. und 4. Zeile ist »Die Hymne des erwachenden Jahoo« identisch mit vier Strophen des zweiten Hitler-Chorals (S. 444).

1168 »Das Lied von der Tünche« ist eine Weiterführung des »Songs von der Tünche« aus Brechts Entwurf für einen Dreigroschenfilm, der nicht gedreht wurde.

1182 Eine spätere Epilogstrophe für »Die Deutsche Heerschau« lautet:

Wir haben sein Heer gesehen
Es wird ihm bleiben stehen
In Sumpf und Niederlag.
Wir würden lachend drauf zeigen
Wär's nicht unser Bruder und Eigen
Was da verkommen mag.

1187 Die letzte Strophe von »Mutter Courages Lied« ist später dazugekommen.

1190 Das »Horenlied« ist die Bearbeitung eines mittelalterlichen Stundenliedes.

1194 Das Bettellied der großen Geister ist hervorgegangen aus dem »Salomonsong« der »Dreigroschenoper«.

1199 »Das Lied vom Rauch« geht auf den zwanzig Jahre zuvor geschriebenen »Gesang aus der Opiumhöhle« zurück (S. 90).

1223 In dem Lied Grusches »Ich werde warten auf dich« erinnert Brecht bewußt an das Lied »Wart auf mich« des sowjetischen Schriftstellers Simonow, das während des Zweiten Weltkrieges sehr verbreitet war.

1226 In Anlehnung an Texte zweier slowakischer Volkslieder entstand das Lied »Zieh ins Feld ich traurig meiner Straßen«, in Anlehnung an alte estnische Volksepen, die Brecht durch Hella Wuolijoki in deren Übersetzung kennengelernt hatte, »Liebster mein, Liebster mein« und »Die Schlacht fing an im Morgengraun«.

1230 Die Vorlage für das »Lied vom Chaos« ist ein altes ägyptisches Gedicht, dessen deutsche Übersetzung Brecht in seinem Aufsatz »Fünf Schwierigkeiten beim Schreiben der Wahrheit« zitiert und ausführlich kommentiert.

1238 Den »Prolog zu ›Antigone‹ anstelle des Vorspiels« schrieb Brecht für die deutsche Erstaufführung im November 1951.

1240 »Das Lied von der Jeanne d'Arc« geht zurück auf eine Ballade von Christine de Pisan (1429).

Verzeichnis der Gedichte

Überschriften, die nicht von Brecht sind,
wurden mit einem Stern gekennzeichnet.

GEDICHTE 1913–1926

Der brennende Baum (1913) 3
Moderne Legende (1914) 3
Hans Lody (1914) 4
Deutsches Frühlingsgebet (1915) 5
Der Fähnrich (1915) 6
Karfreitag (1915) 7
Karsamstagslegende (1915) 9
Der belgische Acker (1915) 9
Der Tsingtausoldat (1915) 11
Das Lied der Eisenbahntruppe von Fort Donald (1916) . 13
Mütter Vermißter 15
Das Beschwerdelied 16
Die Legende der Dirne Evlyn Roe (1917) 18
Von den Sündern in der Hölle 20
Prototyp eines Bösen 22
Tarpeja 24
Romantik (1917) 27
Plärrerlied (1917) 27
Lied an Herrn M. 28
Caspars Lied mit der einen Strophe (1917) 29
Von einem Maler 30
Das Lied vom Geierbaum 31
Lied der müden Empörer (1918) 34
Kleines Lied (1918) 34
Lied der Galgenvögel (1918) 35
Ein bitteres Liebeslied (1918) 36
Auslassungen eines Märtyrers (1918) 37
Vom François Villon (1918) 38
Larrys Ballade von der Mama Armee (1919) 39
Gesang des Soldaten der roten Armee (1919) 41
Brief an einen Freund* 43
Der Dichter, der ihn manchmal geliebt* (1919) 45

Ballade vom Tod der Anna Gewölkegesicht 46
Das Lied von der Wolke der Nacht (1918) 48
Vom schlechten Gebiß 48
Oh, ihr Zeiten meiner Jugend* 49
Der alte Mann im Frühling (1919) 50
Wer im guten Glück* 51
Anna redet schlecht von Bidi 52
Bidi im Herbst (1919) 53
Die Achillesverse 53
Hymne an Gott 54
Der Himmel der Enttäuschten 55
Nordlandsage 56
Wie ich genau weiß* 56
Lied von den Seligen 57
Aus keinem andern Grund* (1921) 57
Karl Hollmanns Sang 59
O Falladah, die du hangest! (1919) 61
Und alle die Jahre am Abend* 62
Ihr großen Bäume in den Niederungen* (1920) 62
Über den Schnapsgenuß (1920) 63
Lied der Schwestern (1920) 64
Aber in kalter Nacht* (1920) 64
Ich beginne zu sprechen vom Tod* 65
Ich habe Dich nie je so geliebt* (1920) 66
Jene verloren sich selbst aus den Augen* (1920) 67
Deutschland, Du Blondes, Bleiches* (1920) 68
Unsere Erde zerfällt* (1920) 69
Die schwarzen Wälder* (1920) 72
Und immer wieder gab es Abendröte* (1920) 73
Merkwürdig* 73
Der Fluß lobsingt die Sterne im Gebüsch (1920) 74

Psalmen
Psalm im Frühjahr (1920) 75
Gottes Abendlied (1920) 75
Vision in Weiß (1920) 76
Fracht (1920) 77
Vom Schiffschaukeln (1920) 77

Gesang von einer Geliebten (1920) 78
Lied von meiner Mutter (1920) 79
Von He (1920) 80
10. Psalm (1920) 81
Gesang von der Frau (1920) 82

Von dem Gras und Pfefferminzkraut * (1920) 84
Das war der Bürger Galgei * (1920) 84
Die Geburt im Baum (1920) 85
Prometheus (1920) 87
Meines Bruders Tod (1920) 87
Immer beruhigt der Tod* 88
Meiner Mutter* (1920) 88
Politische Betrachtungen (1920) 89
Der Gesang aus der Opiumhöhle 90
Refrain 91
Der dicke Cas (1920) 92
Wenn ich auf den zauberischen Karussellen* 93
Jahr für Jahr* (1921) 94
Als ich sah, daß die Welt abgestorben war* 95
Aus verblichenen Jugendbriefen* 95
Betrachtung vor der Fotografie der Therese Meier 96
Sentimentales Lied Nr. 78 (1920) 97
Bericht von einer mißlungenen Expedition 98
Der Nachgeborene 99
Es muß ja bei uns nicht geweint sein* (1920) 99
Psalm (1921) 100
Was erwartet man noch von mir* 101
Vor Jahren in meiner verflossenen Arche* 102
Bericht des Schiffbrüchigen 103
März (1921) 104
Tahiti 105
I. Brief an die Mestizen, da erbittert Klage geführt wurde gegen die Unwirtlichkeit (1921) 106
Epistel (1921) 106
Epistel über den Selbstmord 107
Sentimentale Erinnerungen vor einer Inschrift (1922) . . . 107
Nicht, daß ich nicht immer* 108

Kalendergedicht (1922) 109
Bin gewiß nicht mehr wie jeder Rupfensack* (1922) . . . 110
Lied (1922) 111
Gedanken eines Grammophonbesitzers 112
Von seiner Sterblichkeit 114
Ballade von der alten Frau (1922) 115
Jener 116
Das Lied der Rosen vom Schipkapaß 116
Ein pessimistischer Mensch* 117
Man sollte nicht zu kritisch sein* 118
Ruhig sitz ich bei den Wassern wieder* (1922) 118
Ich will nur größere Stiefel han* (1922) 119
Ich möchte vor 'nen Taler nicht* (1922) 119
Jeder Mensch auf seinem Eiland sitzt* (1922) 119
Über den richtigen Genuß von Spirituosen (1922) 120
Ihre Worte waren bitter* (1922) 121

Weihnachtsgedichte
Maria (1922) 122
Weihnachtslegende (1923) 123
Die gute Nacht (1926) 124

Kleine Epistel, einige Unstimmigkeiten entfernt berührend (1925) 126
Lied der drei Soldaten 127
Bidis Ansicht über die großen Städte (1925) 128
Von der zermalmenden Wucht der Städte 129
Von den Resten älterer Zeiten 131
Immer noch, wenn schon der achte Autotyp* 131
Ich höre* 132
Auf den Tod eines Verbrechers 133
Song zur Beruhigung mehrerer Männer 133
Komm mit mir nach Georgia 135
Mahagonnygesang Nr. 4 136
Der Mann-ist-Mann-Song 138
Ich sage ja nichts gegen Alexander 141
Der gordische Knoten 141
Über den Einzug der Menschheit in die großen Städte . . 143

Lied einer Familie aus der Savannah 144
Liebesgedicht 145
Der Gast 145
Von den großen Männern (1926) 146
Sintflut (1926) 147
Achttausend arme Leute kommen vor die Stadt (1926) . . 148
Diese babylonische Verwirrung* 149
Letzte Hoffnung 151
Über den Ohm 152
Der Theaterkommunist 154
Jetzt ist alles Gras aufgefressen* 154
Anna hält bei Paule Leichenwache (1925) 155
Mutter Beimlen 156
Das Entsetzen, arm zu sein 156
Wir fordern, daß auch er den nackten Körper zeige* . . 157
Matinee in Dresden (1926) 158
Und wenn wir's überlegen 159

Sonette

Sonett (1925) 160
Entdeckung an einer jungen Frau 160
Die Opiumraucherin (1926) 161
Sonett für Trinker 162
Kuh beim Fressen (1925) 162
Sonett über das Böse 163
Sonett über schlechtes Leben (1925) 163
Das zehnte Sonett 164
Sonett vom Sieger 165

BERTOLT BRECHTS HAUSPOSTILLE

Erste Lektion: Bittgänge

Vom Brot und den Kindlein (1920) 172
Apfelböck oder Die Lilie auf dem Felde (1919) 173
Von der Kindesmörderin Marie Farrar (1922) 176
Das Schiff (1919) 179

Liturgie vom Hauch (1924) 181
Morgendliche Rede an den Baum Griehn 186
Bericht vom Zeck (1919) 187

Zweite Lektion: Exerzitien

Vom Mitmensch (1920) 190
Der Herr der Fische 193
Von der Willfährigkeit der Natur (1926) 194
Lied der verderbten Unschuld beim Wäschefalten (1921) . 196
Vorbildliche Bekehrung eines Branntweinhändlers (1920) . 198
Historie vom verliebten Schwein Malchus 201
Von der Freundlichkeit der Welt 205
Ballade von den Selbsthelfern (1920) 205
Über die Anstrengung 207
Vom Klettern in Bäumen (1919) 209
Vom Schwimmen in Seen und Flüssen (1919) 209
Orges Antwort, als ihm ein geseifter Strick geschickt wurde (1917) 211
Orges Wunschliste 212
Lied am schwarzen Samstag in der elften Stunde der Nacht vor Ostern 213
Über die Städte (1927) 215
Großer Dankchoral 215

Dritte Lektion: Chroniken

Ballade von den Abenteurern (1917) 217
Ballade von den Geheimnissen jedweden Mannes (1920) 218
Ballade auf vielen Schiffen (1920) 219
Von des Cortez Leuten (1919) 222
Ballade von den Seeräubern (1918) 224
Ballade von der Hanna Cash (1921) 229
Erinnerung an die Marie A. (1920) 232
Ballade vom Mazeppa (1922) 233
Ballade von der Freundschaft (1920) 235
Ballade vom Weib und dem Soldaten 239

Vierte Lektion: Psalmen und Mahagonnygesänge

Erster Psalm 241
Zweiter Psalm (1920) 242
Dritter Psalm (1920) 243
Mahagonnygesang Nr. 1 243
Mahagonnygesang Nr. 3 244
Benares Song 247

Fünfte Lektion: Die kleinen Tagzeiten der Abgestorbenen

Der Choral vom Manne Baal (1918) 249
Von den verführten Mädchen (1920) 251
Vom ertrunkenen Mädchen (1920) 252
Die Ballade vom Liebestod (1921) 253
Legende vom toten Soldaten (1918) 256

Schlußkapitel

Gegen Verführung 260

Anhang

Vom armen B. B. (1922) 261

GEDICHTE 1926–1933

Aus einem Lesebuch für Städtebewohner

Verwisch die Spuren 267
Vom fünften Rad (1926) 268
An Chronos (1926) 269
Ich weiß, was ich brauche* 270
Ich bin ein Dreck* 271
Er ging die Straße hinunter* 273
Reden Sie nichts von Gefahr* 273
Laßt eure Träume fahren* 274

Vier Aufforderungen an einen Mann von verschiedener Seite zu verschiedenen Zeiten (1926) 275

Zum Lesebuch für Städtebewohner gehörige Gedichte
Die Städte sind für dich gebaut* 277
Tritt an! Warum kommst du so spät?* 277
Die Gäste, die du siehst* 278
Früher dachte ich* (1921) 278
Über die Städte (2) 279
Bericht anderswohin 279
Oft in der Nacht träume ich* 281
Hätten Sie die Zeitungen aufmerksam gelesen* 282
Setzen Sie sich!* 283
Ich will nicht behaupten* 285
Ich höre Sie sagen* 286
Unbezahlbar ist* 287
Ich habe ihm gesagt, er soll ausziehen* 288
Es war leicht, ihn zu bekommen* 288
Immer wieder, wenn ich diesen Mann ansehe* 289
Behauptung (1926) 290
Du, der das Unentbehrliche* 291
Über das Mißtrauen des Einzelnen 292
Warum esse ich Brot, das zu teuer ist?* 293
Ich merke, ihr besteht darauf* 293
Anleitung für die Oberen (1927) 294

Dreihundert ermordete Kulis berichten an eine Internationale (1927) 296
Sang der Maschinen 297

Kranlieder
Kinderlied 299
Rutsch mal drei Meter vor 299
Song des Krans Milchsack IV 301

Vom Geld (1927) 303
Ballade vom Stahlhelm (1927) 304
Inschrift auf einem nicht abgeholten Grabstein 305

Wenig würde genügen 306
Lied eines Mannes in San Francisco 306
Gedenktafel für 12 Weltmeister (1927) 307

Sonette
Sonett Nr. 1 (1927) 311
Sonett Nr. 2 (Von Vorbildern) 311
Sonett Nr. 9 (Über die Notwendigkeit der Schminke) . 312
Sonett Nr. 12 (Vom Liebhaber) 313

Über das Frühjahr (1928) 314
Alles Neue ist besser als alles Alte 314
700 Intellektuelle beten einen Öltank an (1929) 316
Singende Steyrwägen 318

Songs zu dem Stück »Happy End«
Der Bilbao-Song 319
Der Matrosen-Song 321
Der Song von Mandelay 324
Das Lied vom Surabaya-Johnny 325
Ballade von der Höllenlili 327

Teils der Gewohnheit meinesgleichen folgend* (1930) . . 329
Diese Arbeitslosigkeit!* 330
Rat an die Schauspielerin C. N. 331
Sonett zur Neuausgabe des François Villon (1930) 331
Hier standen die alten Mauren (1930) 332
Ein Fisch mit Namen Fasch* (1930) 332
Sein Ende* (1930) 334
Sie sagt, sie ist die treuste Frau der Welt* 335
Erinnerung an eine M. N. 336
Ein paar neue Verse einer soeben veralteten Moritat (1930) 338
Lied des Polizeichefs (1930) 338
Gründungssong der National Deposit Bank (1930) . . . 339

Die drei Soldaten (1930/31) 340

Wer sich wehrt* 364

Wer keine Hilfe weiß* 364
Wohin zieht ihr? (1931) 365
Sorgfältig prüf ich* (1931) 366
Das Lied der Obdachlosen (1931) 366
Das Frühjahr (1931) 367
Sportlied (1931) 368
Solidaritätslied (1931) 369
Ballade vom Tropfen auf den heißen Stein (1931) . . . 370
Lob des Dolchstoßes (1931) 372
Glaube nur* (1931) 373
Die Nachtlager 373
Der Führer hat gesagt* 374
Ich, der ich nichts mehr liebe* (1931) 376
Das Operieren mit bestimmten Gesten* 377

Drei Paragraphen der Weimarer Verfassung (1931)

Paragraph 1 378
Paragraph 111 379
Paragraph 115 380

Herr Doktor . . .* 382
Zehr und Patschek / Eine Moritat 383
Ich habe gehört, ihr wollt nichts lernen* 385
Von allen Werken (1932) 386
Über die Bauart langdauernder Werke 387
Keinen Gedanken verschwendet an das Unabänderbare* . 390
Die Bolschewiki entdecken im Sommer 1917 im Smolny, wo das Volk vertreten war: In der Küche (1932) . . . 392
Die Internationale (1932) 394
Gesang von den drei metaphysischen Soldaten 395

Zu dem Stück »Kamerad Kasper«

Ach, des Armen Morgenstund 396
Lied der Kriegerwitwe 396
Ich hatte eine liebe Frau 397

Fahrend über die Grenze der Union* (1932) 397
Die da wegkönnen* 398

Es gibt kein größeres Verbrechen als Weggehen* 399
Als der Faschismus immer stärker wurde* (1932) 400
Wir haben einen Fehler begangen 401
Das Lied vom Schuh 401
Immer wieder, seit wir zu mehreren arbeiten* 403
Wir hören: Du willst nicht mehr mit uns arbeiten* 404
Erwartung des zweiten Fünfjahrplans 406
Niemals ist das Unvermeidbare unrecht* (1933) 406
Verhalten in der Fremde (1933) 407
Die Moritat vom Reichstagsbrand (1933) 408
Verlangt nicht zuviel Klugheit* 412
Der du zu fliehen glaubte das Unertragbare* 413
Verlust eines wertvollen Menschen 414
Ich habe lange die Wahrheit gesucht* 414
Einmal eine nützliche Handlung verrichten* (1933) 415
Als ich ins Exil gejagt wurde* 416
Die Schauspielerin 417
Die Hoffenden 417
Der Bauer kümmert sich um seinen Acker* (1934) 418
Zeit meines Reichtums 418
Unsere Feinde sagen* 420
Dimitroff 420
Ballade vom Herrn Aigihn (1934) 422

LIEDER GEDICHTE CHÖRE

1918–1933

Gedicht vom unbekannten Soldaten unter dem Triumphbogen (1926) 425
Zweites Gedicht vom unbekannten Soldaten unter dem Triumphbogen (1927) 426
Zu Potsdam unter den Eichen (1927) 428
Grabschrift 1919 (1929) 429
Wiegenlieder (1932) 430
Als ich dich gebar* 430
Als ich dich in meinem Leib trug* 430

Ich hab dich ausgetragen* 431
Mein Sohn, was immer auch aus dir werde* 432
Das Lied vom SA-Mann 433
Das Lied vom Klassenfeind 435

1933

Das Lied vom Anstreicher Hitler 441
Hitler-Choräle 442
Nun danket alle Gott* 442
Bittet den Anstreicher* 444
Befiehl du deine Wege* 446
Sieh, wie er dir schon schwanket* 448
Ein' große Hilf war uns sein Maul* 449
Ein strenger Herr ist unser Herr* 451
Die Ballade vom Baum und den Ästen 452
Sonnenburg 454
Ein Bericht 455
An die Kämpfer in den Konzentrationslagern 455
Begräbnis des Hetzers im Zinksarg 457
Adresse an den Genossen Dimitroff, als er in Leipzig vor dem faschistischen Gerichtshof kämpfte 458

Lieder und Chöre aus den Stücken »Die Mutter« und »Die Maßnahme« (1931 und 1930)

An die Frauen 460
Das Lied von der Suppe 461
Lob des Lernens 462
Lob des Kommunismus 463
Lob der Partei 464
Wer aber ist die Partei? 464
Lob der illegalen Arbeit 465
Bericht über den Tod eines Genossen 466
Lob des Revolutionärs 466
Lob der Dialektik 467

Anhang

Ballade von der Billigung der Welt (1930) 469
Verschollener Ruhm der Riesenstadt New York 475
Lied der preiswerten Lyriker (1930) 483
Deutschland (1933) 487

GEDICHTE 1933–1938

Viele sind für die Ordnung* (1933) 491
Er war bei ihnen gesessen* 491
Gegen die Objektiven 492
Was an dir Berg war* 493
Gut, ihr seid quitt* 493
Bist du nur bei mir meiner Stimme wegen?* 494
Das Neujahr der Verfolgten 494
Die Auswanderung der Dichter 495
Im Überfluß 496
Die Käuferin (1934) 496
Was zersetzt 497
Hammer- und Sichellied (1934) 498
Tödliche Verwirrung* 498
Dort steht ein Mann und predigt* 498
Und es mischen sich unter die üblen die guten Gestalten* 499
Als der unbestechliche Anwalt* 500
Über die Bedeutung des zehnzeiligen Gedichtes in der 888. Nummer der Fackel (Oktober 1933) (1934) 501
Wer zu Hause bleibt, wenn der Kampf beginnt* 503
Der Kommunismus ist das Mittlere 503
Sie haben zu lernen aufgehört* (1934) 504
Über den schnellen Fall des guten Unwissenden (1934) . . 505
Räuberlied 506

Kinderlieder 1934

Ballade vom Pfund 507
Tierverse 508
Alfabet 511

Warum sollten wir uns Deiner schämen?* (1934) 515
Der Nachbar 515
Das Kreidekreuz (1934) 516
Der Arzt 517
Wer belehrt den Lehrer? 517
Der dem Tod Geweihte 517
Die Untersuchung 518
Ausschließlich wegen der zunehmenden Unordnung* . . . 519
Die Medea von Lodz (1934) 519
Ballade vom 30. Juni (1934) 520
Seht ihr nicht, daß ihr zu viele seid? 524
Napoleon 525
Der römische Kaiser Nero* 525
Der Bischof 525
Beim Lesen von »Zeit meines Reichtums«* 526
Dankgedicht an Mari Hold zum 5. Oktober 1934 527
Es dauerte lange* 529

Zu dem Stück »Das Ölfeld«

Hier ist Öl! Öl ist hier!* (1934) 530
Wieder zerfallen die Werke von Menschenhand* (1934) 530

Die Hölle der Enttäuscher (1934) 532
Untergang der Städte Sodom und Gomorrha (1934) . . . 533
Der Kaledonische Markt (1934) 533
Unter Troja liegen sieben Städte* 533
Ewig saß der schreckliche Gott* 534
»Zwischen Ost und West gibt's keine Brücken«* . . . 534

Sonette

Das erste Sonett 536
Das vierte Sonett (1933) 536
Das fünfte Sonett 537
Das sechste Sonett 538
Das siebente Sonett 538
Das elfte Sonett 539
Das dreizehnte Sonett 539
Der Orangenkauf (1934) 540

Fragen (1934) 541
Das Saarlied (1934) 542
Zu einer japanischen Zeichnung ein Puppenspiel darstellend, das Kinder Kindern vorführen* (1934) 543
Eine Voraussage 544
Rapport von Deutschland (1935) 545
Die sechzehnjährige Weißnäherin Emma Ries vor dem Untersuchungsrichter 546
Das Grabmal des unbekannten Soldaten der Revolution . 547
Der letzte Wunsch (1935) 547
Fünf waren angesagt* 548
Als die großen Räuber kamen* 548
Der Dieb schreit: Ich bin bestohlen* 549
Wer ist Dein Feind?* 549
Die Euch das Buch stahlen* 549
Stärke des Dritten Reiches 549
Das Loch im Stiefel Iljitschs (1935) 551
Vorschlag, die Architektur mit der Lyrik zu verbinden (1935) 551
Wenn die Untat kommt, wie der Regen fällt* 552
Was nützt die Güte* (1935) 553
Über den Satz »Die Barbarei kommt von der Barbarei«, den man oft hört (1935) 554
Im zweiten Jahre meiner Flucht (1935) 554
Exil* 555
Nur was sie zu ihrem Unterhalt brauchen* 555
Ihr seid wie Leute, die an den Meerstrand* 556
Sie sägten die Äste ab* 556
Über das Lehren ohne Schüler 556
Die Macht der Arbeiter (1935) 557
Der Lernende 558
Der Insasse 559
Als der Klassiker am Montag, dem siebenten Oktober 1935, es verließ, weinte Dänemark (1935) 559
Gedanken eines Revuemädchens während des Entkleidungsaktes (1936) 560
Warum soll mein Name genannt werden?* (1936) 561
Wenn das bleibt, was ist* 562

Heimkehr des Odysseus 563
Kantate erster Mai (1936) 563
Der Besuch* (1936) 564
Als wir so lang getrennt* 565
Inselbriefe I (1936) 565
Lied der liebenden Witwe 566
Als ich vor Jahren* 567
Der Gedanke in den Werken der Klassiker 568
Wie der Einbrecher* 569
Neue Zeit 569
Gebt keinen Euresgleichen auf!* (1936) 570
Und so beginne ich ihn denn zu suchen* 571
Regeln über die Verbesserung derer, die man braucht (Über Aufträge) 571
Regeln für den Verkehr mit solchen, die sich mit großen Gegenständen befassen 572
Rede eines sterbenden römischen Vaters an seinen Sohn (1937) 573
Ich bin der Cato (1937) 575
Ich bin jetzt Prätor (1937) 575
Die Sendlinge (1937) 576
Jonathan und David (Zwiegespräch) (1937) 576
Lied des Speichelleckers (1937) 578
Naturgedichte 579
(Svendborg) 579
(Augsburg) 580
Die türkische Musik 580
Alljährlich im September, wenn die Schulzeit beginnt* . . 581
Die ärmeren Mitschüler aus den Vorstädten 581

Kinderlieder 1937
Wo soll das hin? 583
Hoppeldoppel Wopps Laus 583
Der Räuber und sein Knecht 584
Der Kaiser Napoleon und mein Freund, der Zimmermann 584
Was ein Kind gesagt bekommt 585

Wisse es!* 586

Morgens und abends zu lesen (1937) 586
Fahrend in einem bequemen Wagen* 586
In finsteren Zeiten 587
Der Zweifler 587
Der Abschied 589
Das neunzehnte Sonett (1937) 589
Das Lied von Eurem Pfund und unserm Pfund 590
Die Träume des Gefangenen 591
Der Knecht des Räubers 592
Adresse an die Figuren der beiden ersten Bände 593

Lieder des Soldaten der Revolution

Lied des Soldaten der Revolution 594
Die gute Genossin M. S. (1937) 595
Vom Glück des Soldaten der Revolution 596
Reglement für den Soldaten M. S. 597

Die Söhne der Frau Germer 599
Eingeordnet in das durchprüfte System* 600
Geständnis 601
Zitat 601
Über den enthaltsamen Kanzler 602
Über die Gewalt 602
Über die Unfruchtbarkeit 602
Der abgerissene Strick* 603
Letztes Liebeslied 603
Beginn des Krieges 603
Als ich ihnen erzählte* 604
Schlechter Vorgang 605
Als der Tag zu Ende ging* 605
Rat an Tretjakow, gesund zu werden 606
Das Waschen 606

Studien

Über die Gedichte des Dante auf die Beatrice (1936) . . 608
Über Shakespeares Stück »Hamlet« 608
Über Kants Definition der Ehe in der »Metaphysik der Sitten« 609

Über das bürgerliche Trauerspiel »Der Hofmeister« von Lenz 610
Über Schillers Gedicht »Die Glocke« 610
Über Schillers Gedicht »Die Bürgschaft« 611
Über Goethes Gedicht »Der Gott und die Bajadere« . . . 611
Über Kleists Stück »Der Prinz von Homburg« (1938) . 612
Sonett zu Dantes »Hölle der Abgeschiedenen«* 613
Über Nietzsches »Zarathustra« 613
Kritik an Michelangelos »Weltschöpfung« 614
(Vermutliche) Antwort des Malers 615
Sonett vom Erbe 615
Über induktive Liebe 616

Chinesische Gedichte
Die Freunde 618
Die große Decke 618
Der Blumenmarkt 618
Der Politiker 619
Der Drache des schwarzen Pfuhls 620
Ein Protest im sechsten Jahre des Chien Fu 621

Auf einen Emigranten* 622
Der Mann, der die Vergänglichkeit fürchtet 622
Bericht über einen Gescheiterten 623
Klage des Emigranten 624
Da das Instrument verstimmt ist* 624
Über den Verfall der Liebe 625
Lob des Zweifels 626
Lob der Vergeßlichkeit 628
Das einundzwanzigste Sonett 629

SVENDBORGER GEDICHTE

I Deutsche Kriegsfibel

Bei den Hochgestellten 633
Das Brot der Hungernden ist aufgegessen 633

Der Anstreicher spricht von kommenden großen Zeiten . 634
Im Kalender ist der Tag noch nicht verzeichnet 634
Die Arbeiter schreien nach Brot 634
Die das Fleisch wegnehmen vom Tisch 634
Die Oberen sagen: Friede und Krieg 635
Wenn der Anstreicher durch die Lautsprecher über den Frieden redet 635
Wenn die Oberen vom Frieden reden 636
Die Oberen 636
Mann mit der zerschlissenen Jacke 636
Auf der Mauer stand mit Kreide: 637
Die Oberen sagen 637
Der Krieg, der kommen wird 637
Die Oberen sagen, im Heer 637
Wenn es zum Marschieren kommt, wissen viele nicht . . 638
General, dein Tank ist ein starker Wagen 638
Wenn der Krieg beginnt 639
Der Anstreicher wird sagen, daß irgendwo Länder erobert sind 639
Wenn der Trommler seinen Krieg beginnt 639

II

Deutsches Lied (1936) 641
Ballade von der »Judenhure« Marie Sanders (1935) . . . 641
Ballade von den Osseger Witwen (1934) 643
Lied der Starenschwärme (1932) 644
Kinderlieder 645
Der Schneider von Ulm (1934) 645
Vom Kind, das sich nicht waschen wollte 646
Kleines Bettellied 646
Der Pflaumenbaum (1934) 647
Mein Bruder war ein Flieger (1937) 647
Der Gottseibeiuns 648
Keiner oder alle (1934) 649
Lied gegen den Krieg 651
Einheitsfrontlied (1934) 652
Resolution der Kommunarden (1935) 653

III Chroniken

Fragen eines lesenden Arbeiters (1935) 656
Der Schuh des Empedokles 657
Legende von der Entstehung des Buches Taoteking auf dem Weg des Laotse in die Emigration (1938) 660
Besuch bei den verbannten Dichtern 663
Gleichnis des Buddha vom brennenden Haus 664
Die Teppichweber von Kujan-Bulak ehren Lenin (1929) . 666
Die unbesiegliche Inschrift 668
Kohlen für Mike (1926) 669
Abbau des Schiffes Oskawa durch die Mannschaft (1935) . 670
Inbesitznahme der großen Metro durch die Moskauer Arbeiterschaft am 27. April 1935 673
Schnelligkeit des sozialistischen Aufbaus 675
Der Große Oktober (1937) 675

IV

An den Schwankenden 678
An die Gleichgeschalteten (1935) 679
Auf den Tod eines Kämpfers für den Frieden (1938) . . 681
Rat an die bildenden Künstler, das Schicksal ihrer Kunstwerke in den kommenden Kriegen betreffend 682
Ansprache des Bauern an seinen Ochsen (1938) 683
Bei der Geburt eines Sohnes 684
Rede eines Arbeiters an einen Arzt 684
Appell 686
  Appell an einen kranken Kommunisten 686
  Antwort des kranken Kommunisten an seine Genossen . 686
  Appell an die Ärzte und Krankenpfleger 687
Verhöhnung des Soldaten der Revolution. Seine Antwort (1938) 688
  General mit dem löchrigen Schuhzeug* 688
  Will ich ganzes Schuhzeug tragen* 689
Kantate zu Lenins Todestag 690
Grabschrift für Gorki (1936) 693

V Deutsche Satiren

Die Bücherverbrennung (1938) 694
Traum von einer großen Miesmacherin 694
Der Dienstzug 696
Schwierigkeit des Regierens (1937) 697
Notwendigkeit der Propaganda (1937) 698
Die Verbesserungen des Regimes 701
Die Ängste des Regimes (1937) 703
Kanonen nötiger als Butter (1938) 705
Die Jugend und das Dritte Reich (1937) 706
Der Krieg soll gut vorbereitet sein (1937) 708
Die Liebe zum Führer 708
Was der Führer nicht weiß (1937) 709
Wörter, die der Führer nicht hören kann (1937) 710
Die Sorgen des Kanzlers (1937) 711
Trost vom Kanzler (1938) 713
Der Jude, ein Unglück für das Volk 713
Die Regierung als Künstler (1938) 714
Dauer des Dritten Reiches (1937) 715
Verbot der Theaterkritik (1937) 716

VI

Über die Bezeichnung Emigranten (1937) 718
Gedanken über die Dauer des Exils 719
Zufluchtstätte 720
Und in Eurem Lande? (1935) 720
Verjagt mit gutem Grund (1938) 721
An die Nachgeborenen 722

GEDICHTE 1938–1941

Visionen

Parade des alten Neuen 729
Die Niederkunft der großen Babel 730
Der Disput (Anno Domini 1938) 730

Der Steinfischer 732
Der Kriegsgott 733

Deutsche Kriegsfibel II* 734
Der Anstreicher sagt: 734
Wir wollen nicht mehr streiten 734
Der Bauer pflügt den Acker 734
Im Krieg wird sich vieles vergrößern 734
Wenn man die Felder der Junker aufteilt 735
Die gegen ihr eigenes Volk kämpften 735
Die jungen Leute sitzen über die Bücher gebückt 735
Die jungen Mädchen unter den Dorfbäumen 735
Es ist Nacht 735
Die Alternden 736
Den Kundgebungen des Regimes 736
Wozu Märkte erobern für die Waren 736
Da wird ein Tag sein, wo ihr dies bereut 736
Auf einem Meilenstein der Autostraßen 736
Kriegsindustrie 736
Der Führer wird euch erzählen: der Krieg 737
Vorschlag, für den Krieg mit Hitler schießbare Radioempfangsgeräte zu bauen 737
Die Hoffnung der Welt* 738
Die Krücken (1938) 739
Die Literatur wird durchforscht werden (1939) 740
Ist das Volk unfehlbar? 741
Schlechte Zeit für Lyrik 743
Schlechte Zeit für die Jugend 744
In finstern Zeiten 745
Lied über die guten Leute 745
Schwedische Landschaft (1939) 747
Vorspruch einer letzten Szene, in der ein guter Mensch straflos ausgeht 747
Der Zettel des Brauchens 748
Liebeslied aus einer schlechten Zeit 748
Die Folgen der Sicherheit 749
Der Liebende nicht geladen 749
Allem, was du empfindest* 749

Ardens sed virens (1939) 750
Rede einer proletarischen Mutter an ihre Söhne bei Kriegsausbruch 750
Die Festung Europa 751
Wann lebe ich? 751
Fragen und Antworten 751
Zwei Männer 751
Ich habe gehört* 752
Über Deutschland (1939) 752
1940 753
Vorschlag an einen befreundeten Maler, seine Bilder mit einem der folgenden Texte zu versehen* (1940) 753
Finnland 1940 754
Wir sind jetzt Flüchtlinge* 754
Mir, der ich von Bauern abstamme* 755
Bei einer Flasche Wein* 755
Das ist dieses Jahr* 755
Die Requisiten der Weigel (1940) 756
Vom Glück 756
Sonett Nr. 1 (1939) 757
Sonett Nr. 19 (1939) 757
Der Lautsprecher 758
Grabschrift aus dem Krieg des Hitler (1940) 758
Im Bade 759
In den Zeiten der äußersten Verfolgung 759

Gedichte aus dem »Messingkauf«
Rede an dänische Arbeiterschauspieler über die Kunst der Beobachtung 760
Über alltägliches Theater 766
Der Magier 770
So bildet sich der Mensch* 770
Leichtigkeit 770
O Lust des Beginnens 771
Über die Nachahmung* 771
Darstellung von Vergangenheit und Gegenwart in einem . 772
Über das Urteilen 773
Über die kritische Haltung 773

Theater der Gemütsbewegungen 774
Das Theater, Stätte der Träume 775
Reinigung des Theaters von den Illusionen 776
Das Zeigen muß gezeigt werden 778
Über die Einfühlung 779
Überlegung 780
Begräbnis des Schauspielers 780
Die Schauspielerin im Exil 781
Beschreibung des Spiels der H. W. 782
Helene Weigel als Frau Carrar* 782
Schminke 784
Lockerer Körper 784
Abwesender Geist 784
Sprechübung für Schauspieler 785
Über das Sprechen der Sätze 787
Der Nachschlag 787
Das Vollführen der Bewegungen* 788
Selbstgespräch einer Schauspielerin beim Schminken . . . 788
Lied des Stückschreibers (1935) 789
Mein Zuschauer 792
Aus ist das Stück 792
Suche nach dem Neuen und Alten (1950) 793
Die Vorhänge (1950) 794
Die Beleuchtung (1950) 795
Die Gesänge (1950) 795
Die Requisiten der Weigel (1950) 796
Sparsames Auftreten der Meisterschauspieler 797
Über den Ernst in der Kunst 798

Die Borgegans* 799
Briefe der Mutter an ihre Kinder in der Ferne (1940) . . 799
Die wahre Geschichte vom Rattenfänger von Hameln . . 802
Finnischer Tanz (1940) 803
Das Pferd des Ruuskanen (1941) 805
Der Wolf ist zum Huhn gekommen* 808
Überall vieles zu sehen (1941) 809
Angesichts einer abgeschlagenen Baumwurzel, einem gestürzten Mann gleichend (1941) 810

Der Balken 810
Frühzeitig schon lernte ich 811
Ode an einen hohlen Würdenträger (1941) 811
Der Belehrmich (1941) 813
In großer Zeit* (1941) 813
Bericht der Serben 813

Steffinische Sammlung
Frühling 1938 815
Heute, Ostersonntag früh* 815
Über dem Sund hängt Regengewölke* 815
In den Weiden am Sund* 816
Der Kirschdieb (1938) 816
1940 817
Das Frühjahr kommt. Die linden Winde* 817
Aus den Bücherhallen* 817
Die Konstrukteure hocken* 817
Nebel verhüllt* 817
Ich befinde mich auf dem Inselchen Lidingö* 818
Mein junger Sohn fragt mich* 818
Vor der weißgetünchten Wand* 818
Auf der Flucht vor meinen Landsleuten* 819
Auf den kleinen Radioapparat 819
An die dänische Zufluchtsstätte (1940) 820
Die Pfeifen (1940) 820
Finnische Gutsspeisekammer 1940 820
Ich lese von der Panzerschlacht (1941) 821
Gedenktafeln für im Krieg des Hitler gegen Frankreich Gefallene (1941) 821
Gedenktafel für 4000, die im Krieg des Hitler gegen Norwegen versenkt wurden 822
Finnische Landschaft 822

GEDICHTE 1941–1947

Fürchtend, ach, für unser Leben* (1941) 825
Der Taifun (1941) 825

Nach dem Tod meiner Mitarbeiterin M. S.* (1941) 826
Im neunten Jahr der Flucht vor Hitler* 826
Mein General ist gefallen* 826
Als es so weit war* 826
Eingedenk meiner kleinen Lehrmeisterin* 827
Die Trümmer 827
Nach dem Tod meiner Mitarbeiterin M. S. 827
An Walter Benjamin, der sich auf der Flucht vor Hitler entleibte (1941) 828
Zum Freitod des Flüchtlings W. B. (1941) 828
Die Verlustliste (1941) 829
Nachdenkend über die Hölle* 830
Die Landschaft des Exils (1941) 830
Sonett in der Emigration 831
Angesichts der Zustände in dieser Stadt* 832
Kinderkreuzzug (1941) 833
An die deutschen Soldaten im Osten (1942) 838
Deutschland (1942) 843
Antwort des Dialektikers, als ihm vorgeworfen wurde, seine Voraussage der Niederlage der Hitlerheere im Osten sei nicht eingetroffen 844
Überall Freunde* (1942) 844
Der Regen fließt von oben nach unten* (1942) 845
Zeitunglesen beim Theekochen 846
Sah verjagt aus sieben Ländern* (1942) 846
Brief an den Stückeschreiber Odets 846
Junger Mann auf der Rolltreppe 847
Sommer 1942 848
Hollywood (1942) 848
Hollywood-Elegien (1942) 849
Das Dorf Hollywood ist entworfen* 849
Am Meer stehen die Öltürme* 849
Die Stadt ist nach den Engeln genannt* 849
Unter den grünen Pfefferbäumen* 850
Die Engel von Los Angeles* 850
Über den vier Städten kreisen die Jagdflieger* 850
Die Maske des Bösen (1942) 850
Liefere die Ware!* 851

Das will ich Ihnen sagen* 852
Das Lidicelied 852
Jeden Tag greifen die Roten Armeen an* 853
Die gute Tat 853
Lied einer deutschen Mutter (1942) 854
Gezeichnete Geschlechter (1943) 855
Im Zeichen der Schildkröte (1943) 855
Die neuen Zeitalter 856
Auch das Beschädigte* (1943) 857
Das Fischgerät (1943) 857
Die Schande* 858
Rückkehr (1943) 858
Aurora (1943) 859
Immer wieder (1943) 859
Der demokratische Richter 860
Vom Sprengen des Gartens (1943) 861
Peinlicher Vorfall (1943) 861
Und es sind die finstern Zeiten* (1943) 862
Gemeinsame Erinnerung* (1943) 863
Widersprüche* 863
Die Verwandlung der Götter 864
Über den bürgerlichen Gottesglauben 864
Die handelnd Unzufriedenen* 865
Die freiwilligen Wächter 866
An einen befreundeten Dichter 867
Wir Guten 867
Als wir uns nun eben werfen ließen* 868
Tagesanbruch 868
In der Frühe des neuen Tags* 868
Briefe über Gelesenes 869
Hütet euch, ihr* 869
Mit Vergnügen lese ich* 870
Ein Film des Komikers Chaplin 870
Als der Nobelpreisträger Thomas Mann den Amerikanern und Engländern das Recht zusprach, das deutsche Volk für die Verbrechen des Hitlerregimes zehn Jahre lang zu züchtigen (1944) 871
Das neue Schweißtuch 873

Verurteilung antiker Ideale 873
Enttäuschung 874
Viele sehen es so* 875
Der Bauch Laughtons 875
Vertrauen dadurch erschöpft, daß es verlangt wird* . . . 875
Bericht des Sohnes 876
Die heiligen Männer essen Heuschrecken* 876
Städtische Landschaft (1943) 877
E. P. Auswahl seines Grabsteins 879
Als wir kamen vor Milano 879
Einmal unter vielen Malen* 880
Leicht, als ob nie den Boden berührend* 881
Bei der Nachricht von der Erkrankung eines mächtigen Staatsmannes (1944) 881
Ich, der Überlebende 882
Im sechsten Jahr (1944) 882
Hakenkreuz und Double Cross (1944) 882
Garden in Progress (1944) 883
Lektüre ohne Unschuld (1944) 886
Der alte Mann von Downing Street (1944) 886
Auf die Nachricht von den Toryblutbädern in Griechenland (1944) 887
Alles wandelt sich*. 888
Empfehlung eines langen, weiten Rocks 888

Lieder aus »Die Reisen des Glücksgotts«
Arie des Glücksgotts 889
Zweites Lied des Glücksgotts 889
Drittes Lied des Glücksgotts 890
Liebesunterricht 890
Siebentes Lied des Glücksgotts (I) 891
Siebentes Lied des Glücksgotts (II) 892
Elftes Lied des Glücksgotts 893
Ich bin der Glücksgott* 894
Ich bin der Schutzgott der Pflüger und Säer* 894

Lehrgedicht von der Natur der Menschen
Aus dem ersten Gesang 895

Wenn wir nun hier im Gedicht die Natur* 895
Während so der Dinge Natur ihren Schrecken verloren* 895
Dieses Natürliche, die Arbeit* 895
Zum ersten Gesang gehörig 896
Nicht von Erscheinungen schlechthin noch Anschauung sei hier die Rede* 896
Über das Begreifen des Vorhandenen 898
Wenn sie so jammern, das Leben werd ihnen geraubt* 898
Da sie aber bedrückt sind vom Kapitalismus* 899
Denn der Korn und Zinsen tragende Acker* 900
Als nun aber die immer fortschreitende Menschheit* . 901
Über Ungleichheit. Schwierig, sie zu entdecken 901
Gleichermaßen gefährlich und nützlich ist auch das Machen einleuchtender Bilder 902
Aus dem vierten Gesang 903
Über die geistige und materielle Kultur 903
Die apokalyptischen Reiter 904
Zum vierten Gesang gehörig 905
Viele sprachen vom Krieg wie von Ungewitter* . . . 905
Bericht von einem hundertjährigen Krieg 1 906
Bericht von einem hundertjährigen Krieg 2 907
Intervention 907
Über den Frieden 908
So auch der tapfere Mensch ist nicht ganz tapfer* . . 908
Denk nicht: es sah dich nicht, der dies schrieb* 909
Das Manifest (1945) 911

Was ist geschehen? 931
Gestank* 931
Epistel an die Augsburger (1945) 933
Einst 933
Der Letzte 934
Teile nun auch unsern Sieg mit uns* 934
Deutschland 1945 935
Abgesang 935
Kalifornischer Herbst 935
In meinem Garten gibt es nur* 935
Ich sah ein großes Herbstblatt* 936

Prolog zur amerikanischen Aufführung [Leben des Galilei] 936
Epilog der Wissenschaftler [Leben des Galilei] 937
Brief an den Schauspieler Charles Laughton, die Arbeit an dem Stück »Leben des Galilei« betreffend 938
Der Schreiber fühlt sich verraten von einem Freund (1945) 938
Die schöne Gabel 939
Der Nürnberger Prozeß 939
Der Krieg ist geschändet worden 939
Stolz 940
Adresse des sterbenden Dichters an die Jugend 940
Epitaph für M. (1946) 942
Aber wenn er zum Block ging* 942
Mit Beschämung 943
Der anachronistische Zug oder Freiheit und Democracy (1947) 943

GEDICHTE 1947–1956

Die Freunde 953
An meinen Freund, den Maler (1948) 953
Der Wasser-Feuer-Mensch unserer Jugend* 953
Die zwei großen Bretter* 953
Caspar Neher, der Bühnenbauer, übergibt den Schauspielern der Stadt Chur die Geräte seines Antigone-Modells . . . 954
Antigone (1948) 954
Aufbaulied (1948) 955
Zukunftslied (1948) 956
Grabschrift für Karl Liebknecht (1948) 958
Grabschrift für Rosa Luxemburg (1948) 958
Die andere Seite (1949) 958
Außer diesem Stern* 959
Für Helene Weigel (1949) 959
Als ich kam in die Heimat* 959
Als unsere Städte in Schutt lagen* 960
Wahrnehmung (1949) 960
Nimm Platz am Tisch* 961
Eulenspiegel überlebt den Krieg 961
Ein neues Haus (1949) 962

Schlechte Zeiten 963
Ich habe dies. Du hast das* 964
Jugend 964
Als die Stadt nun tot lag* 964
An meine Landsleute (1949) 965
Sprüche* 966
Als ich mich herumgetrieben* 966
Traue nicht deinen Augen* 966
Gespräch über den Alltagskampf 966
An den Schauspieler P. L. im Exil (1950) 967
Nachruf auf XX 967
Schwächen (1950) 968
Das Theater des neuen Zeitalters* (1950) 968
Vom Glück des Gebens 968
Frühling 969
Wenn es im Geahnten ist* 969

Kinderlieder 1950
Die Geschichte von der Mutter Courage* 970
Drachenlied 970
Die Vögel warten im Winter vor dem Fenster 971
Stürme schmettern* 972
Über die Berge 972
Vom kriegerischen Lehrer 973
Eines nicht wie das andere 973
Mailied 974
Aberglaube 974
Die Pappel vom Karlsplatz 975
Liedchen aus alter Zeit 976
Nachkriegsliedchen 976
Onkel Ede 976
Neue Zeiten 977
Kinderhymne 977

Die Erziehung der Hirse (1950) 979

Die Meister kaufen billig ein 993

Liebeslieder (1950) 993
Als ich nachher von dir ging* 993
Lied einer Liebenden 994
Sieben Rosen hat der Strauch* 994
Die Liebste gab mir einen Zweig* 994
Bitten der Kinder 995
Angebot 995
Friedenslied (1951) 996
Auf einen chinesischen Theewurzellöwen (1951) 997
Lied vom Glück 997
Lieschen und Gretchen am Brunnen* 999
Ach, neige du Schmerzensreiche 999
Glückliche Begegnung (1952) 1000

Zu dem Stück »Volpone«
O Venezia! 1001
Lied der Magd 1001

Die Stimme des Oktobersturms (1952) 1003
Der Mann, der mich aufnahm* 1003
An einen jungen Bauarbeiter der Stalinallee (1952) . . . 1003
Glücklicher Vorgang 1004
Unglücklicher Vorgang 1004
Inschrift für das Hochhaus an der Weberwiese* 1005
Du bist erschöpft von langer Arbeit* 1005
Deutschland 1952 1005
Das Brot des Volkes 1005
Nicht feststellbare Fehler der Kunstkommission (1953) . 1007
Das Amt für Literatur (1953) 1007
Nicht so gemeint (1953) 1008

Buckower Elegien (1953)
Der Radwechsel 1009
Der Blumengarten 1009
Die Lösung 1009
Große Zeit, vertan 1010
Böser Morgen 1010
Gewohnheiten, noch immer 1011

Heißer Tag 1011
Die Wahrheit einigt 1011
Der Rauch 1012
Eisen 1012
Tannen 1012
Der Einarmige im Gehölz 1013
Vor acht Jahren 1013
Rudern, Gespräche 1013
Beim Lesen des Horaz 1014
Laute 1014
Bei der Lektüre eines sowjetischen Buches 1014
Der Himmel dieses Sommers 1015
Die Kelle 1015
Die Musen 1015
Bei der Lektüre eines spätgriechischen Dichters 1016

Jakobs Söhne ziehen aus, in Ägyptenland Lebensmittel zu holen (1953) 1017
Höre beim Reden!* 1017
Frage 1018
Beim Anhören von Versen* 1018
Ha! ha! ha! Lachten die Kunden des Sokrates* 1018
Nicht in die Schlacht wirf, Feldherr, alle! 1019
Richtigstellung 1020
Ach, wie sollen wir die kleine Rose buchen? 1020
Zum Einzug des »Berliner Ensemble« in das Theater am Schiffbauerdamm (1954) 1020
Theater 1020
Ach, nur der flüchtige Blick* (1954) 1021
An eine Mitarbeiterin, die während der Sommerferien im Theater zurückgeblieben ist (1954) 1021
1954: Erste Hälfte 1022
Vergnügungen 1022
Gleichklang* 1023
Das Gewächshaus 1023
Der Hund (1954) 1023
Hier ist die Karte, da ist die Straße* 1024
Geh ich zeitig in die Leere* 1024

Lied der Ströme (1954) 1024
An die Studenten der Arbeiter- und Bauernfakultät . . . 1026
Einmal, wenn da Zeit sein wird* 1027
Wie der Wind weht* (1955) 1027
Panzereinheit, ich freue mich* (1955) 1028
Der schöne Tag, wenn ich nutzlos geworden bin* 1028
Schicke mir ein Blatt* (1955) 1028
Ich benötige keinen Grabstein* 1029
Schwierige Zeiten 1029
Wie es war (1) 1029
Wie es war (2) 1030
Wechsel der Dinge 1030
Und ich war alt, und ich war jung zu Zeiten* 1030
War traurig, wann ich jung war* 1030
Und ich dachte immer 1030
Als ich in weißem Krankenzimmer der Charité 1031
Fröhlich vom Fleisch zu essen 1031
Dauerten wir unendlich* 1031
Gegenlied zu »Von der Freundlichkeit der Welt« 1032

ANHANG

Kriegsfibel 1035

ÜBERSETZUNGEN · BEARBEITUNGEN · NACHDICHTUNGEN

Ophelias Lieder 1051
The Ladies 1052
Maria, Fürsprecherin der Frauen 1055
Der Cholera-Camp 1057
Gesang der punischen Soldaten 1059
Die kleinen alten Frauen 1061
Der Dunkle 1062
Der Kriegshund 1066
Epigramm 1067
Resignation 1067

Der Hut, dem Dichter geschenkt von Li Chien 1068
Des Kanzlers Kiesweg 1068
Ansprache an einen toten Soldaten des Marschalls Chiang Kai-Shek 1069
Gedanken bei einem Flug über die große Mauer 1070
Für das Grab des Li Po 1071
Das Stundenlied 1072
Sturmvogel 1075
Ägyptisches Bauernland 1078
Die nicht zu vergessende Nacht 1078
Finnisches Volkslied 1078
Der Teufel 1080
Der Sohn 1081
Die haltbare Graugans 1081
Der Pauper 1082

Gedichte und Lieder aus Stücken und Prosatexten

Baal (1918/19)
Der Choral vom großen Baal 1085
Orges Gesang* 1087
Der Tod im Wald* 1088

Mann ist Mann (1924–26)
Song von Witwe Begbicks Trinksalon 1089
Das Lied vom Fluß der Dinge* 1090
Der Mutterschmerzenmonolog 1092
Ach, wie war es lustig in Uganda* 1093

Die Dreigroschenoper (1928)
Die Moritat von Mackie Messer 1093
Neue Schlußstrophen der Moritat von Mackie Messer 1095
Der Morgenchoral des Peachum 1095
Der Anstatt-daß-Song 1095
Das Hochzeitslied für ärmere Leute 1096
Die Seeräuber-Jenny 1097
Der Kanonen-Song 1099
Der neue Kanonen-Song 1100
Der Song vom Nein und Ja* 1102
Über die Unsicherheit menschlicher Verhältnisse 1104
Die Ballade von der sexuellen Hörigkeit 1106
Die Zuhälterballade 1107

Die Ballade vom angenehmen Leben 1109
Neufassung der Ballade vom angenehmen Leben 1110
Die Ballade vom angenehmen Leben der Hitlersatrapen 1111
Ballade vom angenehmen Leben 1113
Das Eifersuchtsduett 1114
Denn wovon lebt der Mensch? 1116
Das Lied von der Unzulänglichkeit menschlichen Strebens 1118
Salomon-Song 1119
Ruf aus der Gruft 1121
Ballade, in der Macheath jedermann Abbitte leistet 1122
Neufassung der Ballade, in der Macheath um Verzeihung bittet 1123
Schlußchoral* 1125
Neuer Schlußchoral 1125
Die Schlußstrophen des Dreigroschenfilms 1126
Kriegslied 1126

Aufstieg und Fall der Stadt Mahagonny (1928/29)
Alabama-Song 1127
Ihr habt gelernt das Cocktail-Abc* 1128
Blasphemie* 1129
Die Liebenden 1129
Mahagonnygesang Nr. 2* 1130
Denn wie man sich bettet* 1132
Gedicht über einen Toten* 1133

Der Ozeanflug (1928/29)
Prolog, vor einer Sendung des »Ozeanflugs« zu sprechen 1133
Bekämpfung des Primitiven* 1134

Das Badener Lehrstück vom Einverständnis (1929)
Bericht vom Fliegen 1137
Untersuchung, ob der Mensch dem Menschen hilft 1138
Das Einverständnis 1139

Die Maßnahme (1929/30)
Lob der UdSSR 1140
Lob der illegalen Arbeit 1140
Gesang der Reiskahnschlepper 1141
Streiklied* 1143
Song von der Ware 1144
Ändere die Welt: sie braucht es 1144

Die heilige Johanna der Schlachthöfe (1929–31)
Kampflied der schwarzen Strohhüte* 1145
Der Traum der Johanna* 1147
Die Schaukel* 1148
Der Schnee beginnt zu treiben* 1149
Der Auftrag* 1149
Spannt die Netze aus* 1150
Johannas letzte Rede* 1151

Die Ausnahme und die Regel (1929/30)
Lied vom ich und wir* 1153
Lied des Kaufmanns* 1154
Lied von den Gerichten 1154
Die Ausnahme* 1155
Epilog* 1155

Die Mutter (1931)
Lied vom Flicken und vom Rock 1156
Sie haben Gesetzbücher und Verordnungen* 1157
Lob der Wlassowas 1158
Lob der dritten Sache 1159
Steh auf, die Partei ist in Gefahr!* 1159
Wer noch lebt, sage nicht niemals 1160
Brief an das Arbeitertheater Theatre Union in New York, das Stück »Die Mutter« betreffend 1160

Die Rundköpfe und die Spitzköpfe (1931–34)
Hymne des erwachenden Jahoo 1165
Nannas Lied 1166
Das Lied von der Tünche 1168
Sichellied 1169
Die Ballade vom Knopfwurf 1169
Das Was-man-hat-hat-man-Lied 1171
Das neue Iberinlied 1172
Lied von der belebenden Wirkung des Geldes 1174
Die Ballade vom Wasserrad 1175
Kuppellied 1177
Lied eines Großen 1178
Rundgesang der Pachtherren 1180

Die Horatier und die Kuriatier (1934)
Die sieben Lanzenverwertungen 1180

Jener plante gut und fiel* 1182

Furcht und Elend des Dritten Reiches (1935–38)
Die deutsche Heerschau 1182

Leben des Galilei (1938/39)
Dies leicht verschobene Busentuch, Thaïs* 1183
Als der Allmächtige sprach sein großes Werde* 1184
Maria saß auf einem Stein* 1186

Mutter Courage und ihre Kinder (1939)
Mutter Courages Lied* 1187
Lied vom Fraternisieren 1189
Horenlied 1190
Lied von der großen Kapitulation 1192
Soldatenlied* 1193
Salomon-Song* 1194
Lied von der Bleibe* 1196
Wiegenlied* 1196

Das Verhör des Lukullus (1939)
Mein Sohn ist im Kriege gefallen* 1197

Der gute Mensch von Sezuan (1938–40)
Shen Te's Gedanken, als sich arme Leute bei ihr einquartieren* 1198
Lied von der Nachsicht* 1199
Das Lied vom Rauch 1199
Angesichts des Elends* 1200
Lied des Wasserverkäufers im Regen 1200
Oh, ihr Unglücklichen!* 1201
Das Lied von der Wehrlosigkeit der Götter und Guten 1202
Was ist das für eine Welt?* 1203
Ich will mit dem gehen, den ich liebe* 1203
Das ist gut* 1203
Das Lied vom Sankt Nimmerleinstag 1204
Lied vom Freundlichsein* 1205
Lied vom achten Elefanten 1205
Shen Te's Schlußrede an die Götter* 1206
Epilog 2* 1207

Herr Puntila und sein Knecht Matti (1940)
Das Pflaumenlied* 1208

Ballade vom Förster und der Gräfin* 1209
Das Puntilalied 1209

Der aufhaltsame Aufstieg des Arturo Ui (1941)
Epilog 1212

Die Gesichte der Simone Machard (1941–43)
Johanna, Tochter Frankreichs* 1213
Liedchen* 1213
Wenn der Eroberer kommt in eure Stadt* 1214
Tochter Frankreichs, fürchte dich nicht* 1214

Schweyk im zweiten Weltkrieg (1943)
Das Lied vom Weib des Nazisoldaten 1215
Das Lied vom kleinen Wind 1216
Lied von der Zubereitung des schwarzen Rettichs 1217
Mit dem Mitternachtsglockenschlag* 1218
Das Lied von der Moldau 1218
Bei der Kanone dort* 1219
Kälbermarsch* 1219
Als wir nach Jarómersch zogen* 1220
Das Lied vom »Kelch« 1220
Deutsches Miserere 1222

Der kaukasische Kreidekreis (1943–45)
Wenn das Haus eines Großen zusammenbricht* 1222
O Blindheit der Großen* 1223
Ich werde warten auf dich* 1223
Grusches Lieder auf der Wanderung* 1224
Zieh ins Feld ich traurig meiner Straßen* 1226
Rat an den Liebsten, der in den Krieg zieht 1226
Die Schlacht fing an im Morgengraun* 1227
Lied vom Krieg* 1227
Lied vom Azdak* 1228
Lied vom Chaos 1230
Ginge es in goldnen Schuhn* 1230

Die Tage der Commune (1948/49)
Altes Liedchen 1231
Das Lied vom Extra* 1232
Ostern* 1232

Turandot oder der Kongreß der Weißwäscher
Sage ihm, der den Wagen zieht* 1233
Ballade vom Wissen* 1233

Die Antigone des Sophokles (1948)
Antigones letzte Rede* 1234
Neuer Prolog zur »Antigone« 1238

Der Hofmeister (1950)
O stille Winterzeit* 1239

Coriolan (1951/52)
Belehrung durch den Gärtner* 1239

Der Prozeß der Jeanne d'Arc zu Rouen 1431 (1952)
Das Lied von der Jeanne d'Arc* 1240

Pauken und Trompeten (1954)
Lied der Melinda* 1241
Lied der Victoria* 1241
Wenn ich von dir gehen werde* 1242
Lied der Kompanie 1242
Lied von der Ausnahme* 1243
Soldatenlied 1244

Die Kleinbürgerhochzeit (1926)
Keuschheitsballade in Dur 1244

Untergang des Egoisten Johann Fatzer (1927–30)
Fatzers Rundgang durch die Stadt Mülheim* 1245
Fatzer, komm 1247
Gesicht des Denkenden von der Zeit nach ihm 1249
Unrecht ist menschlich (Chor VII) 1250
Gut so. Schlecht so! (Chor und Gegenchor) 1250

Der Brotladen (1929/30)
Prolog* 1252
Rundgesang der Als 1253
Einst sah ich eine Suppe 1253
Aber auch unter uns gibt es noch Ebenen 1254
Lied der Als im Heilsarmeelokal 1254
Der Weg nach unten! 1255

Ballade von der Witwe Queck 1256

Aus Nichts wird Nichts (1929/30)
Der »Aus Nichts wird Nichts«-Song 1258
Immer wieder in erneuerten Kämpfen 1260

Das wirkliche Leben des Jakob Geherda (1935/36)
Der neue Don Quichote 1261
Von uns gehen eben dreizehn auf ein Dutzend 1261

Geschichten vom Herrn Keuner
Über die Auswahl der Bestien 1262

Me-ti / Buch der Wendungen
Verhör des Guten 1264
Me-tis Strenge 1265
Kin-jehs Lied über seine Schwester im Bürgerkrieg 1265
Kin-jeh sagte von seiner Schwester 1266
Zweites Lied des Kin-jeh an seine Schwester 1266
Kin-jeh und seine Schwester 1267
Zweites Gedicht Kin-jehs über seine Schwester 1267

Der Tui-Roman
Die Tuis und das Erbe 1268
Reise der Volksvertreter an die Front 1269

Flüchtlingsgespräche (1940/41)
Appell der Laster und Tugenden 1271

Augsburger Theaterkritiken (1918–22)
Schmidtbonns »Graf von Gleichen« im Stadttheater 1273

Zur Benutzung des alphabetischen Registers

Das nachfolgende Register verzeichnet alle Gedichte und Lieder, die in den »Gesammelten Werken« veröffentlicht sind. Kenntlich gemacht sind die Gedichte und Lieder, die aus den Abteilungen Stücke (St), Prosa (P) und Schriften zum Theater (SzT) übernommen wurden. Überschriften, die in Klammer gesetzt sind, stammen von Doppeltiteln, die angegebene Seitenzahl verweist auf die Seite, in der das Gedicht mit dem gültigen Titel abgedruckt ist.

Alphabetisches Verzeichnis der Gedichtanfänge und -überschriften

Abbau des Schiffes Oskawa durch die Mannschaft 670
Abends am Fluß in dem dunklen Herz der Gesträucher 82
Aber als er zur Wand ging, um erschossen zu werden 466
Aber auch ich auf dem letzten Boot 830
Aber auch unter uns gibt es noch Ebenen St 1254
Aber das Neue muß Altes bezwingen 996
Aber die Gleiche und Wandelbare 417
Aber die Händelosen 129
Aber in kalter Nacht die erbleichten Leiber 64
Aber, Mädchen, ich empfehle 890
Aber wenn er zum Block ging 942
Aberglaube 974
Abgesang 935
Abschiedslied St 2666
Abwesender Geist 784
Ach, des Armen Morgenstund 396
Ach, eines Tages, euer Bau'n zu stören 737
Ach, er kam nicht zu bestimmten Zeiten 192
Ach, es kommt ja der Krug mit der schäumenden Milch auch 194
Ach, eure Welt ist schwierig! St 1206
Ach, ich weiß, ich dürft es nie gestehen 566
Ach, in jener Nacht der Liebe 97
Ach, in meinen Jugendjahren 50
Ach, Johnny, hab nicht so 136
Ach, man sagt, des roten Mondes Anblick St 1177
Ach, neige du Schmerzensreiche 999
Ach, nur der flüchtige Blick 1021
Ach, sie sangen mir schon an der Wiege St 1178
Ach, sie schmolzen fast zusammen St 1243
Ach, sie sind die besten Leute 338
Ach, Tom, bist du auch beir Armee, beir Armee? 138
Ach, wie sollen wir die kleine Rose buchen? 1020
Ach, wie war es lustig in Uganda St 1093
Achttausend arme Leute kommen vor die Stadt 148
Adolf Hitler, dem sein Bart 511
Adolf schlief bei seinem Neuvermählten 520
Adresse an den Genossen Dimitroff 458
Adresse an die Figuren der beiden ersten Bände 592
Adresse des sterbenden Dichters an die Jugend 940
Ägyptisches Bauernlied 1078
Alabama-Song St 1127
Alfabet 511
Alle die Jahre über, wenn ich nach langer Abwesenheit P 1267
Alle doch, mehr oder wenig St 1243
Allem, was du empfindest 749

Alles Neue ist besser als alles Alte 314
Alles wandelt sich 888
Alles, was wir euch sagten 426
Allenthalb sagt man es nackt 128
Alljährlich im September, wenn die Schulzeit beginnt 581
Als das dritte Reich gegründet war 501
Als das Regime befahl, Bücher mit schädlichem Wissen 694
Als das Schiff brüchig war 103
Als der Abend übers Schlachtfeld wehte 3
Als der Allmächtige sprach sein großes Werde St 1184
Als der amerikanische Soldat mir erzählte 940
Als der Anstreicher kam, hat er euch versprochen 524
Als der Faschismus immer stärker wurde 400
Als der Frühling kam und das Meer war blau 18
Als der Genosse Dimitroff vor Gericht stand 420
Als der Gescheiterte unsere Insel betrat 623
Als der große Blutende daher kam 873
Als der Klassiker am Montag, dem siebenten Oktober 1935 559
Als der Mann aus Makedämon 141
Als der Nobelpreisträger Thomas Mann den Amerikanern und Engländern das Recht zusprach 871
Als der Propagandaminister 716
Als der Sommer kam, zu der Zeit der abessinischen Regen 565
Als der Tag zu Ende ging 605
Als der Trommler dreizehn Jahre 408
Als der unbestechliche Anwalt 500
Als der Wandelbare gestorben war 780
Als der Weltkrise dritter Winter gekommen war 805
Als die Akademie der Künste von engstirnigen Behörden 1008
Als die Braut ihr Bier getrunken 890
Als die Frau schrie unter der Axt 893
Als die Gabel mit dem schönen Horngriff brach 939
Als die großen Feuer brannten St 1228
Als die großen Räuber kamen 548
Als die Kerze ausgebrannt war 603
Als die Pflaumen reif geworden St 1208
Als die Revolution des Februar um war 392
Als die sechzehnjährige Weißnäherin Emma Ries 546
Als die Stadt nun tot lag 964
Als einer meiner höchsten Götter seinen 10 000. Geburtstag beging 861
Als Empedokles, der Agrigenter 657
Als er aus dem Tempel stracks 1072
Als er im Traum die Hütte betrat 663
Als er Siebzig war und war gebrechlich 660
Als es aber dann galt, das Vorhandene ganz zu begreifen 898
Als es so weit war und der nicht unerbittliche Tod 826

Als Herr Keuner, der Denkende, hörte P 1262
Als ich bestohlen wurde in Los Angeles 858
Als ich das Stück »Die Mutter« schrieb SzT 1160
Als ich den beiden so berichtet hatte 613
Als ich dich gebar, schrien deine Brüder 430
Als ich dich in das fremde Land verschickte 539
Als ich dich in meinem Leib trug 430
Als ich die schwarze Muschel zögernd hob 629
Als ich die Stadt betrat 876
Als ich dir vor Jahren zeigte 606
Als ich einstmals die großen Städte gesichtet 306
Als ich es vor Jahren lernte 559
Als ich ging nach Saint-Nazaire St 1213
Als ich ihnen erzählte 604
Als ich in die neuerbauten Städte kam 279
Als ich in weißem Krankenzimmer der Charité 1031
Als ich ins Exil gejagt wurde 416
Als ich jung war, ließ ich mir auf eine Holztafel 813
Als ich kam in die Heimat 959
Als ich klein war, ging ich zur Schule 435
Als ich las, daß sie die Schriften 415
Als ich meinem Mann die Treue schwor 396
Als ich mich herumgetrieben 966
Als ich nachher von dir ging 993
Als ich noch lebte, saßen wir in der Mulde im Park 1071
Als ich sah, daß die Welt abgestorben war 95
Als ich vor Jahr und Tag mich an dich hing 538
Als ich vor Jahren 567
Als ich wiederkehrte 960
Als ihr erschlagen hattet 576
Als ihre schwere Stunde gekommen war 730
Als im weißen Mutterschoße aufwuchs Baal 249
Als im weißen Mutterschoße aufwuchs Baal St 1085
Als Lenin gestorben war 689
Als mich meine Mutter geboren 401
Als mir der Magen knurrte schlief ich 433
Als nun aber die immer fortschreitende Menschheit 901
Als nun so das Zeigen den Tuis zu Beruf und Erwerb ward P 1268
Als sie aber hinuntergingen in diesen Tagen 7
Als sie ertrunken war und hinunterschwamm 252
Als sie mich sahn aus alten Büchern schreiben 615
Als sie nun aus war, ließ man in Erde sie 88
Als unser Herr auf Erden 507
Als unsere Städte in Schutt lagen 960
Als wir aber dann beschlossen 1005
Als wir den Beredten seines Schweigens wegen 505
Als wir im fünften Jahre hörten St 1182
Als wir kamen vor Milano 879
Als wir nach Jarómersch zogen St 1220
Als wir so lang getrennt 565

Als wir uns nun eben werfen ließen 868
Als wir zerfielen einst in Du und Ich 536
Altes Liedchen St 1231
Am besten einen von den schwarzen, großen St 1217
Am Ersten Mai 974
Am ersten Mai 1935 in New York 563
Am Grunde der Moldau wandern die Steine St 1218
Am heiligen Abend heut 123
Am Meer stehen die Öltürme 849
Am meisten mit sich selbst 504
Am See, tief zwischen Tann und Silberpappel 1009
Am siebten Tage unter leichten Winden 222
An Chronos 267
An dem Tag, an dem der unbekannte gefallene Soldat 294
An den Grenzen Mord, Schlachten und Dörfer in Brand 9
An den Junisonntagen im Junggehölz 1000
An den Schauspieler P. L. im Exil 967
An den Schwankenden 678
An die dänische Zufluchtsstätte 819
An die deutschen Soldaten im Osten 838
An die Frauen 460
An die Gleichgeschalteten 679
An die Kämpfer in den Konzentrationslagern 455
An die Nachgeborenen 722
An die Studenten der Arbeiter- und Bauernfakultät 1026
(An die Studenten im wiederaufgebauten Hörsaal der Universität) 1026
An diesem Morgen, vor dem Geschützstand 907
An eine Mitarbeiterin, die während der Sommerferien im Theater zurückgeblieben ist 1021
An einem bestimmten Tage in ganz Spanien 557
An einem dürren Ast 969
An einem frühen Morgen, lange vor Hahnenschrei 816
An einem grauen Vormittag 244
An einem Tag, wo keine Nachricht kam 589
An einen befreundeten Dichter 867
An einen jungen Bauarbeiter der Stalinallee 1003
An jenem Tag im blauen Mond September 232
An meine Landsleute 965
An meinen Freund, den Maler 953
An meiner Wand hängt ein japanisches Holzwerk 850
An Walter Benjamin, der sich auf der Flucht vor Hitler 828
Ändere die Welt: sie braucht es St 1144
Andere gießen ihr Glas gewöhnlich nur so hinunter 120
Angebot 995
Angesichts der Zustände in dieser Stadt 832
Angesichts des Elends St 1200
Angesichts einer abgeschlagenen Baumwurzel 810
Anleitung für die Oberen 294
Anmut sparet nicht noch Mühe 977
»Anna Czok, plombierte Gänse« 799
Anna hält bei Paule Leichenwache 155

Anna redet schlecht von Bidi 52
Ansprache an einen toten Soldaten des Marschalls Chiang Kai-Shek 1069
Ansprache des Bauern an seinen Ochsen 683
Anstatt daß St 1095
Antigone 954
Antigones letzte Rede St 1234
Antwort des Dialektikers, als ihm vorgeworfen wurde 844
Antwort des kranken Kommunisten 686
Apfelböck oder Die Lilie auf dem Felde 173
Appell 686
Appell an die Ärzte und Krankenpfleger 687
Appell an einen kranken Kommunisten 686
Appell der Laster und Tugenden P 1271
Ardens sed virens 750
Arie des Glücksgotts 889
Auch am Abend hat sich nichts gebessert 151
Auch das Beschädigte 857
Auch der Himmel bricht manchmal ein 89
Auch für einen Deutschen gibt es freie Stätten 380
Auf ausdrücklichen Befehl des Führers 696
Auf dem Stadtweiher fahren sie stundenlang Kahn 89
Auf den Großen Vorhang malt die streitbare 794
Auf den kleinen Radioapparat 819
Auf den Straßen in Sonne und Staub 39
Auf den Tod eines Kämpfers für den Frieden 681
Auf den Tod eines Verbrechers 133
Auf der Flucht vor dem Anstreicher 825
Auf der Flucht vor meinen Landsleuten 819
Auf der Mauer stand mit Kreide 637
Auf die Erde voller kaltem Wind 205
Auf die Nachricht von den Torybluthbädern in Griechenland 887
Auf einem Meilenstein der Autostraßen 736
Auf einen chinesischen Theewurzellöwen 997
Auf einen Emigranten 622
Auf, ihr Völker dieser Erde! 369
Auf nach Mahagonny 243
Aufbaulied 955
Augsburg 580
Aurora, du auf dem geliebten Fluß 859
(Aus allem etwas machen) 958
Aus dem Brunnen schöpft Lieschen 999
Aus dem Süden kommend 527
Aus den Bücherhallen 817
Aus Frage und Antwort 785
Aus ist das Stück 792
Aus keinem andern Grund 57
Aus sicherer Quelle 708
Aus verblichenen Jugendbriefen 95
Auslassungen eines Märtyrers 37
Ausschließlich wegen der zunehmenden Unordnung 519
Außer diesem Stern 959

Ballade auf vielen Schiffen 219
Ballade, in der Macheath jedermann Abbitte leistet St 1122
(Ballade über die Anstrengung) 207

Ballade vom angenehmen Leben P 1113
(Ballade vom Brod) 172
Ballade vom 30. Juni 520
Ballade vom Förster und der Gräfin St 1209
Ballade vom Herrn Aigihn 422
Ballade vom Knopfwurf St 1169
(Ballade vom Kriegerheim) 428
Ballade vom Mazeppa 233
Ballade vom Pfund 507
Ballade vom Stahlhelm 304
Ballade vom Tod der Anna Gewölkegesicht 46
Ballade vom Tropfen auf den heißen Stein 370
Ballade vom Weib und dem Soldaten 239
Ballade vom Wissen St 1233
Ballade von den Abenteurern 217
Ballade von den Geheimnissen jedweden Mannes 218
(Ballade von den Männern im Holz) 205
Ballade von den Osseger Witwen 643
Ballade von den Seeräubern 224
Ballade von den Selbsthelfern 205
Ballade von der alten Frau 115
Ballade von der Billigung der Welt 469
Ballade von der Freundschaft 235
Ballade von der Hanna Cash 229
Ballade von der Höllenlili 327
Ballade von der »Judenhure« Marie Sanders 641
Ballade von der Witwe Queck St 1256
(Barbara-Song) St 1102
Bauer, steh auf! St 1169
Befiehl du deine Wege 446
Beginn des Krieges 603
Begräbnis des Hetzers im Zinksarg 457
Begräbnis des Schauspielers 780
Behauptung 290
Bei den Hochgestellten 633
Bei der Geburt eines Sohnes 684
Bei der Kanone dort St 1219
Bei der Lektüre eines sowjetischen Buches 1014
Bei der Lektüre eines spätgriechischen Dichters 1016
Bei der Nachricht von der Erkrankung eines mächtigen Staatsmanns 881
Bei der Soiree der Unterdrückung P 1271
Bei einer Flasche Wein 755
Bei gelbem Nebel in Southampton Street 540
Beim Anhören von Versen 1018
Beim Lesen des Horaz 1014
Beim Lesen von »Zeit meines Reichtums« 526
Beiß, Greifer, beiß 299
Bekämpfung des Primitiven St 1134
Belehrung durch den Gärtner St 1239
Benares Song 247
Bericht anderswohin 279
Bericht der Serben 813
Bericht des Schiffbrüchigen 103
Bericht des Sohnes 876
Bericht über den Tod eines Genossen 466
Bericht über einen Gescheiterten 623
Bericht vom Fliegen St 1137
Bericht vom Zeck 187
Bericht von einem hundertjährigen Krieg 1 906
Bericht von einem hundertjährigen Krieg 2 907

Bericht von einer mißlungenen Expedition 98
Beschreibung des Spiels der H. W. 782
Besuch bei den verbannten Dichtern 663
Betrachtung vor der Fotografie der Therese Meier 96
(Bettellied der großen Geister) St 1194
Bidi im Herbst 53
Bidi in Peking 1023
Bidis Ansicht über die großen Städte 128
Bill Lawgen und Mary Syer St 1096
Bills Ballhaus in Bilbao 319
Bin gewiß nicht mehr wie jeder Rupfensack 110
Bischof, ich kann fliegen 645
Bist du nur bei mir meiner Stimme wegen? 494
Bitten der Kinder 995
(Bitten der Vögel im Winter) 971
Bittet den Anstreicher, daß er den Zinsfuß uns senke 444
Bittet den Iberin, daß er die Mieten uns senke St 1165
Blasphemie St 1129
Böser Morgen 1010
Brackwasser ist braun, und die alten Schaluppen 219
Brief an das Arbeitertheater Theatre Union in New York SzT 1160
Brief an den Schauspieler Charles Laughton 938
Brief an den Stückeschreiber Odets 846
Brief an die Mestizen, da erbittert Klage geführt wurde 106
Brief an einen Freund 43
Briefe der Mutter an ihre Kinder in der Ferne 799
Briefe über Gelesenes 869
Bruder, du machst meine Augen naß 889
Bruder, es ist Zeit 852
Brüder, wenn ich bei euch wäre 838
Bürger der Vaterstadt, seht St 1234
Bürste den Rock 460

Cas ist tapfer. Cas schießt mit Kanonen 29
Caspar Neher, der Bühnenbauer, übergibt den Schauspielern der Stadt Chur 954
Caspars Lied mit der einen Strophe 29
Cloë saß an einem Bach St 1241

Da das Instrument verstimmt ist 624
Da dich keiner nehmen will St 1224
(Da erbittert Klage geführt wurde) 106
Da ich die Bücher, nach der Grenze hetzend 820
Da ihr also nun geht 750
Da ist eine alte Märe 519
Da ist noch die Holzschachtel für die Zettel 827
Da ist nun einer schon der Satan selber St 1106
Da preist man uns das Leben freier Geister St 1110
Da preist man uns das Leben großer Geister St 1109
Da sie aber bedrückt sind vom Kapitalismus 899
Da sie nun glauben, der Gedanke allein 902

Da war der Lehrer Huber 973
Da war die dunkle Beere der Mutter 1062
Da war ein isländischer Bischof 525
Da war eine Zeit 1013
Da wird ein Tag sein, wo ihr dies bereut 736
Daheim bei mir auf der flohgelblichen Tapete hängt 96
Dankgedicht an Mari Hold 527
Darstellung von Vergangenheit und Gegenwart in Einem 772
Das erste Sonett 536
Das vierte Sonett 536
Das fünfte Sonett 537
Das sechste Sonett 538
Das siebente Sonett 538
Das zehnte Sonett 164
Das elfte Sonett 539
Das dreizehnte Sonett 539
Das neunzehnte Sonett 589
Das einundzwanzigste Sonett 629
Das Amt für Literatur mißt bekanntlich den Verlagen 1007
Das Beschwerdelied 16
Das Brot der Hungernden ist aufgegessen 633
Das Brot des Volkes 1005
(Das Bürgerschaftsexamen) 860
Das Dorf Hollywood ist entworfen 849
Das Eifersuchtsduett St 1114
Das Einverständnis St 1139
Das Entsetzen, arm zu sein 156
Das Fischgerät 857
Das Frühjahr kommt 367
Das Frühjahr kommt. Die linden Winde 817
Das Gewächshaus 1023
Das Grabmal des unbekannten Soldaten der Revolution 547
Das Hausdach, das ihm seine Aussicht verstellt 116
Das Hochzeitslied für ärmere Leute St 1096
Das ist die Stunde ihres Triumphes 87
Das ist dieses Jahr, von dem man reden 755
Das ist ein fröhlicher Tag, an dem es heißt 1028
Das ist gut St 1203
Das ist unsere Genossin Wlassowa, gute Kämpferin St 1158
Das Kind kommt gelaufen 1004
Das kleine Haus unter Bäumen am See 1012
Das Kreidekreuz 516
Das Leben ist ganz scheen 91
Das Lidicelied 852
Das Lied der Eisenbahntruppe von Fort Donald 13
Das Lied der Obdachlosen 366
Das Lied der Rosen vom Schipkapaß 116
Das Lied vom Anstreicher Hitler 441
Das Lied vom Extra St 1232
Das Lied vom Fluß der Dinge St 1090
Das Lied vom Geierbaum 31
Das Lied vom »Kelch« St 1220
Das Lied vom Klassenfeind 435
Das Lied vom kleinen Wind St 1216
Das Lied vom Rauch St 1199
Das Lied vom SA-Mann 433
Das Lied vom Sankt Nimmerleinstag St 1204
Das Lied vom Schuh 401
Das Lied vom Surabaya-Johnny 325
Das Lied vom Weib des Nazisoldaten St 1215

Das Lied von der Jeanne d'Arc St 1240
Das Lied von der Moldau St 1218
Die Lied von der Suppe 461
Das Lied von der Tünche St 1168
Das Lied von der Unzulänglichkeit menschlichen Strebens St 1118
Das Lied von der Wehrlosigkeit der Götter und Guten St 1202
Das Lied von der Wolke der Nacht 48
Das Lied von eurem Pfund und unserm Pfund 590
Das Loch im Stiefel Iljitschs 551
Das Manifest 911
Das neue Iberinlied St 1172
Das neue Schweißtuch 873
Das Neujahr der Verfolgten 494
Das Operieren mit bestimmten Gesten 377
Das Pferd des Ruuskanen 805
Das Pflaumenlied St 1208
Das Puntilalied St 1209
Das Regime behauptet, die Jugend 706
Das Saarlied 542
Das Schießgewehr schießt, und das Spießmesser spießt 239
Das Schiff 179
Das Schiff läuft durch die Flut 997
Das Stundenlied 1072
Das Theater des neuen Zeitalters 968
Das Theater, Stätte der Träume 775
Das Unrecht geht heute einher mit sicherem Schritt 467
Das Vollführen der Bewegungen 788
Das war der Bürger Galgei 84
Das, was ihr darstellt, pflegt ihr 772
Das, was ihr hier lest, ist in Versen geschrieben 483
Das Was-man-hat-hat-man-Lied St 1171
Das Waschen 606
Das will ich ihnen sagen 852
Das Wort, das du mir oft schon vorgehalten 539
Das Zeigen muß gezeigt werden 778
Daß er verrecke! ist mein letzter Wille 821
Daß euer schlechtes Brot uns nicht tut drucken 35
Daß ihr hier sitzen könnt: so manche Schlacht 1026
Dauer des Dritten Reiches 715
Dauerten wir unendlich 1031
Dein Vater ist ein Räuber St 1225
Deine Allee hat noch keine Bäume 1003
Deine Sorg war meine Sorg 1030
Deine Taten werden nicht gutgeheißen 875
Den du so freundlich eingeladen hast 536
Den Haien entrann ich 942
Den Hungernden, der dir 549
Den Kundgebungen des Regimes 736
Den Mitmenschen zu treten St 1205
Den Pakt zu wechselseitigem Gebrauch 609
Den Sohn zum Fischen schickend 782
Denk nicht: es sah dich nicht der dies schrieb 909

Denk nicht vor: hast du kein Glück 1067
Denn der Korn und Zinsen tragende Acker 900
Denn wie man sich bettet St 1132
Denn wovon lebt der Mensch? St 1116
Der abgerissene Strick kann wieder geknotet werden 603
Der Abschied 589
Der alte Mann im Frühling 50
Der alte Mann von Downing Street 886
Der anachronistische Zug oder Freiheit und Democracy 943
Der Anstatt-daß-Song St 1095
Der Anstreicher Hitler 441
Der Anstreicher sagt 734
Der Anstreicher spricht von kommenden großen Zeiten 634
Der Anstreicher wird sagen, daß irgendwo 639
Der Arzt 517
Der Auftrag St 1149
Der »Aus Nichts wird Nichts«-Song St 1258
Der Balken 810
Der Bauch Laughtons 875
Der Bauer kümmert sich um seinen Acker 418
Der Bauer pflügt den Acker 734
Der Baum erzählt, warum er keine Früchte gebracht hat 963
Der Belehrmich 813
Der belgische Acker 9
Der berühmte Ausspruch des Generals Göring 705
Der Besuch 564
Der Bilbao-Song 319
Der Bischof 525
Der Blumengarten 1009
Der Blumenmarkt 618
Der brennende Baum 3
Der Cholera-Camp 1057
Der Choral vom großen Baal 1085
Der Choral vom Manne Baal 249
Der dem Tod Geweihte 517
Der demokratische Richter 860
Der, den ich liebe 586
Der Dichter, der ihn manchmal geliebt 45
Der Dichter Kin sagte 601
Der dicke Cas ist gestorben 92
Der Dieb schreit: ich bin bestohlen 549
Der Dienstzug 696
Der Disput (Anno Domini 1938) 730
Der Drache des schwarzen Pfuhls 620
(Der 13. Januar) 542
Der du zu fliehen glaubtest das Unertragbare 413
Der dumme Teufel schuftet heut und morgen St 1233
Der Dunkle 1062
Der Einarmige im Gehölz 1013
Der eine ist reich und der andere ist arm 864
Der Ernst des Manns, der den silbernen Schmuck 798
Der erste Blick aus dem Fenster am Morgen 1022
Der Fabrikbesitzer läßt sein Flugzeug überholen 931
Der Fähnrich 6
Der Fluß lobsingt die Sterne im Gebüsch 74
Der Frühling sprang durch den Reifen 27
Der Führer hat gesagt 374
Der Führer versichert, daß das Dritte Reich 715

Der Führer wird euch erzählen 737
Der Gast 145
Der Gedanke in den Werken der Klassiker 568
Der Gesang aus der Opiumhöhle 90
Der gordische Knoten 141
Der Gottseibeiuns 648
Der Gouverneur, von mir befragt, was nötig wäre 618
Der Graf von Gleichen, der sich in sein Bett SzT 1273
Der große Bacon baute auf Versuche 616
Der große Fischer ist wieder erschienen 732
Der große Kaiser Napoleon 584
Der Große Oktober 675
Der größte Schriftsteller ist nicht zu groß 571
Der Herr der Fische 192
Der Herr ist aufs Feld gangen 1081
Der Himmel der Enttäuschten 55
Der Himmel dieses Sommers 1015
Der Himmel ist grau 1082
Der Himmel über mir in der nicht zu vergessenden Nacht 1078
Der Hund 1023
Der Hut, dem Dichter geschenkt von Li Chien 1068
Der Insasse 559
Der Jude, ein Unglück für das Volk 713
Der Kabinettminister liegt 759
Der Kaiser Napoleon und mein Freund 584
Der Kaledonische Markt 533
Der Kampf ist gekämpft, zu Tisch jetzt! 934
Der Kanonen-Song St 1099
Der Kirschdieb 816
Der Knecht des Räubers 592
Der Kommunismus ist das Mittlere 503
Der kranke Mann stirbt und der starke Mann ficht St 1154
Der Krieg beginnt, die Herrschenden 372
Der Krieg, der kommen wird 637
Der Krieg ist geschändet worden 939
Der Krieg soll gut vorbereitet sein 708
Der Krieg war vielen wunderbar 340
Der Krieg wird nicht unnötig 1020
Der Kriegsgott 733
Der Kriegshund 1066
Der Lautsprecher 758
Der Lernende 558
Der Letzte 934
Der letzte Wunsch 547
Der liebe Gott sieht alles 585
Der Liebende nicht geladen 749
Der liebste Ort, den er auf Erden hab St 1087
Der Magier 770
Der Mann, der die Vergänglichkeit fürchtet 622
Der Mann, der mich aufnahm 1003
Der Mann-ist-Mann-Song 138
Der Marsch in die vier Windrichtungen 1069
Der Matrosen-Song 321
Der Mensch lebt durch den Kopf St 1118
Der Morgenchoral des Peachum St 1095
Der Mutterschmerzmonolog St 1092
Der Nachbar 515

Der Nachgeborene 99
Der Nachschlag 787
Der neue Don Quichote St 1261
Der neue Kanonen-Song St 1100
Der nur Nachahmende, der nichts zu sagen hat 771
Der Nürnberger Prozeß 939
Der Obstbaum, der kein Obst bringt 602
Der Orangenkauf 540
Der Pachtherr grübelt Tag und Nacht St 1172
Der Pauper 1082
Der Pflaumenbaum 647
Der Politiker 619
Der Prolet wird in den Krieg verladen 651
Der Radwechsel 1009
Der Rattenfänger von Hameln 802
Der Räuber, der die Kaufleute angefallen hat 592
Der Räuber und sein Knecht 584
Der Rauch 1012
Der Regen fließt von oben nach unten 845
Der reißende Strom wird gewalttätig genannt 602
Der römische Kaiser Nero 525
Der Schnaps ist in die Toiletten geflossen 105
Der Schnee beginnt zu treiben St 1149
Der Schneider von Ulm 645
Der schöne Tag, wenn ich nutzlos geworden bin 1028
Der Schreiber fühlt sich verraten von einem Freund 938
Der Schuh des Empedokles 657
Der sich nicht ergeben hat 681
Der Sohn 1081
Der Soldat hat Glück 596
Der Sommer kommt, und der Himmel des Sommers 370
Der Song vom Nein und Ja St 1102
Der Song von Mandelay 324
Der Steinfischer 732
Der süchtige Reichsmarschall, der Clown und Schlächter St 494
Der Tag, vor dem der große Christ 124
Der Taifun 825
Der Teufel hatte ein Brombeernfeld 1080
Der Theaterkommunist 154
Der Tod im Wald St 1088
(Der Totenvogel) 816
Der Traum der Johanna St 1147
Der Tsingtausoldat 11
Der unbekannte Soldat der Revolution ist gefallen 547
(Der Virginienraucher) 114
Der Wasser-Feuer-Mensch unserer Jugend 953
Der Weg nach unten! St 1255
Der Wolf ist zum Huhn gekommen 808
Der Zettel des Brauchens 748
Der Zweifler 587
Des Kanzlers Kiesweg 1068
Des Morgens nüchterner Abschied, eine Frau 160
Deutsche Kriegsfibel 633
Deutsche Kriegsfibel [II] 734
Deutsches Frühlingsgebet 5
Deutsches Lied 641
Deutsches Miserere St 1222
Deutschland 487
Deutschland 843
Deutschland 1945 935
Deutschland 1952 1005
Deutschland, du Blondes, Bleiches 68

Diese Arbeitslosigkeit 330
Diese babylonische Verwirrung 149
Die Achillesverse 53
Die alte Frau Germer vorm Landgericht stand 599
Die alten heidnischen Götter – das ist ein Geheimnis 864
Die Alternden tragen 736
Die amerikanischen Korrespondenten beschwerten sich 939
Die andere Seite 958
Die Ängste des Regimes 703
(Die Antwort) 818
Die apokalyptischen Reiter 904
Die Arbeiter schreien nach Brot 634
Die ärmeren Mitschüler aus den Vorstädten 581
Die ärmeren Mitschüler in ihren dünnen Paletoten 581
Die auf die goldenen Stühle gesetzt sind 740
Die Ausnahme St 1155
Die Auswanderung der Dichter 495
Die Ballade vom angenehmen Leben St 1109
Die Ballade vom angenehmen Leben der Hitlersatrapen St 1111
Die Ballade vom Baum und den Ästen 452
Die Ballade vom Liebestod 253
Die Ballade vom Wasserrad St 1175
(Die Ballade von dem Soldaten) 239
(Die Ballade von den Prominenten) St 467
Die Ballade von der sexuellen Hörigkeit St 1106
Die Behörden sollen eine Untersuchung führen 518
Die Beleuchtung 795
Die Bolschewiki entdecken im Sommer 1917 Smolny 392
Die Borgegans 799
Die Bücherverbrennung 694
Die Bühnenbilder und Kostüme des großen Neher 993
Die Burschen, eh sie ihre Mädchen legen 1027
Die da wegkönnen, sollen weggehen 398
Die das Fleisch wegnehmen vom Tisch 634
Die deutsche Heerschau St 1182
Die drei Soldaten 340
Die Engel von Los Angeles 850
Die Erziehung der Hirse 979
Die euch das Buch stahlen 549
Die Festung Europa 751
Die finnischen Arbeiter 844
Die Folgen der Sicherheit 749
Die Frauen, welche ihren Schoß verstecken 312
Die freiwilligen Wächter 866
Die Freunde 618
Die Freunde 953
Die Gäste, die du siehst 278
Die geboren sind, wollen nicht sterben St 1250
Die Geburt im Baum 85
Die gegen ihr eigenes Volk kämpften 735
Die Gerechtigkeit ist das Brot des Volkes 1005
Die Gesänge 795
Die Geschichte von der Mutter Courage 970
Die große Decke 618
Die großen Männer sagen viele dumme Sachen 146
Die gute Genossin M. S. 595
Die gute Nacht 124

Die gute Tat 853
Die guten Leute erkennt man daran 745
Die haltbare Graugans 1081
Die handelnd Unzufriedenen, eure großen Lehrer 865
Die Häuser sollen nicht brennen 995
Die heiligen Männer essen Heuschrecken 876
Die Herstellung von Versteinerungen 879
Die Hoffenden 417
Die Hoffnung der Welt 738
Die Hölle der Enttäuscher 532
Die Hügel und Bäche der Ebene 621
Die Internationale 394
Die Jugend und das Dritte Reich 706
Die jungen Leute sitzen über die Bücher gebückt 735
Die jungen Mädchen unter den Dorfbäumen 735
Die Käuferin 496
Die Kelle 1015
Die kleinen alten Frauen 1061
Die Konstrukteure hocken 817
Die kritische Haltung 773
Die Krücken 739
Die Landschaft des Exils 830
Die Legende der Dirne Evlyn Roe 18
Die Leute, die nur ihren Pflichten leben P 1113
Die Liebe des Volkes zum Führer ist sehr groß 708
Die Liebe zum Führer 708
Die Liebenden St 1129
Die Liebste gab mir einen Zweig 994
Die Literatur wird durchforscht werden 740
Die Lösung 1009
Die Lust des Besitzes fühlte ich tief 526
Die Macht der Arbeiter 557
Die Männer von Fort Donald – hohé! 13
Die Maske des Bösen 850
Die Medea von Lodz 519
Die Meister kaufen billig ein 993
Die Minister verkünden unaufhörlich dem Volk 697
Die Moritat vom Reichstagsbrand 408
Die Moritat von Mackie Messer St 1093
Die Musen 1015
Die Nacht ihrer ersten Geburt war 122
Die Nachtlager 373
Die neuen Zeitalter beginnen nicht auf einmal 856
Die nicht zu vergessende Nacht 1078
Die Niederkunft der großen Babel 730
Die Oberen haben sich 636
Die Oberen sagen es geht 637
Die Oberen sagen: Friede und Krieg 635
Die Oberen sagen, im Heer 637
Die Opiumraucherin 161
Die Osseger Witwen im Witfrauenkleid 643
Die Panzergrenadiere nehmen das 853
Die Pappel vom Karlsplatz 975
Die Pfeifen 820
Die Regierung als Künstler 714
Die Requisiten der Weigel 756
Die Requisiten der Weigel 796
Die Revolution war fertig schon 525

Die rote Rosa nun auch verschwand 429
Die Schande 858
Die Schaukel St 1148
Die Schauspielerin 417
Die Schauspielerin im Exil 781
Die Schlacht fing an im Morgengraun St 1227
Die Schlechten fürchten deine Klaue 997
Die Schlußstrophen des Dreigroschenfilms St 1126
Die schöne Gabel 939
Die schwarzen Wälder aufwärts 72
Die sechzehnjährige Weißnäherin Emma Ries 546
Die Seeräuber-Jenny oder Träume eines Küchenmädchens St 1097
Die Sendlinge 576
Die Septembernächte sind gut zum Rauchen 53
Die sieben Lanzenverwertungen St 1180
Die Silberpappel, eine ortsbekannte Schönheit 1010
Die Söhne der Frau Germer 599
Die Sorgen des Kanzlers 711
Die Staatsgewalt geht vom Volke aus 378
Die Stadt ist nach den Engeln genannt 849
Die Stadt Sodom und die Stadt Gomorrha 533
(Die Städte) 215
Die Städte sind für dich gebaut. Sie erwarten dich freudig 277
Die Stimme des Oktobersturms 1003
Die Sünder in der Hölle 20
Die Teller werden hart hingestellt 1011
Die Teppichweber von Kujan-Bulak ehren Lenin 666
Die Träume des Gefangenen 591
Die Trümmer 827
Die Tuis und das Erbe P 1268
(Die Tür) 819
Die türkische Musik 580
Die unbesiegliche Inschrift 668
Die Untersuchung 518
Die Vaterstadt, wie find ich sie doch? 858
Die Verbesserungen des Regimes 701
Die Verlustliste 829
Die Verwandlung der Götter 864
Die Vögel warten im Winter vor dem Fenster 971
Die Vorhänge 794
Die wahre Geschichte vom Rattenfänger von Hameln 802
Die Wahrheit einigt 1011
Die Welt hallt wider von dem Wort 853
Die Wolga, lese ich, zu bezwingen 1014
Die Zuhälterballade St 1107
Die zwei großen Bretter 953
Dies Bildnis, das er von der Schöpfung machte 614
Dies ist das Dach 563
Dies ist die Geschichte der Weltmeister im Mittelgewicht 307
Dies leicht verschobene Busentuch, Thaïs St 1183
Diese babylonische Verwirrung der Wörter 149
Diesen Kranken 517
Dieser, hör ich, wurde abberufen 133
Dieses Natürliche, die Arbeit 895
Dimitroff 420
Doch eines Tages erhob sich rasch der Meister 496

Dort kommt einer, dem geh aus dem Weg 517
Dort steht ein Mann und predigt 498
Drachenlied 970
Drei Paragraphen der Weimarer Verfassung 378
Dreihundert ermordete Kulis berichten 296
Drescht für euch, drescht für euch 1078
Dritter Psalm 243
Drittes Lied des Glücksgotts 890
Du bist erschöpft von langer Arbeit 1005
Du, der das Unentbehrliche 291
Du, der du, sitzend im Buge des Bootes 718
Du Färberssohn vom Lech, im Kluckerspiele 821
Du, Galy Gay, der du ausgingst 592
Du hast einen wertvollen Menschen verloren 414
Du hast unsere Niederlage mit uns geteilt 934
Du hattest keine 968
Du kleiner Kasten, den ich flüchtend trug 819
Du mußt doch frieren 576
Du nennst dich einen Mann 1055
Du sagst: Es steht schlecht 678
Du starbst verlassen 4
Du zarter Geist, daß dich nicht Lärm verwirre 613
Durch das Fenster, die zwölf Quadrate 579
Durch des Abends dunstig roten Nebel 3
Durch die klaren Wasser schwimmend vieler Meere 179
Durch die Ungunst der Zeit 753
Durch Jahre suchend, wen ich mir zum Vorbild nähme 311

Eben stellten sie den Stuhl St 1249
Eia popeia, was raschelt im Stroh? St 1196
Eil, Liebster, zu mir, teurer Gast St 1216
Ein Bericht 455
Ein bitteres Liebeslied 36
Ein Film des Komikers Chaplin 870
Ein Fisch mit Namen Fasch 332
Ein fremder Reisender, aus dem Dritten Reich 703
Ein Frühjahrsabend in der Vorstadt 580
Ein große Hilf war uns sein Maul 449
Ein Mann, der im Jahre 1930 aus Nikolajewsk 675
Ein neues Haus 962
Ein paar neue Verse einer soeben veralteten Moritat 338
Ein pessimistischer Mensch 117
Ein Protest im sechsten Jahre des Chien Fu 621
Ein Regierungsochse gespannt vor einen Regierungskarren 1068
Ein Ruder liegt auf dem Dach 720
Ein Schnaps, Wirt, schnell, sei g'scheit! St 1193
Ein Sonntag war's in meinen jungen Jahren 116
Ein strenger Herr ist unser Herr 451
Ein Tal wird abgetragen 736
Ein wenig Nachsicht und die Kräfte verdoppeln sich St 1199
Eine Hyazinthe im Knopfloch 154
Eine Kanone ist ein Ding 395
Eine Pappel steht am Karlsplatz 975

Eine Voraussage 544
Einer kann herkommen aus Ulm und mich abschlachten 106
Einer von uns ist über das Meer gefahren St 1138
Eines kranken Mannes Argument 606
Eines nicht wie das andere 973
Eines schönes Tages befahlen uns unsere Obern St 1222
Eines Tages gingen alle nach Kalifornien 306
Eines Tags, und das hat wohl ein jeder gehört St 1204
Eingebildet bis zum Platzen 52
Eingedenk meiner kleinen Lehrmeisterin 827
Eingeordnet in das durchprüfte System 600
Einheitsfrontlied 652
(Einige Fragen an einen »guten Mann«) P 1264
Einmal eine nützliche Handlung verrichten 415
Einmal nur über dem Pfühle 564
Einmal unter vielen Malen 880
Einmal, wenn da Zeit sein wird 1027
Eins. Zwei. Drei. Vier 976
Einst 933
Einst dachte ich: in fernen Zeiten 561
Einst glaubte ich, als ich noch unschuldig war St 1102
Einst, im Lenze meiner jungen Jahre St 1192
Einst kam ein altes Weibe einher 181
Einst sah ich eine Suppe St 1253
Einst schien dies in Kälte leben wunderbar mir 933
Einstmals, vor das Alter meine Haare bleichte St 1199
Eisen 1012
Elftes Lied des Glücksgotts 893
Empfehlung eines langen, weiten Rocks 888
Entdeckung an einer jungen Frau 160
Enttäuschung 874
E. P. Auswahl seines Grabsteins 879
Epigramm 1067
Epilog aus »Der aufhaltsame Aufstieg des Arturo Ui« St 1212
Epilog 2 aus »Der gute Mensch von Sezuan« St 1207
Epilog aus »Die Ausnahme und die Regel« St 1155
Epilog der Wissenschaftler (Leben des Galilei) 937
Epistel 106
Epistel an die Augsburger 933
Epistel über den Selbstmord 107
Epitaph für M. 942
Er barg in Augen sanft und schön 28
Er ging die Straße hinunter, den Hut im Genick! 273
Er hat ein Buch geschrieben 187
Er ist vernünftig, jeder versteht ihn 463
Er war bei ihnen gesessen 491
Erfrische dich, Schwester 331
Erhabener Vizekonsul, geruhe 811
Erinnerung an die Marie A. 232
Erinnerung an eine M. N. 336
Ermattungstaktik war's was dir behagte 828
Erschöpft vom Wässern der Obstbäume 1023
Erst baute ich auf Sand, dann baute ich auf Felsen 558
Erst ließ Freude mich nicht schlafen 1029

Erster Psalm 241
Erwartung des zweiten Fünfjahrplans 406
Es dauerte lange, bis ich damit 529
Es gibt im Leben Augenblicke St 1241
Es gibt kein größeres Verbrechen als Weggehen 399
Es ist Abend. Vorbei gleiten 1013
Es ist doch merkwürdig, wie doch auch die Größten vergehen 73
Es ist gut, das Kleine im Großen zu suchen 572
Es ist mir gleich, ob diese Welt mich liebt 164
Es ist möglich, daß in unserm Land nicht alles so geht 698
Es ist Nacht 735
Es lebt eine Gräfin in schwedischem Land St 1209
Es muß ja bei uns nicht geweint sein 99
Es stand ein Werk am Havelstrand 977
Es steht zu Sonnenburg 454
Es war einmal ein Adler 508
Es war einmal ein Fisch mit Namen Fasch 332
Es war einmal ein Kind 646
Es war einmal ein Mann 34
Es war einmal ein Mann St 1171
Es war einmal eine Mutter 970
Es war leicht, ihn zu bekommen 288
Etliche ziehen fort eine halbe Straße 279
Eulenspiegel überlebt den Krieg 961
Europa ist Hitlers Festung 751
Ewig saß der schreckliche Gott 534
Exil 555

Fahrend in einem bequemen Wagen 586
Fahrend über die Grenze der Union 398
Familien, wenn ihnen ein Kind geboren ist 684
Fatzer, komm St 1247
Fatzers Rundgang durch die Stadt Mülheim St 1245
Finnische Gutsspeisekammer 1940 820
Finnische Landschaft 822
Finnischer Tanz 803
Finnisches Volkslied 1078
Finnland 1940 754
Fischreiche Wässer! Schönbaumige Wälder! 822
(Flandrische Landschaft) 817
Fliege, fliege, kleiner Drache 970
Flüchtend vom sinkenden Schiff 829
Fracht 77
Frage 1018
Frage nicht, Kamerad St 1255
Fragen 541
Fragen eines lesenden Arbeiters 656
Fragen und Antworten 751
François Villon war armer Leute Kind 38
Freilich, die besseren Leute sind nur die gebesserten 901
Freilich würden wir, wenn wir Könige wären 780
Freunde, ich wünschte, ihr wüßtet die Wahrheit 1011
Freunde, ungewohnt mag euch St 1238
Freunde, wenn ich die Würfel euch werf 892

Freunde, wenn ihr euch mir verschreibt 891
Friede auf unserer Erde! 996
Friedenslied 996
Fritz war SA und Karl war Partei St 1100
Fröhlich vom Fleisch zu essen 1031
Frostzerbeult und blau wie Schiefer 22
Früher dachte ich: ich stürbe gern auf eignem Leinenzeug 278
Früher, lebend in dem Land 407
Frühling 969
Frühling 1938 815
Frühling wurd's in deutschem Land 943
Frühmorgens lese ich in der Zeitung 846
Frühzeitig schon lernte ich rasch alles wechseln 811
Fünf Jahre kamen die großen Bomber geflogen 931
Fünf waren angesagt 548
Für das Grab des Li Po 1071
Für den Bau von Palästen und Stadien 714
Für Helene Weigel 959
Fürchtend, ach, für unser Leben 825

Galilei, der Bibelzertrümmerer St 1312
Ganz gewiß: ich bin wahnsinnig 81
Garden in Progress 883
Gebt keinen euresgleichen auf! 570
Gedanken bei einem Flug über die große Mauer 1070
Gedanken eines Grammophonbesitzers 112
Gedanken eines Revuemädchens 560
Gedanken über die Dauer des Exils 719
(Gedenken an große Zeiten) 506
Gedenktafel für im Krieg des Hitler gegen Frankreich Gefallene 821
Gedenktafel für 4000, die im Krieg des Hitler gegen Norwegen versenkt wurden 822
Gedenktafel für 12 Weltmeister 307
Gedicht über einen Toten St 1133
Gedicht vom unbekannten Soldaten unter dem Triumphbogen 425
Geflüchtet unter das dänische Strohdach 631
Gegen die Objektiven 492
Gegen Verführung 260
Gegenlied zu »Von der Freundlichkeit der Welt« 1032
Geh du ruhig in die Schlacht, Soldat St 1223
Geh ich zeitig in die Leere 1024
Geladen zu einer Sitzung der Akademie der Künste 1007
Geliebter, hast Du es denn nicht gelesen? 559
Gelobt sei der Zweifel! Ich rate euch 626
Gemeinsame Erinnerung 863
General, dein Tank ist ein starker Wagen 638
General mit dem löchrigen Schuhzeug 688
Genosse Dimitroff! 458
Genossen berichten: In den Vorbergen 394
Genossen, durch Hunger, schlechtes Wohnen 686
George war darunter und John war dabei 127

Gesang der punischen Soldaten 1059
Gesang der Reiskahnschlepper St 1141
Gesang des Soldaten der roten Armee 41
Gesang von den drei metaphysischen Soldaten 395
Gesang von der Frau 82
Gesang von einer Geliebten 78
Gesicht des Denkenden von der Zeit nach ihm St 1249
Gespräch über den Alltagskampf 966
Geständnis 601
Gestank 931
Gestehn wir's: leider sind wir schwach im Fleische! 313
Gewohnheiten, noch immer 1011
Gezeichnete Geschlechter 855
Gib uns doch Licht auf die Bühne 795
Ginge da ein Wind 1009
Ginge es in goldnen Schuhn St 1230
Gingen wir hinab in die größte Stadt 148
Gläser heut ungespült 749
Glaube nur an das, was deine Augen sehen 373
Gleichend einer madigen Leich 961
Gleichermaßen gefährlich und nützlich ist auch das Machen 902
Gleichklang 1023
Gleichnis des Buddha vom brennenden Haus 664
Gleichsam als wären 747
Glückliche Begegnung 1000
Glücklicher Vorgang 1004
Gothama, der Buddha, lehrte 664
Gottes Abendlied 75
Grabschrift aus dem Krieg des Hitler 758
Grabschrift für Gorki 693
Grabschrift für Karl Liebknecht 958
Grabschrift für Rosa Luxemburg 958
Grabschrift 1919 429
Griehn, ich muß Sie um Entschuldigung bitten 186
Große Zeit, vertan 1010
Großer Dankchoral 215
Großvater Stöffel 583
Grün sind die Sträucher 973
Gründungssong der National Deposit Bank 339
Grusches Lieder auf der Wanderung St 1224
(Gut, aber wozu?) P 1264
Gut, ihr seid quitt 493
Gut ist die Vergeßlichkeit! 628
Gut so. Schlecht so! St 1250

Ha! ha! ha! Lachten die Kunden des Sokrates 1018
Hakenkreuz und Double Cross 882
Halben Weges zwischen Nacht und Morgen 55
Hallo, jetzt fahren wir nach Birma hinüber 321
Hallo, wir wollen mit Amerika sprechen 297
Haltbar wie Kautschuk 336
Hammer- und Sichellied 498
Hans Lody 4
Hätten Sie die Zeitungen aufmerksam gelesen wie ich 282
Heimkehr des Odysseus 563
Heißer Tag. Auf den Knien die Schreibmappe 1011
Helene Weigel als Frau Carrar 782

Hergekommen seid ihr, um Theater zu spielen 760
Herr Bäcker, das Brot ist verbakken! 648
Herr Doktor, die Periode ... 382
Herr Puntila soff drei Tage lang St 1209
Herrlich, was im schönen Feuer 750
Heute dachte ich daran 682
Heute, Ostersonntag früh 815
Hier habt ihr aus verfallendem Papier 331
Hier habt ihr Figaro diesseits des Rheins! 610
Hier hast du ein Heim 275
Hier hört ihr St 1133
Hier, in diesem Zink 457
Hier ist der Fluß St 1153
Hier ist die Karte, da ist die Straße 1024
Hier ist ein Haus, das für euch gebaut ist 1004
Hier ist Öl! Öl ist hier! 530
Hier ist Wärme, hier tut Buße St 1254
Hier liegt begraben Rosa Luxemburg 958
Hier liegt der Gesandte 693
Hier liegt Karl Liebknecht 958
Hier standen die alten Mauren 332
Hinter der Trommel her St 1219
Hinter Gläsern, an dem Schanktisch 198
Hinter uns lassend die Hölle der Enttäuschten 532
Historie vom verliebten Schwein Malchus 201
Hitler-Choräle 442
Hoch über dem See fliegt ein Bomber 1015
Hoch über der pazifischen Küste 883
Höchstes Glück ist doch, zu spenden 968
Hollywood 848
Hollywood-Elegien 849
Homer hatte kein Heim 495
Hoppeldoppel Wopps Laus 583
Höre beim Reden! 1017
Höre, wir rufen dich zurück 967
Horenlied St 1190
Hört, die Freunde, die wir schikken 745
Hört die Mär vom guten Schwein 201
Hört, Freunde, ich singe euch das Lied von He 80
Hört, was ich träumte in einer Nacht St 1147
Hütet euch, ihr 869
Hymne an Gott 54
Hymne des erwachenden Jahoo St 1165

Ich befinde mich auf dem Inselchen Lidingö 818
Ich beginne zu sprechen vom Tod 65
Ich benötige keinen Grabstein 1029
Ich, Bertolt Brecht, alt: vierzig Jahre 601
Ich, Bertolt Brecht, bin aus den schwarzen Wäldern 261
Ich bin aufgewachsen als Sohn 721
Ich bin der Cato 575
Ich bin der Glücksgott, sammelnd um mich Ketzer 894
Ich bin der Nachbar 515
Ich bin der Schutzgott der Pflüger und Säer 894
Ich bin der Sperling 971

Ich bin Dienstmädchen 516
Ich bin ein Dreck. Von mir 271
Ich bin ein Stückschreiber 789
Ich bin eine alte Frau 496
Ich bin gefallen, wie mich nun erheben? 810
Ich bin jetzt Prätor 575
Ich bin Lehrer 517
Ich bin nicht ungerecht, doch auch nicht mutig 469
Ich bin vollkommen überzeugt, daß morgen ein heiters Wetter ist 106
Ich, der ich nichts mehr liebe 376
Ich, der Überlebende 882
Ich erinnere mich ihres Gesichts nicht mehr, wie es war 79
Ich erklettere das Gebirge St 1180
Ich frage mich: warum reden mit ihnen? 852
Ich gestehe es: ich 99
Ich glaube, ich will meinen Hut aufessen St 1128
Ich hab dich ausgetragen 431
Ich hab mein Brot verdient und hab's verzehrt 624
Ich hab Wasser zu verkaufen St 1200
Ich habe dich nie je so geliebt 66
Ich habe dich weggeschickt, teilzunehmen P 1266
Ich hab dies. Du hast das 964
Ich habe es 1904 erworben, es war nicht vergebens 112
Ich habe gehört, daß die Elenden 752
Ich habe gehört, daß in Ohio 669
Ich habe gehört, daß man vom Lieben einen dicken Hals 77
Ich habe gehört, der Kanzler trinkt nicht 602
Ich habe gehört, ihr wollt nichts lernen 385
Ich habe gewußt, daß Städte gebaut wurden 1010
Ich habe ihm gesagt, er soll ausziehen 288
Ich habe lange die Wahrheit gesucht 414
Ich hatte eine liebe Frau 397
Ich hatte einen Traum 694
Ich hatte meine Zeit und ich nützte sie 1052
Ich höre 132
Ich höre, daß du die Hand 828
Ich höre, daß in New York 373
Ich höre, du willst 749
Ich höre Sie sagen 286
Ich les, daß Feuer eine Wohltat ist 610
Ich lese von der Panzerschlacht 821
Ich merke, ihr besteht darauf, daß ich verschwinde 293
Ich möchte vor 'nen Taler nicht 119
Ich riete dir, dich mir zu überlassen 538
Ich sage ja nichts gegen Alexander 141
Ich sah den alten Kriegsgott stehen 733
Ich sah ein großes Herbstblatt 936
Ich sah sie stehen auf vier Hügeln 730
Ich sehe dies System, und äußerlich St 1148
Ich sitze am Straßenrand 1009
Ich stand auf einem Hügel 729
Ich streiche aus 156
Ich war erst siebzehn Jahre St 1189
Ich war jung, Gott, erst sechzehn Jahre 325
Ich weiß doch: nur der Glückliche 743

Ich weiß es, Geliebte: jetzt fallen mir die Haare aus 78
Ich weiß natürlich: einzig durch Glück 882
Ich weiß, was ich brauche 270
Ich werde eine Trinkerin darstellen 788
Ich werde warten auf dich St 1223
Ich widme dies Sonett Herrn Josef Klein 311
Ich will dich nicht zur Arbeit verführen 303
Ich will mit dem gehen, den ich liebe St 1203
Ich will nicht behaupten, daß Rockefeller ein Dummkopf ist 285
Ich will nur größere Stiefel han 119
Ich zog meine Fuhre trotz meiner Schwäche 61
Ich z. B. spiele Billard in der Bodenkammer 37
Ihm voraus ging der Ruf seiner Macht nicht seiner Leistung 622
Ihr aber, die ihr einverstanden seid mit dem Fluß der Dinge St 1139
Ihr aber lernet, wie man sieht statt stiert St 1212
Ihr Ausgegabelten aus den Sardinenbüchsen 877
Ihr, die ihr eben St 1252
Ihr, die ihr Iljitschs Standbild macht 551
Ihr, die ihr überlebtet in gestorbenen Städten 965
Ihr Freunde, nehmt, doch zu behalten nicht 954
Ihr freundlichen bayrischen Wälder 752
Ihr großen Bäume in den Niederungen 62
Ihr habt gelernt das Cocktail-Abc St 1128
Ihr Hauptleut, laßt die Trommel ruhen St 1187
Ihr Herrn, die ihr uns lehrt, wie man brav leben St 1116
Ihr jungen Leute kommender Zeiten 940
Ihr Kinder, erinnert euch 799
Ihr könnt feststellen, daß ihr schlecht gespielt habt 779
Ihr Künstler, die ihr Theater macht 766
Ihr Künstler, die ihr zu Lust 773
Ihr Menschenbrüder, die ihr auch gern lebt St 1123
Ihr Menschenbrüder, die ihr nach uns lebt St 1122
Ihr saht den weisen Salomon St 1119
Ihr saht den weisen Salomon St 1194
Ihr seid wie Leute, die an den Meerstrand kommen 556
Ihre Mütter haben mit Schmerzen geboren 625
Ihre Worte waren bitter 121
Im Bade 759
Im bleichen Sommer, wenn die Winde oben 209
Im Frühjahr unter grünen Himmeln 213
(Im Gefängnis zu singen) St 1157
Im Haus ist der Pesttod 935
Im Hessischen hausten zwei Räuber 584
Im Hofe steht ein Pflaumenbaum 647
Im Juli fischt ihr aus den Weihern meine Stimme 243
Im Kalender ist der Tag noch nicht verzeichnet 634

Im Krieg wird sich vieles vergrößern 734
Im neunten Jahre der Flucht vor Hitler 826
Im Rausch geschmissen auf die kalten Steine 87
Im sechsten Jahr 882
Im Theater der Vorstädte, folgend einer Anregung 797
Im Traum heute Nacht 1012
Im Traum stand ich auf einem Bau. Ich war 1015
Im Troß der Räuberhorden St 1154
Im Überfluß 496
Im vierten Jahr aber entstieg 855
Im Zeichen der Schildkröte 855
Im zweiten Jahre meiner Flucht 554
Immer beruhigt der Tod 88
Immer fand ich den Namen falsch, den man uns gab 718
Immer noch in unseren Städten 152
Immer noch steht zum Beispiel der Mond 131
Immer noch, wenn schon der achte Autotyp 131
Immer vollführte ich 788
Immer wenn uns die Antwort 587
Immer, wenn unser Rock zerfetzt ist St 1156
Immer wieder in dem Gemetzel 859
Immer wieder in erneuerten Kämpfen St 1260
Immer wieder, seit wir zu mehreren arbeiten 403
Immer wieder, wenn ich 289
Immer wieder wenn ich durch ihre Städte 851
Immerfort hört man, wie schnell St 1159
In Altona, bei einem Überfall auf die Arbeiterviertel 547
In dem grünen Kuddelmuddel 63
In dem System, das sie gemacht haben St 1155
In den ersten Monaten der nationalsozialistischen Herrschaft 497
In den finstern Wäldern, sagt man 64
In den finsteren Zeiten 641
In den frühen Tagen meiner Kindheit 90
In den Jahrzehnten vor der Sintflut 844
In den Ministerien ist es bekannt 710
In den Schulen wird es gelehrt und es steht in den Büchern 903
In den Tagen, als ihr Fall gewiß war 1016
In den Weiden am Sund 816
In den Zeiten der äußersten Verfolgung 759
In der ersten Tagesstund St 1190
In der Frühe des neuen Tags noch zur Dämmerung 868
In der Frühe sind 1012
In der großen Mengelgasse kroch eine Laus 583
In der Königlichen Hauptstadt ist der Frühling fast vorüber 618
In der Mitte des größten Gestanks 887
In der Stadt oben am Fluß St 1141
In der Zeit zunehmender Verwirrung 406
In diesem Korpus, träg und aufgeschwemmt 608
In ein Bistro des Boulevard Saint Michel 870
In einem Frühling kam an ein Gestade 27

In einer Zeit, die längst vergangen ist St 1107
In Erwägung unsrer Schwäche machtet 653
In finsteren Zeiten 587
In finstern Zeiten 745
In großer Zeit wird jedermann belauert 813
In ihrer Kammer, vor dem sehr kleinen 999
In jenen Tagen der großen Frühjahrsstürme schrieb er's nach Haus 6
In jener blauen Nacht vor dem Sturm auf der Felsenbastei 11
In jenes hundertjährigen Krieges erstem Jahr 906
In Los Angeles vor den Richter, der die Leute examiniert 860
In meinem Garten 935
In meiner Kammer, an der getünchten Wand 857
In mildem Lichte Jakob Apfelböck 173
In Nürnberg machten sie ein Gesetz 641
In Polen, im Jahr Neununddreißig 833
In seinen Tagebüchern der Kriegszeit 886
In solchen Zeiten kommt es mir vor St 1261
In Sturmesnacht, in dunkler Nacht 843
In unserem Lande braucht der Nützliche Glück St 1202
In unserem Lande dürfte es trübe Abende St 1200
In unserem Lande zur Jahreswende 720
In was für Kleidern geht das Volk St 1245
In Witwe Begbicks Trinksalon St 1089
Inbesitznahme der großen Metro durch die Moskauer Arbeiterschaft am 27. April 1935 673
Indem er ja sagt, indem er nein sagt 770
Ins Licht treten 1020
Inschrift auf einem nicht abgeholten Grabstein 305
Inschrift für das Hochhaus an der Weberwiese 1005
Inselbriefe I 565
Intervention 907
Ist das Volk unfehlbar? 741
Ist die Unterdrückung so alt wie das Moos 738
Ist wo etwas faul und rieselt's im Gemäuer St 1168

Ja, ich bin in ihn verschossen! 1001
Ja, ich folge diesen kleinen Alten bisweilen! 1061
Ja, meine Lieben, jetzt ist alles Gras aufgefressen 154
Ja, wie kommt der Mensch zu Zaster 338
Jahr für Jahr 94
Jakobs Söhne ziehen aus, in Ägyptenland Lebensmittel zu holen 1017
Jeden Morgen, mein Brot zu verdienen 848
Jeden Tag greifen die Roten Armeen an 853
Jeder Mensch auf seinem Eiland sitzt 119
Jeder weiß, daß der einzeln Mißtrauische 292
Jeder weiß, was ein Mann ist. Er hat einen Namen 218

Jene verloren sich selbst aus den Augen 67
Jener 116
Jener plante gut und fiel St 1182
Jetzt in der Nacht, wo ich dich liebe 94
Jetzt ist alles Gras aufgefressen 154
Jetzt liege ich auf der Lauer nach dem Sommer, Jungens 75
Jetzt schminkt sie sich 781
Johanna, Tochter Frankreichs St 1213
Johannas letzte Rede St 1151
John war darunter und Jim war dabei St 1099
Jonathan und David 576
Jugend 964
Junger Mann auf der Rolltreppe 847

Kälbermarsch St 1219
Kalendergedicht 109
Kalifornischer Herbst 935
Kamerad, in deinem Stück »Paradise Lost« 846
Kameraden! Verzaget nicht! 133
Kampflied der schwarzen Strohhüte St 1145
»Kann Wahrheit sterblich, Lüge ewig sein?« 751
Kanonen nötiger als Butter 705
Kantate Erster Mai 563
Kantate zu Lenins Todestag 689
Karfreitag 7
Karl Hollmanns Sang 59
Karsamstagslegende 9
Kaum Erreichbare, ihr! 455
Keine Entschuldigung weiß St 1149
Keinen Gedanken verschwendet an das Unänderbare! 390
Keinen verderben zu lassen, auch nicht St 1203
Keiner oder alle 649
Keiner plagt sich gerne, doch wir wissen 955
Keuschheitsballade in Dur St 1244
Kinderhymne 977
Kinderlied 299
Kinderkreuzzug 833
Kin-jeh sagte von seiner Schwester P 1266
Kin-jeh und seine Schwester P 1267
Kin-jehs Lied über seine Schwester im Bürgerkrieg P 1265
Klage des Emigranten 624
Klage des Fischweibs St 1470
Kleine Epistel, einige Unstimmigkeiten entfernt berührend 126
Kleines Bettellied 646
Kleines Lied 34
Kohlen für Mike 669
Komm aus dem Dämmer und geh 954
Komm heraus, du Schönheit von Soho! St 1114
Komm heraus, Genosse! Riskiere St 1143
Komm, mein Junge, kleid dich ein St 1244
Komm mit mir nach Georgia 135
Komm und setz dich, lieber Gast St 1220
Kommend aus den vollen Hinterhäusern 368
Kommt zu mir ein krummer Mann St 1169
Können ihm Essig holen St 1133
Kriege zertrümmern die Welt 911
Kriegsfibel 1035
Kriegsindustrie 736
Kriegslied P 1126

Kritik an Michelangelos »Weltschöpfung« 614
Kuh beim Fressen 162
Kuppellied St 1177

Lange bevor 314
Lange bevor uns die Bomber erschienen 855
Lange zurück, ein weißköpfiger Herr 1068
Larrys Ballade von der Mama Armee 39
(Larrys Lied) 39
Lackt euch nicht verführen! 260
Laßt eure Träume fahren, daß man mit euch 274
Lauf, lauf, Prolet, du hast das Recht 379
Laute 1014
Lebe ich etwa am Abend 751
Legende vom toten Soldaten 256
Legende von der Entstehung des Buches Taoteking auf dem Weg des Laotse in die Emigration 660
Lehren ohne Schüler 556
Lehrgedicht von der Natur der Menschen 895
Leicht, als ob nie den Boden berührend 881
Leichtigkeit 770
Lektüre ohne Unschuld 886
Lerne das Einfachste! 462
Letzte Hoffnung 151
Letztes Liebeslied 603
Lieber Sohn, bei der Führung der Landwirtschaft 573
Liebesgedicht 145
Liebeslied aus einer schlechten Zeit 748
Liebeslieder 993
Liebesunterricht 890
Liebster mein, Liebster mein St 1226
Lied 111
Lied am schwarzen Samstag in der elften Stunde der Nacht vor Ostern 213
Lied an Herrn M. 28
Lied der Als im Heilsarmeelokal St 1254
Lied der drei Soldaten 127
Lied der Galgenvögel 35
Lied der Kompanie St 1242
Lied der Kriegerwitwe 396
Lied der liebenden Witwe 566
(Lied der Lyriker) 483
Lied der Magd 1001
Lied der Melinda St 1241
Lied der müden Empörer 34
Lied der preiswerten Lyriker 483
Lied der Schwestern 64
Lied der Starenschwärme 644
Lied der Ströme 1024
Lied der verderbten Unschuld beim Wäschefalten 196
Lied der Victoria St 1241
(Lied des Freudenmädchens) St 1166
(Lied des Händlers) St 1144
Lied des Kaufmanns St 1154
Lied des Polizeichefs 338
Lied des Soldaten der Revolution 594
Lied des Speichelleckers 578
Lied des Stückschreibers 789
Lied des Wasserverkäufers im Regen St 1200
Lied einer deutschen Mutter 854
Lied einer Familie aus der Savannah 144
Lied einer Liebenden 994
Lied eines Großen St 1178
Lied eines Mannes in San Francisco 306

Lied für alle, die verzagen wollen St 865
Lied gegen den Krieg 651
Lied über die guten Leute 745
Lied vom achten Elefanten St 1205
(Lied vom Ausweg) 461
Lied vom Azdak St 1228
Lied vom Chaos St 1230
Lied vom Flicken und vom Rock St 1156
Lied vom Fraternisieren St 1189
Lied vom Freundlichsein St 1205
Lied vom Glück 997
Lied vom ich und wir St 1153
Lied vom Krieg St 1227
Lied von den Gerichten St 1154
Lied von den Seligen 57
Lied von der Ausnahme St 1243
Lied von der belebenden Wirkung des Geldes St 1174
Lied von der Bleibe St 1196
Lied von der großen Kapitulation St 1192
Lied von der Nachsicht St 1199
Lied von der Zubereitung des schwarzen Rettichs St 1217
Lied von meiner Mutter 79
Liedchen St 1213
Liedchen aus alter Zeit 976
Liefere die Ware! 851
Lieschen und Gretchen am Brunnen 999
Liturgie vom Hauch 181
Lob der Dialektik 467
Lob der dritten Sache St 1159
Lob der illegalen Arbeit 465
Lob der illegalen Arbeit St 1140
Lob der Partei 464
Lob der UdSSR St 1140
Lob der Vergeßlichkeit 628
Lob der Wlassowas St 1158
Lob des Dolchstoßes 372
Lob des Kommunismus 463
Lob des Lernens 462
Lob des Revolutionärs 466
Lob des Zweifels 626
Lockerer Körper 784

Mag es jetzt sein, wie es will 36
Mahagonnygesang Nr. 1 243
Mahagonnygesang Nr. 2 St 1130
Mahagonnygesang Nr. 3 244
Mahagonnygesang Nr. 4 136
Mailied 974
Man muß die Knie vorwerfen wie eine königliche Dirne 77
Man raucht. Man befleckt sich. Man trinkt sich hinüber 207
Man sollte nicht zu kritisch sein 118
Man wird nicht sagen: Als da der Nußbaum 587
Mann mit der zerschlissenen Jacke 636
Margot ging auf den Markt heut früh St 1231
Maria 122
Maria, Fürsprecherin der Frauen 1055
Maria saß auf einem Stein St 1186
Marie Farrar, geboren im April 176
März 104
Matinee in Dresden 158
Mehrmals am Tage 758
Mein Bruder war ein Flieger 647
Mein Garten lehrt mich St 1239
Mein Gärtner sagt mir: Der Hund 1023
Mein General ist gefallen 826
Mein Gesicht ist geschminkt 784
Mein Herz ist trüb wie die Wolke der Nacht 48

Mein junger Sohn fragt mich 818
Mein Lehrer 741
Mein lieber B. 43
Mein Los ist es, auf dieser queren Erde 560
Mein Nam' ist Milchsack Nummer IV 301
Mein Sohn, ich hab dir die Stiefel 854
Mein Sohn ist im Kriege gefallen St 1197
Mein Sohn, was immer auch aus dir werde 432
Mein Zuschauer 792
Meine Herren, heute sehen Sie mich Gläser abwaschen St 1097
Meine Herren, meine Mutter prägte St 1132
Meine Herren, mit siebzehn Jahren St 1166
Meine Herrn, das ist sehr schwierig 330
Meine Sätze spreche ich 787
Meine Seele kommt in Aufruhr 578
Meine Mutter 88
Meines Bruders Tod 87
Merkwürdig 73
Me-tis Strenge P 1265
Mich, den Stückschreiber 953
Mir, dem Soldaten der Revolution 594
Mir, der ich von Bauern abstamme 755
Mir sagte der Arzt: Rauchen Sie ruhig Ihre Virginien! 114
Mit Beschämung 943
Mit dem Mitternachtsglockenschlag St 1218
Mit dem Rock von Kattun und dem gelben Tuch 229
Mit eigenem Strick verstrickt dem eigenen Pferde 233
Mit Furcht erwarten 753
Mit meinen literarischen Werken 866
Mit Vergnügen lese ich 870
Mit wem säße der Rechtliche nicht zusammen St 1144
Mit zwanzig hätte ich gern Mathematik studiert 966
Moderne Legende 3
Mond hing kahl im Lilahimmel 104
Morgendliche Rede an den Baum Griehn 186
Morgens und abends zu lesen 586
Motto der »Svendborger Gedichte« 631
Mutter Beimlen hat ein Holzbein 156
Mutter Courages Lied St 1187
Mutter Goddams Puff in Mandelay 324
Mütter Vermißter 15

Nach dem Aufstand des 17. Juni 1009
Nach dem Tod meiner Mitarbeiterin M. S. 826
Nach dem Tod meiner Mitarbeiterin M. S. 827
Nach der Ansicht vieler kleiner Leute 709
Nach schweren Schicksalsschlägen 713
Nachdem wir nicht den Mont Cenis überflogen hatten 98
Nachdenkend über die Hölle 830
Nachdenkend, wie ich höre, über die Hölle 830
Nachkriegsliedchen 976
Nachruf auf XX 967
Nacht auf der Nyborgschaluppe 863

Nachts erwache ich schweißgebadet am Husten 76
Nackt und ohne Behang 568
Nannas Lied St 1166
Napoleon 525
Naturgedichte 579
Nebel verhüllt 817
Neher Cas reitet auf einem Dromedar durch die Sandwüste 30
Neue Schlußstrophen der Moritat von Mackie Messer St 1095
Neue Zeit 569
Neue Zeiten 977
Neuer Prolog zu »Antigone« St 1238
Neuer Schlußchoral St 1125
Neufassung der Ballade, in der Macheath um Verzeihung bittet St 1123
Neufassung der Ballade vom angenehmen Leben St 1110
Neulich habe ich meinen Zuschauer getroffen 792
1934, im achten Jahre des Bürgerkriegs 958
1940 753
1940 817
1954: Erste Hälfte 1022
Nicht, daß ich nicht immer die besten Vorsätze gehabt haben würde 108
Nicht feststellbare Fehler der Kunstkommission 1007
Nicht in die Schlacht wirf, Feldherr, alle! 1019
Nicht mehr wie ein Erdbeben erschien der Krieg 907
Nicht so gemeint 1008
Nicht umsonst 868
Nicht von Erscheinungen schlechthin noch Anschauung sei hier die Rede 896
Nicht wahr eine Bank zu gründen 339
Niedrig gilt das Geld auf dieser Erden St 1174
Niemals ist das Unvermeidbare unrecht 406
Nimm Platz am Tisch 961
Noch erdröhnte der Krieg in Flandern 304
Noch immer über der verstaubten Gruft 608
Noch sitzen sie rauchend da 205
Noch zerfleischten sich unsere Völker 938
Nordlandsage 56
Notwendigkeit der Propaganda 698
Nun danket alle Gott 442
Nun hört die Stimme, die um Mitleid ruft St 1121
Nun, Timon, Menschenfeind im Hades, sagt 1067
Nun zu euch, Ärzte und Pfleger 687
Nur eines möcht ich nicht 757
Nur mehr in euren zerfallenden Häusern 776
Nur was sie zu ihrem Unterhalt brauchen 555

O bittrer Argwohn unserer Mahadös 611
O Blindheit der Großen St 1223
O Deutschland, bleiche Mutter! 487
O Deutschland, wie bist du zerrissen 1005
O edle Zeit, o menschliches Gebaren! 611
O Falladah, die du hangest! 61
O Garten, künstlich in dem märkischen Sand! 612

O großer Ochse, göttlicher Pflugzieher 683
O Großer Oktober der Arbeiterklasse! 675
O Lust des Beginnens! 771
O schattige Speise! Einer dunklen Tanne 820
O Sprengen des Gartens, das Grün zu ermutigen! 861
O stille Winterzeit St 1239
O Venezia, Stadt der Träume 1001
Obacht, gib Obacht! St 1145
Ob der grauen Meeresebene 1075
Ode an einen hohen Würdenträger 811
Oft in der Nacht träume ich, ich kann 281
Oft sang er, es wäre ihm sehr recht 211
Oftmals wurde geehrt und ausgiebig 666
Oh, auch ich in meiner Weise 591
Oh, ihr Unglücklichen St 1201
Oh, ihr Zeiten meiner Jugend! 49
Oh, show us the way to the next whisky-bar! St 1127
Ohn Anruf wartend in dem rohen Hause 145
Ohne Einladung 316
Ohne schwere Krankheit, ohne schwere Feindschaft 1022
Old Man Mississippi wütet 1024
Onkel Ede hat einen Schnurrbart 976
Ophelias Lieder 1051
Orges Antwort, als ihm ein geseifter Strick geschickt wurde 211
Orges Gesang St 1087
Orges Wunschliste 212
Ostern St 1232
Ostern ist's. Bal-sur-Seine St 1232
Osther kommt eine Mär: Die apokalyptischen Reiter 904

Panzereinheit, ich freue mich 1028
Parade des alten Neuen 729
Paragraph 1 378
Paragraph 111 379
Paragraph 115 380
Paule war gestorben 155
Peinlicher Vorfall 861
Père Joseph hat kein Dach überm Kopf St 1232
(Philosophisches Tanzlied) 34
Plärrerlied 27
Politische Betrachtungen 89
Prolog aus »Der Brotladen« St 1252
Prolog aus »Der Ozeanflug« St 1133
Prolog zur amerikanischen Aufführung (Leben des Galilei) 936
Prometheus 87
Prototyp eines Bösen 22
Psalm 100
(Psalm an einen Maler) 30
Psalm im Frühjahr 75

Rapport von Deutschland 545
Rat an den Liebsten, der in den Krieg zieht St 1226
Rat an die bildenden Künstler, das Schicksal ihrer Kunstwerke in den kommenden Kriegen betreffend 682
Rat an die Schauspielerin C. N. 331
Rat an Tretjakow, gesund zu werden 606
Räuberlied 506
Rauchend den gelben Tabak 59
Rede an dänische Arbeiterschauspieler 760

Rede einer proletarischen Mutter an ihre Söhne bei Kriegsausbruch 750
Rede eines Arbeiters an einen Arzt 684
Rede eines sterbenden römischen Vaters 573
Reden Sie nichts von Gefahr! 273
Refrain 91
Regeln für den Verkehr mit solchen, die sich mit großen Gegenständen befassen 572
Regeln über die Verbesserung derer, die man braucht 571
Reglement für den Soldaten M. S. 597
Reinigung des Theaters von den Illusionen 776
Reis gibt es unten am Flusse St 1144
Reise der Volksvertreter an die Front P 1269
(Rekrutenlied) St 1243
Rennend zwischen Riesentrichtern 867
Resignation 1067
Resolution der Kommunarden 653
Richtigstellung 1020
Rom schloß die Tore. Sonst kam keine Änderung 24
Romantik 27
Rose und Lattich 995
Rückkehr 858
Rudern, Gespräche 1013
Ruf aus der Gruft St 1121
Ruhig sitz ich bei den Wassern wieder 118
Rundgesang der Als St 1253
Rundgesang der Pachtherren St 1180
Rutsch mal drei Meter vor 299
Sag, Haus, das zwischen Sund und Birnbaum steht 820
Sag nicht zu oft, du hast recht, Lehrer 1017
Sage ihm, der den Wagen zieht St 1233
Sah verjagt aus sieben Ländern 846
Salomon-Song St 1119
Salomon-Song St 1194
Sang der Maschinen 297
Schicke mir ein Blatt 1028
Schlage keinen Nagel in die Wand 719
Schlechte Zeit für die Jugend 744
Schlechte Zeit für Lyrik 743
Schlechte Zeiten 963
Schlechter Vorgang 605
Schlußchoral St 1125
Schmidtbonns »Graf von Gleichen« SzT 1273
Schminke 784
(Schneesturm) 815
Schnelligkeit des sozialistischen Aufbaus 675
Schon als ein Mann, die Monde zählend 190
Schon beredete die Welt St 1140
Schön ist es 465
Schön ist es St 1140
Schreib mir, was du anhast! 541
Schwächen 968
Schwedische Landschaft 747
Schweig! 290
Schweißtriefend bückt er sich 1013
Schwester, verhülle dein Haupt St 1230
Schwierige Zeiten 1029
Schwierigkeit des Regierens 697
Seht, der Ungläubige ist getäuscht worden! 605
Seht doch die Leichtigkeit 770

Seht hier den Hocker 756
Seht ihr nicht, daß ihr zu viele seid? 524
Seht, mit wundervoller Bewegung 770
Seht, wie er aufsteigt! St 1258
Sein Ende 334
Seine Dornenkrone 9
Seine Wiege stand in einer 1078
Seit der Tod ihm Leib, Namen und Trauer abnahm 15
Seit du gestorben bist, kleine Lehrerin 827
Seit sieben Jahren sitz ich jetzt am Tische 163
Selbst die Sintflut 1014
Selbstgespräch einer Schauspielerin beim Schminken 788
Sentimentale Erinnerungen vor einer Inschrift 107
Sentimentales Lied Nr. 78 97
Setzen Sie sich! 283
Shen Te's Gedanken, als sich arme Leute bei ihr einquartieren St 1198
Shen Te's Schlußrede an die Götter St 1206
Sich selbst zu morden 107
Sichellied St 1169
Sie alle verschleppen ihre Bäuche 875
Sie fragt ihn viel, wiewohl es draußen nachtet 145
Sie haben Gesetzbücher und Verordnungen St 1157
Sie haben nicht gegessen 172
Sie haben zu lernen aufgehört 504
Sie hat sich montags noch einmal erhoben 115
Sie luden aber ein drei Götter 158
Sie sagt, sie ist die treuste Frau der Welt 335
Sie sägten die Äste ab, auf denen sie saßen 556
Sie sind arm St 1198
Sie sprechen wieder von großen Zeiten 641
Sie wiegt die breite Brust an holziger Krippe 162
Sie zogen von den Bergen groß und fett mit roten Haaren 56
Sieben Elefanten hatte Herr Dschin St 1205
Sieben Jahre aßen wir das Brot des Schlächters 943
Sieben Jahre vergingen. Mit Kirsch und Wacholder 46
Sieben Jahre wollt kein Schritt mir glücken 739
Sieben Rosen hat der Strauch 994
Sieben Wochen meines Lebens war ich reich 418
700 Intellektuelle beten einen Öltank an 316
Siebenmal 147
Siebentes Lied des Glücksgotts (I) 891
Siebentes Lied des Glücksgotts (II) 892
Siebenzehn Gemeine von der Artill'rie St 1242
Sieh den Balken dort am Hang 810
Sieh diese Stadt und sieh: sie ist alt 135
Sieh jene Kraniche in großem Bogen! St 1129
Sieh, wie er dir schon schwanket 448
Singende Steyrwägen 318
Singt noch ein Lied und denkt euch nur 646
Sintflut 147
Sklave, wer wird dich befreien? 649

So auch der tapfere Mensch ist nicht ganz tapfer 908
So bildet sich der Mensch 770
So endet die Geschichte einer Reise St 1155
So ist mein Geist abwesend 784
So ist mein Körper gelockert 784
So mancher rennt sich müd 16
So wie man Fleisch, um es zu essen, klopft 162
So wie man Preise hochtreibt auf dem Markt 537
Sohn des Mannes, der das Haus erwarb 847
Söhnlein, kauf dir einen Strick 889
Soldatenlied St 1194
Soldatenlied St 1243
Solidaritätslied 369
Soll das heißen, daß wir uns bescheiden 1032
Soll die letzte Tafel dann so lauten 935
Sommer 1942 848
Sonett 160
Sonett für Trinker 162
Sonett in der Emigration 831
Sonett Nr. 1 311
Sonett Nr. 1 757
Sonett Nr. 2 311
Sonett Nr. 9 312
Sonett Nr. 12 313
Sonett Nr. 19 757
Sonett über das Böse 163
Sonett über schlechtes Leben 163
Sonett vom Erbe 615
Sonett vom Sieger 165
Sonett zu Dantes »Hölle der Abgeschiedenen« 613
Sonett zur Neuausgabe des François Villon 331
Song des Krans Milchsack IV 301
(Song von Angebot und Nachfrage) St 1144
Song von der Ware St 1144
Song von Witwe Begbicks Trinksalon St 1089
Song zur Beruhigung mehrerer Männer 133
Sonnenburg 454
Sorgfältig prüf ich 366
Spannt die Netze aus St 1150
Sparsames Auftreten der Meisterschauspieler 797
Später, im Herbst 1014
Sportlied 368
Sprecht jetzt vom Wetter 967
Sprechübung für Schauspieler 785
Sprüche 966
Städtische Landschaft 877
Stärke des Dritten Reiches 549
Statt im Gehölz zu spielen mit Gleichaltrigen 744
Steh auf, die Partei ist in Gefahr! St 1159
Stehend an meinem Schreibpult 1029
Stolz 940
Streiklied St 1143
Stürme schmettern 972
Sturmvogel 1075
Suche nach dem Neuen und Alten 793
Svendborg 579

Tag für Tag 848
Tagesanbruch 868
Tahiti 105
Tannen 1012
Tanz, Kreisel, tanz! 976
Tarpeja 24
Teile nun auch unsern Sieg mit uns 934
Teils der Gewohnheit meinesgleichen folgend 329

The Ladies 1052
Theater 1020
Theater der Gemütsbewegungen 774
Theater spieltet ihr in Trümmern hier 1020
There is no whisky in this town 247
Tief in den dunklen Tälern sterben die Hungernden 54
Tief ist der Abgrund, Sohn St 1225
Tief sind die Wasser des schwarzen Pfuhls 620
Tierverse 508
Timur, höre ich, nahm sich die Mühe, die Erde zu erobern 141
Tochter Frankreichs, fürchte dich nicht St 1214
Tödliche Verwirrung 498
Traue nicht deinen Augen 966
(Traum) 818
Traum von einer großen Miesmacherin 694
Trenne dich von deinen Kameraden auf dem Bahnhof 267
Trennt die Gesänge vom übrigen! 795
Tritt an! Warum kommst du so spät? 277
Tritt vor: Wir hören P 1264
Trost vom Kanzler 713
Tschaganak Bersijew, der Nomade 979

Über alltägliches Theater 766
Über das Begreifen des Vorhandenen 898
Über das bürgerliche Trauerspiel »Der Hofmeister« 610
Über das Frühjahr 314
Über das Lehren ohne Schüler 556
Über das Mißtrauen des einzelnen 292
Über das Sprechen der Sätze 787
Über das Urteilen 773
Über dem Sund hängt Regengewölke 815
Über den bürgerlichen Gottesglauben 864
Über den Einzug der Menschheit in die großen Städte 143
Über den enthaltsamen Kanzler 602
Über den Ernst in der Kunst 798
Über den Frieden 908
Über den Hof seh ich dich gehen ins Haus 1021
Über den Ohm 152
Über den richtigen Genuß von Spirituosen 120
Über den Satz »Die Barbarei kommt von der Barbarei«, den man oft hört 554
Über den Schnapsgenuß 63
Über den schnellen Fall des guten Unwissenden 505
Über den Verfall der Liebe 625
Über den vier Städten kreisen die Jagdflieger 850
Über Deutschland 752
Über die Anstrengung 207
Über die Auswahl der Bestien P 1262
Über die Bauart langdauernder Werke 387
Über die Bedeutung des zehnzeiligen Gedichtes 501
Über die Berge 972
Über die Bezeichnung Emigranten 718
Über die Einfühlung 779
Über die Gedichte des Dante auf die Beatrice 608

Über die geistige und materielle Kultur 903
Über die Gewalt 602
Über die kritische Haltung 773
Über die Nachahmung 771
(Über die Notwendigkeit der Schminke) 312
Über die Städte 215
Über die Städte (2) 279
Über die Unfruchtbarkeit 602
Über die Unsicherheit menschlicher Verhältnisse St 1104
Über Goethes Gedicht »Der Gott und die Bajadere« 611
Über induktive Liebe 616
Über Kants Definition der Ehe in der »Metaphysik der Sitten« 609
Über Kleists Stück »Der Prinz von Homburg« 612
Über Nietzsches »Zarathustra« 613
Über Schillers Gedicht »Die Bürgschaft« 611
Über Schillers Gedicht »Die Glokke« 610
Über Shakespeares Stück »Hamlet« 608
Über Ungleichheit. Schwierig, sie zu entdecken 901
Überall Freunde 844
Überall vieles zu sehen 809
Überlegung 780
(Um das Leben zu schätzen) 1019
Um deine Nachbarn zu überfallen 813
Um sein Brot nicht zu verlieren 679
Unbezahlbar ist 287
Und alle die Jahre am Abend 62
Und als dann kam der Monat Mai 933
Und als der Krieg im vierten Lenz 256
Und damit sein Verrecken ein Mond noch beglänze 334
Und der Haifisch, der hat Zähne St 1093
Und die Fische, sie verschwinden! St 1095
Und ein Mann starb im ewigen Wald St 1088
Und es erhob sich mit Mühe im Rat der alte Ka-uki P 1269
Und es mischen sich unter die üblen die guten Gestalten 499
Und es sind die finstern Zeiten 862
Und es waren mächtge Zaren einst im weiten Russenreich 956
Und ich dachte immer: die allereinfachsten Worte 1030
Und ich sah ein Geschlecht, befähigt sich Türme zu bauen 863
Und ich saß mit ihnen in eingefallenen Häusern 964
Und ich stellte die Sätze so 787
Und ich war alt, und ich war jung zu Zeiten 1030
Und in eurem Lande? 720
Und immer wieder gab es Abendröte 73
Und jener rasch von Eisscholl springend 622
Und jetzt trete in der leichten Weise 959
Und nun ist Krieg, und unser Weg wird schwerer 757
Und sie kamen in ihren Hemden von braunem Schirting daher 452
Und sie stellten ihm ein Schaff an den Herd 422
Und sie zogen hinein in den Krieg P 1126

Und so beginne ich ihn denn zu suchen 571
Und so kommt zum guten Ende St 1126
Und wächst mir der Nagel am Fuß alsdann 119
Und wähl den bäuerlichen weiten Rock 888
Und was bekam des Soldaten Weib St 1215
Und weil der Mensch ein Mensch ist 652
Und wenn kein Holz gehackt wird St 1253
Und wenn wir's überlegen 159
Und wie er das Werk begonnen 937
Unglücklicher Vorgang 1004
Unrecht ist menschlich St 1250
Uns ein Leben aufzubauen 498
Uns hat eine Ros ergetzet St 1196
Unser unaufhörliches Gespräch, gleichend P 1265
Unsere Erde zerfällt 69
Unsere Feinde sagen 420
(Unsere Niederlagen beweisen nichts) 492
Unsre Erde zerfällt, doch die Erde rollt weiter 69
Unten am Teich war heute nacht ein Tanz 803
Unter dem befleckten Banner des Viehs 882
Unter den grauen Kiefern ein Haus 747
Unter den grünen Pfefferbäumen 850
Unter dieses Manns Schritt erbebte die Erde 751
Unter einer fleischfarbenen Sonne 242
Unter ihnen sind Gossen 215
Unter mir das Bild der Nördlichen Landschaft 1070
Unter Troja liegen sieben Städte 533
Unter uns, es erscheint mir 774
Untergang der Städte Sodom und Gomorrha 533
Untersuchung, ob der Mensch dem Menschen hilft St 1138

(Valse plus triste) 803
Vater, du ließest mich zu den Soldaten 758
Vater, warum sprichst du nicht? 1017
Verbot der Theaterkritik 716
Verehrtes Publikum der Breiten Straße 936
Verfolgt das kleine Unrecht nicht; in Bälde St 1125
Verfolgt das Unrecht nicht zu sehr, in Bälde St 1125
Vergnügungen 1022
Verhalten in der Fremde 407
Verhöhnung des Soldaten der Revolution. Seine Antwort 688
Verhör des Guten P 1264
Verjagt aus meinem Land 831
Verjagt mit gutem Grund 721
Verlangt nicht zuviel Klugheit 412
Verlaß deinen Posten St 1247
Verlust eines wertvollen Menschen 414
(Vermutliche) Antwort des Malers 615
Verschollener Ruhm der Riesenstadt New York 475
Vertrauen dadurch erschöpft, daß es verlangt wird 875
Verurteilung antiker Ideale 873
Verwisch die Spuren 267
Viele in unserer Zeit, entsetzt über Greuel des Krieges 908

Viele kenne ich, die laufen herum 748
Viele rühmten am Anfang die Stärke der neuen Regierung 549
Viele sagen, die Zeit sei alt 143
Viele sagen, die Zeit sei alt St 1134
Viele sehen es so, als drängten wir uns 875
Viele sind für die Ordnung 491
Viele sprachen vom Krieg wie von Ungewitter 905
Vielen gilt das Theater als Stätte 775
Vielleicht vergeht uns so der Rest der Jahre St 1180
Vier Aufforderungen an einen Mann 275
Vier Generäle zogen St 1224
Vierblättriges Kleeblatt 974
(Vierter Psalm) 101
Vision in Weiß 76
Vom armen B. B. 261
Vom Brot und den Kindlein 172
Vom ertrunkenen Mädchen 252
Vom François Villon 38
Vom fünften Rad 268
Vom Geld 303
Vom Glück 756
Vom Glück des Gebens 968
Vom Glück des Soldaten der Revolution 596
Vom Hahnenschrei bis zur Mitternacht 31
Vom Kind, das sich nicht waschen wollte 646
Vom Klettern in Bäumen 209
Vom kriegerischen Lehrer 973
(Vom Liebhaber) 313
Vom Mitmensch 190
Vom Schiffschaukeln 77
Vom schlechten Gebiß 48
Vom Schwimmen in Seen und Flüssen 209
Vom Sprengen des Gartens 861
Von allen Werken die liebsten 386
Von Branntwein toll und Finsternissen! 224
Von dem Gras und Pfefferminzkraut 84
Von den Freuden, die nicht abgewogenen 212
Von den Großen dieser Erde St 1175
Von den großen Männern 146
Von den Resten älterer Zeiten 131
Von den Sündern in der Hölle 20
Von den verführten Mädchen 251
Von der Freundlichkeit der Welt 205
Von der Kindesmörderin Marie Farrar 176
Von der Maas bis an die Memel 542
Von der Willfährigkeit der Natur 194
Von der zermalmenden Wucht der Städte 129
Von des Cortez Leuten 222
Von einem Genossen, der in die Hände 455
Von einem Maler 30
Von einer, die vom schwarzen Rauche raucht 161
Von He 80
Von jenem Lande, dessen Boden zu betreten 867
Von Kindheit an sann ich zumeist auf Böses 163
Von schwarzem Regen siebenfach zerfressen 253
Von seiner Sterblichkeit 114

Von Sonne krank und ganz von Regen zerfressen 217
Von uns gehen eben dreizehn auf ein Dutzend St 1261
(Von Vorbildern) 311
Vor acht Jahren 1013
Vor der weißgetünchten Wand 818
Vor einer Kirche, es ist Sonntag 569
Vor Jahren in meiner verflossenen Arche 102
Vorbildliche Bekehrung eines Branntweinhändlers 198
Vorschlag an einen befreundeten Maler 753
Vorschlag, die Architektur mit der Lyrik zu verbinden 551
Vorschlag, für den Krieg mit Hitler schießbare Radioempfangsgeräte zu bauen 737
Vorspruch einer letzten Szene in der ein guter Mensch straflos ausgeht 747

Wach auf, du verrotteter Christ St 1095
Während so der Dinge Natur ihren Schrecken verloren 895
Wahrnehmung 960
Wandrer, wenn du vorbeikommst 305
Wann lebe ich? 751
War traurig, wann ich jung war 1030
Warum bluten unsere Söhne nicht mehr St 1227
Warum die schönen Baulichkeiten nicht beschriften 551
Warum esse ich Brot, das zu teuer ist? 293
Warum soll mein Name genannt werden? 561
Warum sollten wir uns deiner schämen 515
Was an dir Berg war 493
Was das Kind fühlt, wenn die Mutter mit dem fremden Mann weggeht 938
Was der Führer nicht weiß 709
Was ein Kind gesagt bekommt 585
Was erwartet man noch von mir 101
Was hast du gesehen, Wanderer? 809
Was ich möchte, ist es viel St 1104
Was ich von früher her noch kannte 160
Was ihr von mir Totem bekommt 615
Was ist das für eine Welt St 1203
Was ist geschehen? 931
Was meine Mutter mir sagte 196
Was nicht fremd ist, findet befremdlich St 822
Was nützt die Güte 553
Was zersetzt 497
Wechsel der Dinge 1030
Wehe! Auf den Tischen 543
Weihnachtslegende 123
Weil unser Land zerfressen ist 41
Wenig würde genügen 306
Wenn das bleibt, was ist 562
Wenn das Haus eines Großen zusammenbricht St 1222
Wenn der Abend kommt, Bruder, was machst du da? 111
Wenn der Abendstern im Froste zittert 57
Wenn der Anstreicher durch die Lautsprecher über den Frieden redet 635
Wenn der blaue Wind des Abends Gottvater weckt 75

Wenn der Eiserne sie prügelt 1015
Wenn der Eroberer kommt in eure Stadt St 1214
Wenn der Hanswurst, den die Kohlenbarone 544
Wenn der Krieg beginnt 639
Wenn der Propagandaminister von der Not des Volkes spricht 711
Wenn der Stein sagt, daß er zu Boden fallen will P 1267
Wenn der Trommler seinen Krieg beginnt 639
Wenn der unentbehrliche Mann die Stirn runzelt 881
Wenn Deutschland bis an die Zähne gerüstet ist 603
Wenn die Bekämpfer des Unrechts 492
Wenn die Oberen vom Frieden reden 636
Wenn die Untat kommt 552
Wenn die Unterdrückung zunimmt 466
Wenn diesen Frühling der Bauer früh über die Äcker geht 5
Wenn du in einer Kutsche gefahren kämst 618
Wenn du keine Suppe hast 461
Wenn du mich lustig machst 994
Wenn einer gern schreibt 126
Wenn es etwas gibt St 1129
Wenn es im Geahnten ist 969
Wenn es zum Marschieren kommt 638
Wenn ich auf den zauberischen Karussellen 93
Wenn ich in der Hölle brenne 327
Wenn ich mit deinem Wagen fahre 586
Wenn ich mit dir rede P 1265
Wenn ich von dir gehen werde St 1242
Wenn ihr aus eurem Wasser steigt am Abend 209
Wenn ihr eure Rollen lest 793
Wenn ihr geschlagen seid 759
Wenn ihr sterbt, dann werden einige in den Himmel eingehn 57
Wenn man die Felder der Junker aufteilt 735
Wenn man herumfragt, so hört man 701
Wenn sie nachts lag und dachte 1081
Wenn sie so jammern, das Leben werd ihnen geraubt 898
Wenn sie so sehen, daß der Bauer den Ochsen prügelt 554
Wenn wir hier nun im Gedicht die Natur der Menschen betrachten 895
Wer aber ist die Partei? 464
Wer baute das siebentorige Theben? 656
Wer belehrt den Lehrer? 517
Wer entkommen will, braucht Glück 756
Wer erinnert sich wohl noch 475
Wer im guten Glück des Unglücks gedenkt 51
Wer immer seinen Schuh gespart 34
Wer in Mahagonny blieb St 1130
Wer ist dein Feind? 549
Wer keine Hilfe weiß 364
Wer mit dem Pfund nicht wuchert 590
Wer noch lebt, sage nicht niemals! St 1160
Wer sich wehrt, weil ihm die Luft weggenommen wird 364
Wer zu Hause bleibt, wenn der Kampf beginnt 503

Widersprüche 863
Wie der Einbrecher 569
Wie der Hirsepflanzer für sein Versuchsfeld 796
Wie der Wind weht 1027
Wie die Lautsprecher des Regimes verkünden 713
Wie einer, der ihn schon im Schlafe ritt 1035
Wie einer, der mit einem wichtigen Brief 552
Wie erschreckend in der Nacht ist das konvexe Gesicht 241
Wie es war (1) 1029
Wie es war (2) 1030
Wie find ich den Liebsten aus 1051
Wie ich genau weiß 56
Wie ich höre, wird in den besseren Kreisen davon gesprochen 939
Wie immer sie euch mitspielen 570
Wie immer wir auch sprechen 597
Wie lange dauern die Werke? 387
Wie oft du auch den Fluß ansiehst St 1090
Wie soll die große Ordnung aufgebaut werden 1018
Wie soll die Stimme, die aus den Häusern kommt 364
Wie üblich, meine frisch gepflückten Kräuter 619
Wie zwei Kürbisse abwärts schwimmen 235
Wieder beginnt das Lärmen der Betriebe St 1151
Wieder zerfallen die Werke von Menschenhand 530
Wiegenlied St 1196
Wiegenlieder 430
Wieviel besser fuhren wir 506
Wiewohl sie alles zeigte 782
Will ich ganzes Schuhzeug tragen 689
Wir, die diese Straße gebaut haben 736
Wir, die letzten Truppen in den Bergen 1066
Wir erfahren, daß in Deutschland 545
Wir fordern, daß auch er den nackten Körper zeige 157
Wir Guten 867
Wir haben die Cholera bekommen im Camp 1057
Wir haben einen Fehler begangen 401
Wir haben für dich gerudert, als der Wind 1059
Wir haben gehört, daß du an Tuberkulose 686
Wir haben nicht mit den Lidern geblinzelt 100
Wir hatten eine Farm in der Savannah 144
Wir hören: Du willst nicht mehr mit uns 404
Wir hörten: 80 000 Arbeiter 673
Wir kamen von den Gebirgen 425
Wir Kinder zeigten einander in der Stadt Augsburg 580
Wir liebten uns zwischen den Schlachten P 1266
Wir liegen allesamt im Kattegatt 822
Wir sind aufgebrochen im Monat Oktober 644
Wir sind bei dir in der Stunde, wo du erkennst 268
Wir sind jetzt Flüchtlinge in Finnland 754
Wir stammen aus einer Waffenfabrik 318
Wir umarmen uns 589
Wir wären gern in unsern Dörfern geblieben 296

Wir waren miteinander nicht befreundet 748
Wir wissen, was uns krank macht! 684
Wir wollen nicht aus deinem Haus gehen 269
Wir wollen nicht mehr streiten 734
Wir wollten ein Obdach haben 366
Wirklich, ich lebe in finsteren Zeiten! 722
Wisse es! 586
Wißt ihr auch, was eine Mutter ist? St 1092
Witwe Queck mit den fünf Kindern St 1256
Wo nicht der Platz für eines Ölbaums Schatten war 165
Wo soll das hin? 583
Woher hatten sie's, wenn sie's nicht stahlen 874
Woher weiß ich, Genosse 314
Wohin zieht ihr! 365
Worauf wartet ihr? 417
Wörter, die der Führer nicht hören kann 710
Wozu Märkte erobern für die Waren 736
Wunderbarlich Mädchen du St 1240
Würde, mit falschen Gewichten gewogen! 873

Zahnlos von vielem Brombeernschlecken 48
10. Psalm 81
Zehr und Patschek waren Kapitäne 383
Zeigt, daß ihr zeigt! 778
Zeit meines Reichtums 418
Zeitungslesen beim Theekochen 846
Zieh ins Feld ich traurig meiner Straßen St 1226
Zieht eure Ledergürtel fester 886
Zitat 601
Zu Beginn des Jahres 1922 670
Zu den seichten, braun versumpften Teichen 251
Zu der Zeit, wo die Menschheit St 1137
Zu einer japanischen Zeichnung ein Puppenspiel darstellend 543
Zu Ende ging ein bitteres Jahr 494
Zu euch kam ich als Lehrer 595
Zu Potsdam unter den Eichen 428
Züchtigt den Gezüchtigten nur weiter! 871
Zuerst ziehe ich mir die Schuhe aus zum Liegen 53
Zufluchtsstätte 720
Zukunftslied 956
Zum Einzug des »Berliner Ensemble« in das Theater am Schiffbauerdamm 1020
Zum Freitod des Flüchtlings W. B. 828
Zum Umsturz aller bestehenden Ordnung 503
Zur Zeit des Weltkriegs 668
Zurückgekehrt nach fünfzehnjährigem Exil 962
Zuschauer, wisse, die Hauptstadt von Sezuan St 1207
Zwar ist meine Haut von Schnee zerfressen 109
Zwei Männer 751
Zweiter Psalm 242
Zweites Gedicht Kin-jehs über seine Schwester P 1267
Zweites Gedicht vom unbekannten Soldaten 426
Zweites Lied des Glücksgotts 889

Zweites Lied des Kin-jeh an seine Schwester P 1266
Zwischen gelbem Papier, das mir einst was gewesen 107
»Zwischen Ost und West gibt's keine Brücken« 534
Zwischen superfeinen Leichen 85

Inhaltsübersicht
für die Bände Gedichte 1–4

Gedichte 1
Gedichte 1913–1926 · 1
Bertolt Brechts Hauspostille 167
Gedichte 1926–1933 · 265

Gedichte 2
Lieder Gedichte Chöre 423
Gedichte 1933–1938 · 489
Svendborger Gedichte 631
Gedichte 1938–1941 · 727

Gedichte 3
Gedichte 1941–1947 · 823
Gedichte 1947–1956 · 951
Anhang: Kriegsfibel 1035
Übersetzungen Bearbeitungen Nachdichtungen 1049

Gedichte 4
Gedichte und Lieder aus Stücken und Prosatexten

Anmerkungen zu Sammlungen und Gedichten 3*
Verzeichnis der Gedichte 33*
Alphabetisches Verzeichnis 75*

Druck und Bindung: Ebner, Ulm
Printed in Germany

334 Ricarda Huch, Michael Bakunin und die Anarchie
335 Bertolt Brecht, Svendborger Gedichte
336 Francis Ponge, Im Namen der Dinge
337 Bernard Shaw, Wagner-Brevier
338 James Joyce, Stephen der Held
339 Zbigniew Herbert, Im Vaterland der Mythen
341 Nathalie Sarraute, Tropismen
342 Hermann Hesse, Stufen
343 Rainer Maria Rilke, Malte Laurids Brigge
344 Hermann Hesse, Glück
345 Peter Huchel, Gedichte
346 Adolf Portmann, Vom Lebendigen
348 Knut Hamsun, Mysterien
350 James Joyce, Ein Porträt des Künstlers
351 Franz Kafka, Die Verwandlung
352 Hans-Georg Gadamer, Wer bin Ich und wer bist Du?
353 Hermann Hesse, Eigensinn
354 Wladimir W. Majakowskij, Ich
356 Werner Kraft, Spiegelung der Jugend
357 Edouard Roditi, Dialoge über Kunst
358 Miguel Angel Asturias, Legenden aus Guatemala
359 Bernard Shaw, Der Kaiser von Amerika
360 Bohumil Hrabal, Moritaten und Legenden
361 Ödön von Horváth, Glaube Liebe Hoffnung
362 Jean Piaget, Weisheit und Illusionen der Philosophie
363 Richard Hughes, Ein Sturmwind auf Jamaika
365 Wolfgang Hildesheimer, Tynset
366 Stanisław Lem, Robotermärchen
367 Hans Mayer, Goethe
368 Günter Eich, Gedichte
369 Hermann Hesse, Iris
370 Paul Valéry, Eupalinos
371 Paul Ludwig Landsberg, Die Erfahrung des Todes
372 Rainer Maria Rilke, Der Brief des jungen Arbeiters
373 Albert Camus, Ziel eines Lebens
375 Marieluise Fleißer, Ein Pfund Orangen
376 Thomas Bernhard, Die Jagdgesellschaft
377 Bruno Schulz, Die Zimtläden
378 Roland Barthes, Die Lust am Text
379 Joachim Ritter, Subjektivität
380 Sylvia Plath, Ariel

381 Stephan Hermlin, Der Leutnant Yorck von Wartenburg
382 Erhart Kästner, Zeltbuch von Tumilat
383 Yasunari Kawabata, Träume im Kristall
384 Zbigniew Herbert, Inschrift
385 Hermann Broch, Hofmannsthal und seine Zeit
386 Joseph Conrad, Jugend
387 Karl Kraus, Nestroy und die Nachwelt
388 Ernst Bloch, Erbschaft dieser Zeit
389 Thomas Mann, Leiden und Größe der Meister
390 Viktor Šklovskij, Sentimentale Reise
391 Max Horkheimer: Die gesellschaftliche Funktion der Philosophie
392 Heinrich Mann, Die kleine Stadt
393 Wolfgang Koeppen, Tauben im Gras
394 Cesare Pavese, Das Handwerk des Lebens
395 Theodor W. Adorno, Noten zur Literatur IV
397 Ferruccio Busoni, Entwurf einer neuen Ästhetik der Tonkunst
398 Ernst Bloch, Zur Philosophie der Musik
399 Oscar Wilde, Die romantische Renaissance
400 Marcel Proust, Tage des Lesens
402 Paul Nizan, Das Leben des Antoine B.
403 Hermann Heimpel, Die halbe Violine
404 Octavio Paz, Das Labyrinth der Einsamkeit
405 Stanisław Lem, Das Hohe Schloß
406 André Breton, Nadja
407 Walter Benjamin, Denkbilder
409 Rainer Maria Rilke, Über Dichtung und Kunst
410 Ödön von Horváth, Italienische Nacht
411 Jorge Guillén, Ausgewählte Gedichte
412 Paul Celan, Gedichte I
413 Paul Celan, Gedichte II
414 Rainer Maria Rilke, Das Testament
415 Thomas Bernhard, Die Macht der Gewohnheit
416 Zbigniew Herbert, Herr Cogito
417 Wolfgang Hildesheimer, Hauskauf
418 James Joyce, Dubliner
419 Carl Einstein, Bebuquin
420 Georg Trakl, Gedichte
421 Günter Eich, Katharina
422 Alejo Carpentier, Das Reich von dieser Welt
423 Albert Camus, Jonas
424 Jesse Thoor, Gedichte
425 T. S. Eliot, Das wüste Land
426 Carlo Emilio Gadda, Die Erkenntnis des Schmerzes
427 Michel Leiris, Mannesalter
428 Hermann Lenz, Der Kutscher und der Wappenmaler

429 Mircea Eliade, Das Mädchen Maitreyi
430 Ramón del Valle-Inclán, Tyrann Banderas
431 Raymond Queneau, Zazie in der Metro
433 William Butler Yeats, Die geheime Rose
434 Juan Rulfo, Pedro Páramo
435 André Breton, L'Amour fou
436 Marie Luise Kaschnitz, Gedichte
437 Jerzy Szaniawski, Der weiße Rabe
438 Ludwig Hohl, Nuancen und Details
439 Mario Vargas Llosa, Die kleinen Hunde
440 Thomas Bernhard, Der Präsident
441 Hermann Hesse – Thomas Mann, Briefwechsel
442 Hugo Ball, Flametti
443 Adolfo Bioy-Casares, Morels Erfindung
444 Hermann Hesse, Wanderung
445 Ödön von Horváth, Don Juan kommt aus dem Krieg
446 Flann O'Brien, Der dritte Polizist
447 Giuseppe Tomasi di Lampedusa, Der Leopard
448 Robert Musil, Törleß
449 Elias Canetti, Der Überlebende
450 Robert Walser, Geschwister Tanner
451 Alfred Döblin, Berlin Alexanderplatz
452 Gertrude Stein, Paris Frankreich
453 Johannes R. Becher, Gedichte
454 Federico García Lorca, Bluthochzeit/Yerma
456 Boris Pasternak, Kontra-Oktave
458 Anna Seghers, Die schönsten Sagen vom Räuber Woynok
464 Franz Kafka, Der Heizer
465 Wolfgang Hildesheimer, Masante
466 Evelyn Waugh, Wiedersehen mit Brideshead
467 Gershom Scholem, Walter Benjamin
468 Rainer Maria Rilke, Duineser Elegien
470 Alain, Die Pflicht glücklich zu sein
471 Wolfgang Schadewaldt, Der Gott von Delphi und die Humanitätsidee
472 Hermann Hesse, Legenden
473 H. C. Artmann, Liebesgedichte
474 Paul Valery, Zur Theorie der Dichtkunst
476 Erhart Kästner, Aufstand der Dinge
477 Stanisław Lem, Der futurologische Kongreß
478 Theodor Haecker, Tag- und Nachtbücher
479 Peter Szondi, Satz und Gegensatz
480 Tania Blixen, Babettes Gastmahl
481 Friedo Lampe, Septembergewitter
482 Heinrich Zimmer, Kunstform und Yoga
489 Thomas Bernhard, Amras

613 Marguerite Sechehaye, Tagebuch einer Schizophrenen
614 Walter Euchner, Egoismus und Gemeinwohl
617 Probleme einer materialistischen Staatstheorie. Herausgegeben von Joachim Hirsch
618 Jacques Hochmann, Thesen zu einer Gemeindepsychiatrie
620 Peter Szondi, Über eine freie Universität
622 Gert Ueding, Glanzvolles Elend über Kitsch
623 Jürgen Habermas, Legitimationsprobleme im Spätkapitalismus
624 Heinz Schlaffer, Der Bürger als Held
626 Ulrich K. Preuß, Legalität und Pluralismus
627 Marina Neumann-Schönwetter, Psychosexuelle Entwicklung und Schizophrenie
628 Lutz Winckler, Kulturwarenproduktion
629 Karin Struck, Klassenliebe
630 Alfred Sohn-Rethel, Ökonomie und Klassenstruktur des deutschen Faschismus
631 Bassam Tibi, Militär und Sozialismus in der Dritten Welt
632 Aspekte der Marxschen Theorie I
633 Aspekte der Marxschen Theorie II
636 Paul A. Baran, Paul M. Sweezy, Monopolkapital. Ein Essay über die amerikanische Wirtschafts- und Gesellschaftsordnung
637 Alice Schwarzer Hrsg., Frauenarbeit – Frauenbefreiung
638 Architektur und Kapitalverwertung
639 Oskar Negt, Alexander Kluge, Öffentlichkeit und Erfahrung
640 Probleme des Sozialismus und der Übergangsgesellschaft. Herausgegeben von Peter Hennicke
642 Martin Walser, Wie und wovon handelt Literatur
643 Arzt und Patient in der Industriegesellschaft. Herausgegeben von Otto Döhner
644 Rolf Tiedemann, Studien z. Philosophie Walter Benjamins
646 H. J. Schmitt, Expressionismus-Debatte
647 Über Peter Huchel
648 Information über Psychoanalyse
649 Renate Damus, Entscheidungsstrukturen und Funktionsprobleme in der DDR-Wirtschaft
650 Hans Ulrich Wehler, Geschichte als Historische Sozialwissenschaft
651 Segmente der Unterhaltungsindustrie
652 Peripherer Kapitalismus. Herausgegeben von Dieter Senghaas
655 Basaglia (Hrsg.), Die negierte Institution
657 Warenästhetik. Beiträge zur Diskussion, Herausgegeben von W. F. Haug
658 Frank Böckelmann, Theorie der Massenkommunikation
659 Heinar Kipphardt, Stücke I

660 Peter v. Oertzen, Die soziale Funktion des staatsrechtlichen Positivismus
661 Kritische Friedenserziehung
662 Hennig, Thesen z. dt. Sozial- und Wirtschaftsgeschichte 1933/38
663 Gerd Hortleder, Ingenieure in der Industriegesellschaft
664 Hans Setzer, Wahlsystem und Parteienentwicklung in England
665 Alexander Kluge, Lernprozesse mit tödlichem Ausgang
670 Peter Bulthaup, Zur gesellschaftl. Funktion der Naturwissenschaften
671 Materialien zu Horváths ›Glaube Liebe Hoffnung‹. Herausgegeben von Traugott Krischke
672 Reform des Literaturunterrichts. Eine Zwischenbilanz. Herausgegeben von H. Brackert und W. Raitz
673 Boris A. Uspenskij, Poetik d. Komposition
674 Ebbighausen (Hrsg.), Monopol und Staat
675 Autorenkollektiv Textinterpretation und Unterrichtspraxis, Projektarbeit als Lernprozeß
677 Heinar Kipphardt, Stücke II
678 Erving Goffman, Asyle
679 Dieter Prokop, Massenkultur und Spontaneität
680 Die Kommune in der Staatsorganisation
681 M. Dubois-Reymond / B. Söll, Neuköllner Schulbuch, 2 Bände
682 Dieter Hoffmann-Axthelm, Theorie der künstlerischen Arbeit
683 Dieter Kühn, Unternehmen Rammbock
685 Frerichs/Kraiker, Konstitutionsbedingungen des bürgerlichen Staates und der sozialen Revolution bei Marx und Engels
687 Rossana Rossanda, Über die Dialektik von Kontinuität und Bruch
688 Evsej G. Liberman, Methoden der Wirtschaftslenkung im Sozialismus
689 Martin Walser, Die Gallistl'sche Krankheit
694 Schule und Staat im 18. u. 19. Jahrhundert. Herausgegeben von K. Hartmann, F. Nyssen, H. Waldeyer
695 Gesellschaft, Beiträge zur Marxschen Theorie 1
696 Hans Magnus Enzensberger, Palaver
697 Psychoanalyse der weiblichen Sexualität. Herausgegeben von Janine Chasseguet-Smirgel
698 R. Goldscheid/J. Schumpeter, Die Finanzkrise des Steuerstaates
699 Wolfgang Lempert, Berufliche Bildung als Beitrag zur gesellschaftlichen Demokratisierung
700 Peter Weiss, Gesang vom Lusitanischen Popanz
701 Sozialistische Realismuskonzeptionen.
702 Claudio Napoleoni. Ricardo und Marx. Herausgegeben von Cristina Pennavaja
703 Claus Rolshausen, Wissenschaft und gesellschaftliche Reproduktion
704 Joachim Hirsch, Staatsapparat und Reproduktion des Kapitels
705 Neues Hörspiel O-Ton. Der Konsument als Produzent. Herausgegeben von Klaus Schöning
707 Franz Xaver Kroetz, Oberösterreich, Dolomitenstadt Lienz, Maria Magdalena, Münchner Kindl

708 Was ist Psychiatrie? Herausgegeben von Franco Basaglia
709 Kirche und Klassenbindung. Herausgegeben von Yorick Spiegel
710 Rosa Luxemburg oder Die Bestimmung des Sozialismus. Herausgegeben von Claudio Pozzoli
711 Rudolf Rocker, Aus den Memoiren eines deutschen Anarchisten
712 Hartwig Berger, Untersuchungsmethode und soziale Wirklichkeit
713 Werkbuch über Tankred Dorst. Herausgegeben von Horst Laube
715 Karsten Prüß, Kernforschungspolitik in der Bundesrepublik Deutschland
718 Perspektiven der kommunalen Kulturpolitik. Herausgegeben von Hilmar Hoffmann
719 Peter M. Michels, Bericht über den polit. Widerstand in den USA
720 Lelio Basso, Gesellschaftsformation u. Staatsform
722 Jürgen Becker, Umgebungen
723 Paul Mattick/Alfred Sohn-Rethel/Helmuth G. Haasis, Beiträge zur Kritik des Geldes
724 Otwin Massing, Politische Soziologie
726 Ernst Bloch, Ästhetik des Vor-Scheins 1
727 Peter Bürger, Theorie der Avantgarde
728 Beulah Parker, Meine Sprache bin ich
729 Probleme der marxistischen Rechtstheorie. Herausgegeben von H. Rottleuthner
730 Jean-Lux Dallemagne, Die Grenzen der Wirtschaftspolitik
731 Gesellschaft, Beiträge zur Marxschen Theorie 2
732 Ernst Bloch, Ästhetik des Vor-Scheins 2
733 Alexander Kluge, Gelegenheitsarbeit einer Sklavin
734 Henri Lefebvre, Metaphilosophie. Prolegomena
735 Paul Mattick, Spontaneität und Organisation
736 Noam Chomsky, Aus Staatsraison
737 Louis Althusser, Für Marx
738 Spazier/Bopp, Grenzübergänge. Psychotherapie
739 Gesellschaft, Beiträge zur Marxschen Theorie 3
740 Bertolt Brecht, Das Verhör des Lukullus. Hörspiel
741 Klaus Busch, Die multinationalen Konzerne
742 Methodologische Probleme einer normativ-kritischen Gesellschaftstheorie. Herausgegeben von Jürgen Mittelstraß
744 Gero Lenhardt, Berufliche Weiterbildung und Arbeitsteilung in der Industrieproduktion
745 Brede/Kohaupt/Kujath, Ökonomische und politische Determinanten der Wohnungsversorgung
746 Der Arzt, sein Patient und die Gesellschaft. Herausgegeben von Dorothea Ritter-Röhr
747 Gunnar Heinsohn, Rolf Knieper, Theorie des Familienrechts
749 Rudolf zur Lippe, Bürgerliche Subjektivität
751 Brechts Modell der Lehrstücke. Herausgegeben von Rainer Steinweg
756 Hannelore/Heinz Schlaffer, Studien zum ästhetischen Historismus

758 Brecht-Jahrbuch 1974. Herausgegeben von J. Fuegi, R. Grimm, J. Hermand
759 Der Weg ins Freie. Fünf Lebensläufe überliefert von H. M. Enzensberger
760 Lodewijk de Boer, The Family
761 Claus Offe, Berufsbildungsreform
762 Petr Kropotkin, Ideale und Wirklichkeit in der russischen Literatur
764 Gesellschaft, Beiträge zur Marxschen Theorie 4
767 Monique Piton, Anders Leben
769 Jahoda/Lazarsfeld/Zeisel, Die Arbeitslosen von Marienthal
770 Herbert Marcuse, Zeit-Messungen
771 Brecht im Gespräch, Herausgegeben von Werner Hecht
772 Th. W. Adorno, Gesellschaftstheorie u. Kulturkritik
773 Kurt Eisner, Sozialismus als Aktion
775 Horn, Luhmann, Narr, Rammstedt, Röttgers, Gewaltverhältnisse und die Ohnmacht der Kritik
776 Reichert/Senn, Materialien zu Joyce »Ein Porträt des Künstlers«
777 Caspar David Friedrich und die deutsche Nachwelt. Herausgegeben von Werner Hofman
779 Literatur und Literaturtheorie. Hrsg. von Peter U. Hohendahl und Patricia Herminghouse
780 Piero Sraffa, Warenproduktion mittels Waren
782 Helmut Brackert, Bauernkrieg und Literatur
784 Friedensanalysen 1
787 Gesellschaft, Beiträge zur Marxschen Theorie 5
790 Gustav W. Heinemann, Präsidiale Reden
791 Beate Klöckner, Anna oder leben heißt streben
792 Rainer Malkowski, Was für ein Morgen
793 Von deutscher Republik. Hrsg. von Jost Hermand
794 Döbert R./Nunner-Winkler, G., Adoleszenzkrise und Identitätsbildung
795 Dieter Kühn, Goldberg-Variationen
797 Brecht Jahrbuch 1975
798 Gespräche mit Ernst Bloch. Herausgegeben von Rainer Traub und Harald Wieser
799 Volker Braun, Es genügt nicht die einfache Wahrheit
801 Wlodzimierz Brus, Sozialistisches Eigentum und politisches System
802 Johannes Gröll, Erziehung im gesellschaftlichen Reproduktionsprozeß
803 Rainer Werner Fassbinder, Stücke 3
806 Gesellschaft, Beiträge zur Marxschen Theorie 6
809 G. Heinsohn / B. M. C. Knieper, Spielpädagogik
815 Giselher Rüpke, Schwangerschaftsabbruch und Grundgesetz
816 Rainer Zoll, Der Doppelcharakter der Gewerkschaften
817 Bertolt Brecht, Drei Lehrstücke: Badener Lehrstück, Rundköpfe, Ausnahme und Regel
834 Friedensanalysen 2
835-838 Bertolt Brecht, Gedichte in 4 Bänden

Alphabetisches Verzeichnis der edition suhrkamp

Abendroth, Sozialgesch. d. europ. Arbeiterbewegung 106
Achternbusch, L'Etat c'est moi 551
Adam, Südafrika 343
Adorno, Drei Studien zu Hegel 38
Adorno, Eingriffe 10
Adorno, Kritik 469
Adorno, Jargon d. Eigentlichkeit 91
Adorno, Moments musicaux 54
Adorno, Ohne Leitbild 201
Adorno, Stichworte 347
Adorno, Zur Metakritik der Erkenntnistheorie 590
Adorno, Gesellschaftstheorie u. Kultur 772
Aggression und Anpassung 282
Alff, Der Begriff Faschismus 456
Althusser, Für Marx 737
Andersch, Die Blindheit des Kunstwerks 133
Antworten auf H. Marcuse 263
Architektur als Ideologie 243
Architektur u. Kapitalverwertung 638
Über H. C. Artmann 541
Arzt u. Patient in der Industriegesellschaft, hrsg. v. O. Döhner 643
Aspekte der Marxschen Theorie I 632
Aspekte der Marxschen Theorie II 633
Augstein, Meinungen 214
Autonomie der Kunst 592
Autorenkollektiv Textinterpretation . . ., Projektarbeit als Lernprozeß 675
Baran Sweezy, Monopolkapital [in Amerika] 636
Barthes, Mythen des Alltags 92
Barthes, Kritik und Wahrheit 218
Basaglia, F., Die abweichende Mehrheit 537
Basaglia, F. (Hrsg.), Die negierte Institution 655
Basaglia, F. (Hrsg.), Was ist Psychiatrie? 708
Basso, L., Gesellschaftsformation u. Staatsform 720
Baudelaire, Tableaux Parisiens 34
Becker, E. / Jungblut, Strategien der Bildungsproduktion 556
Becker, H., Bildungsforschung 483
Becker, J., Ränder 351
Becker, J., Umgebungen 722
Über Jürgen Becker 552
Beckett, Aus einem aufgegeb. Werk 145
Beckett, Fin de partie / Endspiel 96
Materialien zum ›Endspiel‹ 286
Beckett, Das letzte Band 389
Beckett, Warten auf Godot 3
Beiträge zur marxist. Erkenntnistheorie 349
Benjamin, Das Kunstwerk 28
Benjamin, Über Kinder 391
Benjamin, Kritik der Gewalt 103
Benjamin, Städtebilder 17
Benjamin, Versuche über Brecht 172
Berger, Untersuchungsmethode u. soziale Wirklichkeit 712
Bergman, Wilde Erdbeeren 79
Bernhard, Amras 142
Bernhard, Fest für Boris 440
Bernhard, Prosa 213
Bernhard, Ungenach 279
Bernhard, Watten 353
Über Thomas Bernhard 401
Bertaux, Hölderlin u. d. Französ. Revol. 344
Berufsbildungsreform, hrsg. v. C. Offe 761
Bloch, Avicenna 22
Bloch, Ästhetik des Vor-Scheins I 726
Bloch, Ästhetik des Vor-Scheins II 732
Bloch, Das antizipierende Bewußtsein 585
Bloch, Christian Thomasius 193
Bloch, Durch die Wüste 74
Bloch, Über Hegel 413
Bloch, Pädagogica 455
Bloch, Tübinger Einleitung in die Philosophie I 11
Bloch, Tübinger Einleitung in die Philosophie II 58
Bloch, Über Karl Marx 291
Bloch, Vom Hasard zur Katastrophe 534
Bloch, Widerstand und Friede 257
Block, Ausgewählte Aufsätze 71
Blumenberg, Kopernikan. Wende 138
Böhme, Soz.- u. Wirtschaftsgesch. 253
Boer, Lodewijk de, The Family 760
Böckelmann, Theorie der Massenkommunikation 658
du Bois-Reymond, B. Söll, Neuköllner Schulbuch, 2 Bände 681
du Bois-Reymond, M., Strategien kompensator. Erziehung 507
Bond, Gerettet / Hochzeit d. Papstes 461
Brackert, Bauernkrieg 782
Brandt u. a., Zur Frauenfrage im Kapitalismus 581
Brandys, Granada 167
Braun, Gedichte 397
Braun, Es genügt nicht die einfache Wahrheit 799
Brecht, Antigone / Materialien 134
Brecht, Arturo Ui 144

Brecht, Ausgewählte Gedichte 86
Brecht, Baal 170
Brecht, Baal der asoziale 248
Brecht, Brotladen 339
Brecht, Das Verhör des Lukullus 740
Brecht, Der gute Mensch v. Sezuan 73
Materialien zu ›Der gute Mensch . . .‹ 247
Brecht, Der Tui-Roman 603
Brecht, Die Dreigroschenoper 229
Brecht, Die heilige Johanna der Schlachthöfe 113
Brecht, Die heilige Johanna / Fragmente und Varianten 427
Brecht, Die Maßnahme 415
Brecht, Die Tage der Commune 169
Brecht, Furcht u. Elend d. 3. Reiches 392
Brecht, Gedichte u. Lieder aus Stücken 9
Brecht, Herr Puntila 105
Brecht, Im Dickicht der Städte 246
Brecht, Jasager – Neinsager 171
Brecht, Die Geschäfte des Julius Cäsar 332
Brecht, Kaukasischer Kreidekreis 31
Materialien zum ›Kreidekreis‹ 155
Brecht, Kuhle Wampe 362
Brecht, Leben des Galilei 1
Materialien zu ›Leben des Galilei‹ 44
Brecht, Leben Eduards II. 245
Brecht, Stadt Mahagonny 21
Brecht, Mann ist Mann 259
Brecht, Mutter Courage 49
Materialien zu ›Mutter Courage‹ 50
Materialien zu ›Die Mutter‹ 305
Brecht, Die Mutter (Regiebuch) 517
Brecht, Über Realismus 485
Brecht, Über d. Beruf d. Schauspielers 384
Brecht, Schweyk im zweiten Weltkrieg 132
Materialien zu ›Schweyk im zweit. Weltkrieg‹ 604
Brecht, Die Gesichter der Simone Machard 369
Brecht, Über Politik und Kunst 442
Brecht, Über experiment. Theater 377
Brecht, Trommeln in der Nacht 490
Brecht, Über Lyrik 70
Brecht, Gedichte in 4 Bänden 835-38
Brecht-Jahrbuch 1974 758
Brecht-Jahrbuch 1975 797
Brecht, Drei Lehrstücke 817
Brecht im Gespräch, hrsg. von Werner Hecht 771
Brechts Modell der Lehrstücke, hrsg. von Rainer Steinweg
Brede u. a., Determinanten d. Wohnungsversorgung 745
Bredekamp, Kunst als Medium sozialer Konflikte 763
Materialien zu H. Brochs ›Die Schlafwandler‹ 571
Brooks, Paradoxie im Gedicht 124
Brus, Funktionsprobleme d. sozialist. Wirtschaft 472
Brus, W., Sozialistisches Eigentum 801
Bubner, Dialektik u. Wissenschaft 597
Bürger, Die französ. Frühaufklärung 525
Bürger, Theorie der Avantgarde 727
Bulthaup, Zur gesellschaftl. Funktion der Naturwissenschaften 670
Burke, Dichtung als symbol. Handlung 153
Burke, Rhetorik in Hitlers ›Mein Kampf‹ 231
Busch, Die multinationalen Konzerne 741
Caspar D. Friedrich u. d. dt. Nachwelt, hrsg. v. W. Hofmann 777
Celan, Ausgewählte Gedichte 262
Über Paul Celan 495
Chasseguet-Smirgel (Hrsg), Psychoanalyse der weiblichen Sexualität 697
Chomsky, Aus Staatsraison 736
Clemenz, Gesellschaftl. Ursprünge des Faschismus 550
Cooper, Psychiatrie u. Anti-Psychiatrie 497
Córdova/Michelena, Lateinamerika 311
Creeley, Gedichte 227
Dallemagne, Die Grenzen der Wirtschaftspolitik 730
Damus, Entscheidungsstrukturen in der DDR-Wirtschaft 649
Determinanten der westdeutschen Restauration 1945-1949 575
Deutsche und Juden 196
Dobb, Organis. Kapitalismus 166
Döbert, R./Nunner-Winkler, G,. Adoleszenzkrise und Identitätsbildung 794
Dorst, Eiszeit 610
Dorst, Toller 294
Über Tankred Dorst (Werkbuch) 713
Drechsel u. a., Massenzeichenware 501
Doras, Ganze Tage in den Bäumen 80
Duras, Hiroshima mon amour 26
Eckensberger, Sozialisationsbedingungen d. öffentl. Erziehung 466
Eich, Abgelegte Gehöfte 288
Eich, Botschaften des Regens 48
Eich, Mädchen aus Viterbo 60
Eich, Setúbal / Lazertis 5
Eich, Marionettenspiele / Unter Wasser 89
Über Günter Eich 402
Eichenbaum, Theorie u. Gesch. d. Literatur 119
Eisner, Sozialismus als Aktion 773
Eliot, Die Cocktail Party 98
Eliot, Der Familientag 152
Eliot, Mord im Dom 8
Eliot, Was ist ein Klassiker? 33

Enzensberger, Blindenschrift 217
Enzensberger, Deutschland 203
Enzensberger, Einzelheiten I 63
Enzensberger, Einzelheiten II 87
Enzensberger, Landessprache 304
Enzensberger, Das Verhör von Habana 553
Enzensberger, Palaver 696
Enzensberger, Der Weg ins Freie 759
Über H. M. Enzensberger 403
Erkenntnistheorie, marxist. Beiträge 349
Eschenburg, Über Autorität 129
Euchner, Egoismus und Gemeinwohl 614
Expressionismusdebatte, hrsg. von H. J. Schmitt 646
Fassbinder, Antiteater 443
Fassbinder, Antiteater 2 560
Fassbinder, Stücke 3
Fleischer, Marxismus und Geschichte 323
Materialien zu M. F. Fleißer 594
Foucault, Psychologie u. Geisteskrankheit 272
Frauenarbeit – Frauenbefreiung, hrsg. v. A. Schwarzer 637
Frauenfrage im Kapitalismus 581
Frerichs/Kraiker, Konstitutionsbedingungen 685
Friedensanalysen 1 784
Friedensanalysen 2 834
Frisch, Ausgewählte Prosa 36
Frisch, Biedermann u. d. Brandstifter 41
Frisch, Die chinesische Mauer 65
Frisch, Don Juan oder Die Liebe zur Geometrie 4
Frisch, Frühe Stücke. Santa Cruz / Nun singen sie wieder 154
Frisch, Graf Öderland 32
Frisch, Öffentlichkeit 209
Frisch, Zürich – Transit 161
Über Max Frisch 404
Fromm, Sozialpsychologie 425
Fuegi/Grimm/Hermand (Hrsg.), Brecht-Jahrbuch 1974 758
Gastarbeiter 539
Gefesselte Jugend / Fürsorgeerziehung 514
Geiss, Geschichte u. Geschichtswissenschaft 569
Germanistik 204
Gesellschaft, Beiträge zur Marxschen Theorie I 695
Gesellschaft, Beiträge zur Marxschen Theorie II 731
Gesellschaft, Beiträge zur Marxschen Theorie III 739
Gesellschaft, Beiträge zur Marxschen Theorie IV 764
Gesellschaft, Beiträge zur Marxschen Theorie V 787
Gesellschaft, Beiträge zur Marxschen Theorie VI 806
Gesellschaftsstrukturen, hrsg. v. O. Negt u. K. Meschkat 589
Gespräche mit Ernst Bloch, Hrsg. von Rainer Traub und Harald Wieser 798
Goeschel/Heyer/Schmidbauer, Soziologie der Polizei I 380
Goffman, Asyle 678
Goldscheid/Schumpeter, Finanzkrise 698
Grass, Hochwasser 40
Gröll, Erziehung 802
Guérin, Anarchismus 240
Haavikko, Jahre 115
Habermas, Logik d. Sozialwissenschft. 481
Habermas, Protestbewegung u. Hochschulreform 354
Habermas, Technik u. Wissenschaft als Ideologie 287
Habermas, Legitimationsprobleme im Spätkapitalismus 623
Hacks, Das Poetische 544
Hacks, Stücke nach Stücken 122
Hacks, Zwei Bearbeitungen 47
Handke, Die Innenwelt 307
Handke, Kaspar 322
Handke, Publikumsbeschimpfung 177
Handke, Wind und Meer 431
Handke, Ritt über den Bodensee 509
Über Peter Handke 518
Hannover, Rosa Luxemburg 233
Hartig/Kurz, Sprache als soz. Kontrolle 543
Haug, Kritik d. Warenästhetik 513
Haug, Bestimmte Negation 607
Haug, Warenästhetik. Beiträge zur Diskussion 657
Hecht, Sieben Studien über Brecht 570
Hegel im Kontext 510
Hegels Philosophie 441
Heinemann, Präsidiale Reden 790
Heinsohn/Knieper, Theorie d. Familienrechts 747
Heinsohn/Knieper, Spielpädagogik 809
Heller, E., Nietzsche 67
Heller, E., Studien zur modernen Literatur 42
Hennicke (Hrsg.), Probleme d. Sozialismus i. d. Übergangsgesellschaften 640
Hennig, Thesen z. dt. Sozial- u. Wirtschaftsgeschichte 662
Henrich, Hegel im Kontext 510
Herbert, Ein Barbar 1 111
Herbert, Ein Barbar 2 365
Herbert, Gedichte 88
Hermand, J., Von deutscher Republik 793
Hesse, Geheimnisse 52
Hesse, Tractat vom Steppenwolf 84

Hildesheimer, Das Opfer Helena / Monolog 118
Hildesheimer, Interpretationen zu Joyce u. Büchner 297
Hildesheimer, Mozart / Beckett 190
Hildesheimer, Nachtstück 23
Hildesheimer, Herrn Walsers Raben 77
Über Wolfgang Hildesheimer 488
Hirsch, Wiss.-techn. Fortschritt i. d. BRD 437
Hirsch/Leibfried, Wissenschafts- u. Bildungspolitik 480
Hirsch, Staatsapparat u. Peprod. des Kapitals 704
Hobsbawm, Industrie und Empire I 315
Hobsbawm, Industrie und Empire II 316
Hochmann, Thesen zu einer Gemeindepsychiatrie 618
Hoffmann-Axthelm, Theorie der künstler. Arbeit 682
Hoffmann, H. (Hrsg.), Perspektiven kommunaler Kulturpolitik 718
Hofmann, Universität, Ideologie u. Gesellschaft 261
Hondrich, Theorie der Herrschaft 599
Horn, Dressur oder Erziehung 199
Horn u. a., Gewaltverhältnisse u. d. Ohnmacht d. Kritik 775
Horn (Hrsg.), Gruppendynamik u. ›subjekt. Faktor‹ 538
Hortleder, Gesellschaftsbild d. Ingenieurs 394
Hortleder, Ingenieure in der Industriegesellschaft 663
Horvat, B., Die jugoslaw. Gesellschaft 561
(Horváth) Materialien zu Ödön v. H. 436
Materialien zu H., ›Geschichten aus dem Wienerwald‹ 533
Materialien zu H., ›Glaube Liebe Hoffnung‹ 671
Materialien zu H., ›Kasimir und Karoline‹ 611
Über Ödön v. Horváth 584
Hrabal, Tanzstunden 126
Hrabal, Zuglauf überwacht 256
(Huchel) Über Peter Huchel 647
Huffschmid, Politik des Kapitals 313
Imperialismus und strukturelle Gewalt, hrsg. von D. Senghaas 563
Information über Psychoanalyse 648
Internat. Beziehungen, Probleme der 593
Jaeggi, Literatur und Politik 522
Jahoda u. a., Die Arbeitslosen v. Marienthal 769
Jakobson, Kindersprache 330
Jauß, Literaturgeschichte 418
Johnson, Das dritte Buch über Achim 100
Johnson, Karsch 59
Über Uwe Johnson 405
(Joyce, J.) Materialien zu J., ›Dubliner‹ 357
Joyce, St., Dubliner Tagebuch 216
Jugendkriminalität 325
Kalivoda, Marxismus 373
Kapitalismus, Peripherer, hrsg. von D. Senghaas 652
Kasack, Das unbekannte Ziel 35
Kaschnitz, Beschreibung eines Dorfes 188
Kino, Theorie des 557
Kipphardt, Hund des Generals 14
Kipphardt, Joel Brand 139
Kipphardt, In Sachen Oppenheimer 64
Kipphardt, Die Soldaten 273
Kipphardt, Stücke I 659
Kipphardt, Stücke II 677
Kirche und Klassenbindung, hrsg. v. Y. Spiegel 709
Kirchheimer, Politik und Verfassung 95
Kirchheimer, Funktionen des Staates u. d. Verfassung 548
Klöckner, Anna 791
Kluge/Negt, Öffentlichkeit und Erfahrung 639
Kluge, Lernprozesse mit tödlichem Ausgang 665
Kluge, Gelegenheitsarbeit einer Sklavin 733
Kommune i. d. Staatsorganisation 680
Kracauer, Straßen in Berlin 72
Kraiker/Frerichs, Konstitutionsbedingungen 685
Kritische Friedenserziehung 661
Kritische Friedensforschung 478
Kroetz, Drei Stücke 473
Kroetz, Oberösterreich u. a. 707
Kroetz, Vier Stücke 586
Krolow, Ausgewählte Gedichte 24
Krolow, Landschaften für mich 146
Krolow, Schattengefecht 78
Über Karl Krolow 527
Kropotkin, Ideale und Wirklichkeit 762
Kühn, Grenzen des Widerstands 531
Kühn, Unternehmen Rammbock 683
Kühnl/Rilling/Sager, Die NPD 318
Kühn, Goldberg-Variationen 795
Kulturpolitik, Kommunale 718
Kunst, Autonomie der 592
Laing, Phänomenologie der Erfahrung 314
Laing/Cooper, Vernunft und Gewalt 574
Laing/Phillipson/Lee, Interpers. Wahrnehmung 499
Lefebvre, H., Didakt. Marxismus 99
Lefebvre, H., Didakt. Materialismus 160
Lefebvre, H., Metaphilosophie 734
Lehrlingsprotokolle 511
Lehrstück Lukács, hrsg. v. I. Matzur 554
Lempert, Berufliche Bildung 699
Lenhardt, Berufliche Weiterbildung 744

Lévi-Strauss, Ende d. Totemismus 128
Liberman, Methoden d. Wirtschaftslenkung im Sozialismus 688
Linhartová, Geschichten 141
Literaturunterricht, Reform 672
Lippe, Bürgerliche Subjektivität 749
Literatur und Literaturtheorie, hrsg. von Hohendahl u. P. Herminghouse 779
Lorenzer, Kritik d. psychoanalyt. Symbolbegriffs 393
Lorenzer, Gegenstand der Psychoanalyse 572
Lotman, Struktur d. künstler. Textes 582
Lukács, Heller, Márkus u. a., Individuum und Praxis 545
Majakowskij, Wie macht man Verse? 62
Malkowski, Was für ein Morgen 792
Mandel, Marxist. Wirtschaftstheorie, 2 Bände 595/96
Mandel, Der Spätkapitalismus 521
Marcuse, Versuch über die Befreiung 329
Marcuse, H., Konterrevolution u. Revolte 591
Marcuse, Kultur u. Gesellschaft I 101
Marcuse, Kultur u. Gesellschaft II 135
Marcuse, Theorie der Gesellschaft 300
Marcuse, Zeit-Messungen 770
Marxist. Rechtstheorie, Probleme der 729
Marxsche Theorie, Aspekte, I 632
Marxsche Theorie, Aspekte, II 633
Massing, Polit. Soziologie 724
Mattick, Spontaneität und Organisation 735
Mattick, Beiträge zur Kritik des Geldes 723
Matzur, J. (Hrsg.), Lehrstück Lukács 554
Mayer, H., Anmerkungen zu Brecht 143
Mayer, H., Anmerkungen zu Wagner 189
Mayer, H., Das Geschehen u. d. Schweigen 342
Mayer, H., Repräsentant u. Märtyrer 463
Mayer, H., Über Peter Huchel 647
Meier, Begriff ›Demokratie‹ 387
Meschkat/Negt, Gesellschaftsstrukturen 589
Michel, Sprachlose Intelligenz 270
Michels, Polit. Widerstand in den USA 719
Mitbestimmung, Kritik der 358
Mitscherlich, Krankheit als Konflikt I 164
Mitscherlich, Krankheit als Konflikt II 237
Mitscherlich, Unwirtschaftlichkeit unserer Städte 123
Mittelstraß, J. (Hrsg.) Methodologische Probleme 742
Monopol und Staat, hrsg. v. R. Ebbinghausen 674
Moral und Gesellschaft 290
Moser, Repress. Krim.psychiatrie 419
Moser/Künzel, Gespräche mit Eingeschlossenen 375
Most, Kapital und Arbeit 587
Münchner Räterepublik 178
Mukařovský, Ästhetik 428
Mukařovský, Poetik 230
Napoleoni, Ökonom. Theorien 244
Napoleoni, Ricardo und Marx, hrsg. von Cristina Pennavaja 702
Negt/Kluge, Öffentlichkeit u. Erfahrung 639
Negt/Meschkat, Gesellschaftsstrukturen 589
Neues Hörspiel O-Ton, hrsg. von K. Schöning 705
Neumann-Schönwetter, Psychosexuelle Entwicklung 627
Nossack, Das Mal u. a. Erzählungen 97
Nossack, Das Testament 117
Nossack, Der Neugierige 45
Nossack, Der Untergang 19
Nossack, Pseudoautobiograph. Glossen 445
Über Hans Erich Nossack 406
Nyssen (Hrsg.), Polytechnik in der BRD? 573
Obaldia, Wind in den Zweigen 159
v. Oertzen, Die soz. Funktion des staatsrechtl. Positivismus 660
Oevermann, Sprache und soz. Herkunft 519
Offe, Strukturprobleme d. kapitalist. Staates 549
Offe, Berufsbildungsreform 761
Olson, Gedichte 112
Ostaijen, Grotesken 202
Parker, Meine Sprache bin ich 728
Peripherer Kapitalismus, hrsg. von D. Senghaas 652
Perspektiven der kommunalen Kulturpolitik, hrsg. v. H. Hoffmann 718
Piton, Anders leben 767
Pozzoli, Rosa Luxemburg 710
Preuß, Legalität und Pluralismus 626
Price, Ein langes glückl. Leben 120
Probleme d. intern. Beziehungen 593
Probleme d. marxist. Rechtstheorie 729
Probleme d. Sozialismus u. der Übergangsgesellschaften 640
Probleme einer materialist. Staatstheorie, hrsg. v. J. Hirsch 617
Projektarbeit als Lernprozeß 675
Prokop, Massenkultur u. Spontaneität 679
Pross, Bildungschancen v. Mädchen 319
Prüß, Kernforschungspolitik i. d. BRD 715
Psychiatrie, Was ist . . . 708
Psychoanalyse als Sozialwissensch. 454
Psychoanalyse, Information über 648
Psychoanalyse d. weibl. Sexualität 697
Queneau, Mein Freund Pierrot 76
Rajewsky, Arbeitskampfrecht 361
Reform d. Literaturunterrichts, hrsg. v. H. Brackert / W. Raitz 672
Reichert/Senn, Materialien zu Joyce ›Ein Porträt d. Künstlers‹ 776

Restauration, Determinanten d. westdt. R. 575
Ritter, Hegel u. d. Französ. Revolution 114
Ritter-Röhr, D. (Hrsg.) Der Arzt, sein Patient und die Gesellschaft 746
Rocker, Aus d. Memoiren eines dt. Anarchisten 711
Rolshausen, Wissenschaft 703
Rossanda, Über Dialektik v. Kontinuität u. Bruch 687
rottleuthner (Hrsg.), Probleme d. marxist. Rechtstheorie 729
Runge, Bottroper Protokolle 271
Runge, Frauen 359
Runge, Reise nach Rostock 479
Rüpke, Schwangerschaftsabbruch 815
Russell, Probleme d. Philosophie 207
Russell, Wege zur Freiheit 447
Sachs, Das Leiden Israels 51
Sandkühler, Praxis u. Geschichtsbewußtsein 529
Sarraute, Schweigen / Lüge 299
Schäfer/Edelstein/Becker, Probleme d. Schule (Beispiel Odenwaldschule) 496
Schäfer/Nedelmann, CDU-Staat 370
Schedler, Kindertheater 520
Scheugl/Schmidt jr., Eine Subgeschichte d. Films, 2 Bände 471
Schklowskij, Schriften zum Film 174
Schklowskij, Zoo 130
Schlaffer, Der Bürger als Held 624
Schlaffer, Studien zum ästhetischen Historismus 756
Schmidt, Ordnungsfaktor 487
Schmitt, Expressionismus-Debatte 646
Schneider/Kuda, Arbeiterräte 296
Schnurre, Kassiber / Neue Gedichte 94
Scholem, Judentum 414
Schram, Die perman. Revolution i. China 151
Schütze, Rekonstrukt. d. Freiheit 298
Schule und Staat im 18. u. 19. Jh., hrsg. v. K. Hartmann, F. Nyssen, H. Waldeyer 694
Schwarzer (Hrsg.), Frauenarbeit – Frauenbefreiung 637
Sechehaye, Tagebuch einer Schizophrenen 613
Segmente der Unterhaltungsindustrie 651
Senghaas, Rüstung und Materialismus 498
Setzer, Wahlsystem in England 664
Shaw, Caesar und Cleopatra 102
Shaw, Der Katechismus d. Umstürzlers 75
Söll/du Bois-Reymond, Neuköllner Schulbuch, 2 Bände 681
Sohn-Rethel, Geistige u. körperl. Arbeit 555
Sohn-Rethel, Ökonomie u. Klassenstruktur d. dt. Faschismus 630
Sozialistische Realismuskonzeptionen 701
Spazier/Bopp, Grenzübergänge. Psychotherapie 738
Spiegel (Hrsg.), Kirche u. Klassenbindung 709
Sraffa, Warenproduktion 780
Sternberger, Bürger 224
Streschek, Handbuch wider das Kino 446
Streik, Theorie und Praxis 385
Strindberg, Ein Traumspiel 25
Struck, Klassenliebe 629
Sweezy, Theorie d. kapitalist. Entwicklung 433
Sweezy/Huberman, Sozialismus in Kuba 426
Szondi, Über eine freie Universität 620
Szondi, Hölderlin-Studien 379
Szondi, Theorie d. mod. Dramas 27
Tardieu, Imaginäres Museum 131
Technologie und Kapital 598
Teige, Liquidierung der ›Kunst‹ 278
Tibi, Militär u. Sozialismus i. d. Dritten Welt 631
Tiedemann, Studien z. Philosophie Walter Benjamins 644
Toleranz, Kritik der reinen 181
Toulmin, Voraussicht u. Verstehen 292
Tumler, Nachprüfung eines Abschieds 57
Tynjanov, Literar. Kunstmittel 197
Ueding, Glanzvolles Elend. Versuch über Kitsch u. Kolportage 622
Unterhaltungsindustrie, Segmente der 651
Uspenskij, Poetik der Komposition 673
Vossler, Revolution von 1848 210
Vyskočil, Knochen 211
Walser, Abstecher / Zimmerschlacht 205
Walser, Heimatkunde 269
Walser, Der Schwarze Schwan 90
Walser, Die Gallistl'sche Krankheit 689
Walser, Eiche und Agora 16
Walser, Ein Flugzeug über d. Haus 30
Walser, Kinderspiel 400
Walser, Leseerfahrungen 109
Walser, Lügengeschichten 81
Walser, Überlebensgroß Herr Krott 55
Walser, Wie u. wovon handelt Literatur 642
Über Martin Walser 407
Was ist Psychiatrie?, hrsg. v. F. Basaglia 708
Weber, Über d. Ungleichheit d. Bildungschancen in der BRD 601
Wehler, Geschichte als Histor. Sozialwissenschaft 650
Weiss, Abschied von den Eltern 85
Weiss, Fluchtpunkt 125
Weiss, Gesang v. Lusitanischen Popanz 700
Weiss, Gespräch d. drei Gehenden 7
Weiss, Jean Paul Marat 68
Materialien zu ›Marat/Sade‹ 232

Weiss, Rapporte 2 444
Weiss, Schatten des Körpers 53
Über Peter Weiss 408
Wellek, Konfrontationen 82
Wellmer, Gesellschaftstheorie 335
Wesker, Die Freunde 420
Wesker, Die Küche 542
Wesker, Trilogie 215
Winckler, Studie z. gesellsch. Funktion faschist. Sprache 417
Winckler, Kulturwarenproduktion / Aufsätze z. Literatur- u. Sprachsoziologie 628
Wirth, Kapitalismustheorie in der DDR 562
Witte (Hrsg.), Theorie des Kinos 557
Wittgenstein, Tractatus 12
Wolf, Danke schön 331
Wolf, Fortsetzung des Berichts 378
Wolf, mein Famili 512
Wolf, Pilzer und Pelzer 234
Über Ror Wolf 559
Wolff/Moore/Marcuse, Kritik d. reinen Toleranz 181
Zoll, Der Doppelcharakter der Gewerkschaften 816